José Helder de Souza Andrade

SEGURANÇA É PREVENÇÃO

3ª Edição

Segurança é Prevenção - 3ª Edição
Copyright© Editora Ciência Moderna Ltda., 2013

Todos os direitos para a língua portuguesa reservados pela EDITORA CIÊNCIA MODERNA LTDA.

De acordo com a Lei 9.610, de 19/2/1998, nenhuma parte deste livro poderá ser reproduzida, transmitida e gravada, por qualquer meio eletrônico, mecânico, por fotocópia e outros, sem a prévia autorização, por escrito, da Editora.

Editor: Paulo André P. Marques
Produção Editorial: Aline Vieira Marques
Assistente Editorial: Lorena Fernandes
Capa: José Renato Zambrano de Souza Andrade

Várias **Marcas Registradas** aparecem no decorrer deste livro. Mais do que simplesmente listar esses nomes e informar quem possui seus direitos de exploração, ou ainda imprimir os logotipos das mesmas, o editor declara estar utilizando tais nomes apenas para fins editoriais, em benefício exclusivo do dono da Marca Registrada, sem intenção de infringir as regras de sua utilização. Qualquer semelhança em nomes próprios e acontecimentos será mera coincidência.

FICHA CATALOGRÁFICA

ANDRADE, José Helder de Souza.

Segurança é Prevenção - 3ª Edição

Rio de Janeiro: Editora Ciência Moderna Ltda., 2013.

1.Segurança Privada
I — Título

ISBN: 978-85-399-433-4   CDD 658.38

Editora Ciência Moderna Ltda.
R. Alice Figueiredo, 46 – Riachuelo
Rio de Janeiro, RJ – Brasil   CEP: 20.950-150
Tel: (21) 2201-6662/ Fax: (21) 2201-6896
E-MAIL: LCM@LCM.COM.BR
WWW.LCM.COM.BR   05/13

Dedicatória

Àquela que com paciência e tolerância, através de pequenos gestos de carinho e centenas de deliciosos sucos e cafezinhos, incentivou-me integralmente enquanto escrevia esta obra (minha esposa Lucila).

Àqueles que continuam me surpreendendo a cada dia, excedendo as minhas expectativas com suas admiráveis habilidades de proporcionar e oferecer amor e carinho (meus filhos José Renato, Luis Guilherme e Maria Clara).

Àqueles que considero exemplo e modelo e perseverança (meus Pais Andrade e Alice)

Àqueles que, torcem e oram por mim em silêncio, (meus irmãos Sergio e Cida Andrade).

Àqueles que, direta ou indiretamente, contribuíram para que este livro se tornasse realidade (meus amigos).

À toda a equipe da Ciência Moderna, representados pelos amigos Paulo André, Paulo Reis e George.

O meu "muito obrigado" e que Deus os abençõe.

Agradecimento

Àquele que é o eterno guardião da verdade.
Àquele que me chamou desde o seio materno.
Desde o ventre de minha mãe, repetiu para si o meu nome.
Ao Alfa e Ômega, princípio e fim de todas as coisas, dou a minha vida.

Apresentação

Mais uma vez, muito me orgulho em fazer a apresentação do terceiro livro de autoria do meu amigo/irmão José Helder de Souza Andrade.

Neste livro, acho interessante fazer alusão, sobretudo, à preocupação demonstrada pelo autor na abordagem dos mais diversos assuntos inerentes à segurança, e por enfocar, inclusive, alguns de relevante complexidade, como, por exemplo, a família, que se não enxergarmos como o principal berço de tudo, alicerçada pela criação, estruturada pela educação e objetivada pelo desejo honesto do bom servir, que fatalmente será, nesse cenário de complicadas dúvidas, mais uma instituição tendenciada à falência.

À medida que desfolhamos cada página desse livro, nos vemos como protagonistas em algumas narrativas nele enfocadas, porque não nos permite o acaso que fechemos os olhos para não encararmos a dura realidade que nos impõem os novos tempos.

O rico conteúdo informativo apresentado nesse livro, seja no conto dos seus "causos" ou nos seus "exemplos", é determinante na formação de idéias, sendo privilegiado com abrangentes temas que nos conduzem, não ao inaceitável, ou ao inadmissível, mas ao real.

Também vale ressaltar o relato incisivo sobre as drogas e seus efeitos, causados muitas vezes por conflitos familiares, por dificuldades matrimoniais e financeiras, por relacionamentos interpessoais e comunitários e, sobretudo, por distúrbios emocionais e psicológicos.

Lembro-me que em conversa com a especialista em Neurolingüística e criadora do programa "Personal Emotions" Izabel Monteverde, que após assistir a uma aula inaugural para o Curso de Formação de Vigilantes, ministrada pelo autor desse livro, comentou:

"– É fato que saber gerir nossas emoções nos diferencia hoje como indivíduos. Esse comportamento é fator decisivo em nossa carreira, família, meio social, enfim, na vida como um todo. Saber criar a tão necessária imunidade para nossos seqüestros emocionais é fundamental para uma vida saudável".

Pois bem, concluo que se conseguirmos manter a nossa família nos mais nobres conceitos de legitimidade, as nossas emoções em um equilíbrio perfeito e harmonioso com nossos próprios princípios, estaremos contribuindo para que o sucesso seja uma constante em um lugar onde passaremos o restante de nossas vidas, no FUTURO.

Com muito respeito e sinceros agradecimentos ao autor Helder Andrade e seus ilustres leitores,

Ivo de Carvalho - Diretor Forbin

Sumário

Processo Seletivo em Segurança Privada 3
Necessidades Estratégicas em Segurança Privada.............7
Principais Características de Um Profissional de Segurança............ 11
Qual a Principal Arma de um profissional 17
de Segurança Privada?.................17
Qual a Filosofia do Segmento Segurança Privada? 19
Os Atributos de Liderança Segundo Sun Tzu 21
Estratégias de Segurança Privada?.................. 29
E Dentro do Uniforme? 33
Comunicação em Segurança Privada 37
Exercemos Nossa Autoridade?................ 43
Raízes Fortes................ 49
A Culpa é dos Pais? 53
A Expulsão de Deus.................57
"Caminhos Errados" 61
Noções de Segurança Privada (NSP)................ 63
    Segurança Privada (Unidade 01).................64
    Orgãos Reguladores/Missão (Unidade 02)................ 74
    Vigilante (Unidade 03).................77
    Direito Trabalhista (Unidade 04) 82

Legislação Aplicada e Direitos Humanos 89
    Princípios Constitucionais (Unidade 01).................90
    Direito Penal (Unidade 02) 97
    Meio Ambiente (Unidade 03)................ 116
    Direitos Humanos (Unidade 04).................123

Relações Humanas no Trabalho (RHT).................135
    Comunicação Interpessoal (Unidade 01) 136
    Atendimento às Pessoas com Deficiência (Unidade 02) 142

Sistema Nacional de Segurança Pública e Crime
Organizado (SSP&CR) 147
    Dispositivos Constitucionais (Unidade 01) 148
    Como Acionar os Órgãos Do SSP (Unidade 02) 153
    Crime Organizado (Unidade 03) 164

X   Segurança é Prevenção

Prevenção e Combate a Incêndio (PCI)..............................**171**
Prevenção de Incêndios (Unidade 01) 172
Exercícios Práticos (Unidade 02) 183
Conduta na Prestação de Primeiros Socorros (Unidade 03) 184

Educação Física (EF) **203**

Defesa Pessoal (DP)...**211**
Defesa Pessoal (Unidade 01) 212
Defesa Pessoal (Unidade 02)...224
Domínio Tático /Defesa Pessoal (Unidade 03)...................................231

Armamento e Tiro (AT) **237**
Sobrevivência do Vigilante (Unidade 01)..238
Nomenclatura e Função Das Principais Peças..245
Limpeza e Conservação. 245
Autodefesa e Ação do Vigilante (Unidade 02) 246
Autodefesa e Ação do Vigilante..247
Regras de Segurança e Manejo das Armas e Munições Não-Letais:......249
Postura de Operação com Armas e Munições. 250
Regras de Segurança e Manejo do Revólver no Estande (Unidade 03)......252
Funcionamento do Revólver:...257
Medidas Preliminares para o Manuseio do Revólver...........................261
Técnicas Especiais de Tiro..272

Vigilância (VIG) **281**
Tipos de Vigilância (Unidade 01)...282
Funções do Vigilante (Unidade 02)..289
Segurança Física de Instalações (Unidade 03) 295
Plano de Segurança...300
Emergência e Evento Crítico (Unidade 04)..308

Sumário

Radiocomunicação **321**
Equipamentos de Comunicação (Unidade 01) 322
Código "Q" (Quazy Signal) 325
Alfabeto Fonético (Código Fonético) 326
Numeral Fonético 327
Uso do Rádio 329

Noções de Segurança Eletrônica **333**
Equipamentos Eletrônicos (Unidade 01) 334
Equipamentos Eletrônicos 2 (Unidade 02) 340

Noções de Criminalística e Técnica de Entrevista Prévia (CRI&TEP) **343**
Local do Crime (Unidade 01) 344
Sistema de Memorização 346
Técnica de Entrevista Preliminar (Unidade 02) 350
Sigilo das Informações 352
Tráfico de Drogas (Unidade 03) 355
Dependência, Abstinência e Tolerância 361
As Drogas e o Crime 370

Uso Progressivo da Força **373**
Uso Progressivo da Força (Unidade 01) 374
Uso Progressivo da Força (Unidade 02) 385

Gerenciamento de Crise (GC) **393**
Princípios Básicos da Crise (Unidade 01) 394
O Que Realmente Vale é a Pureza de Intenção 401

Oração do Vigilante **405**
Onde Fostes Formado? **407**
Hino Nacional Brasileiro **409**
Comentário Sobre o Hino Nacional **411**
Canção do Vigilante de Transporte de Valores **413**
Canção do Vigilante **415**
Telefones Úteis do Rio de Janeiro **417**

Introdução

"QUERO A LUTA E A TORMENTA"

"Dai-me Senhor meu Deus o que vos resta, aquilo que ninguém Vos pede,
Não Vos peço o repouso nem a tranqüilidade, nem da alma nem do corpo.
Tantos Vos pedem isso, meu Deus, que já não Vos deve sobrar para dar.
Dai-me Senhor meu Deus o que Vos resta, aquilo que os outros não querem.
Quero a insegurança e a inquietação, quero a luta e a tormenta.
Dai-me isso meu Deus, definitivamente,
Dai-me a certeza de que esta será a minha parte para sempre,
Porque nem sempre terei a coragem de Vo-la pedir.
Dai-me Senhor meu Deus o que Vos resta, aquilo que todos recusam,
Mas dai-me também a coragem, a força e a fé".

Durante muitos anos, aproximadamente dez anos, fiz este pedido a Deus sem entender direito o sentido da oração. Achava na verdade um tanto estranho pedir insegurança, inquietação, luta e tormenta, entretanto, como um bom, vaidoso e orgulhoso páraquedista, repetia algo que havia se tornado uma "tradição entre os audazes". Somente hoje, vinte e dois anos depois de ter passado para a reserva, passei de fato a entender a essência e a profundidade desta oração.

A primeira coisa que aprendemos em segurança privada é que **segurança é prevenção**, aprendemos a pensar em medidas preventivas, ou seja, não podemos permitir que os conflitos e problemas aconteçam para depois apresentarmos aquelas soluções geniais, super inteligentes que, na verdade, representam uma desculpa pela nossa incompetência. Aprendemos que a nossa principal missão é **administrar conflitos e problemas**, não cria-los; aí as coisas começam a ficar complicadas pois, para administrarmos os conflitos e problemas dos outros, é necessário que primeiro saibamos administrar os nossos e, cá entre nós, não são poucos. Normalmente, no decorrer de determinada instrução, perguntamos aos nossos alunos qual a principal função de um profissional de segurança privada, e a resposta é sempre em voz alta, clara e em bom tom: **"– Administrar conflitos e problemas!"** Em seguida explicamos que, a partir daquele momento, é fundamental que estejamos sempre com essa resposta na ponta da língua, caso sejamos questionados a respeito. Novamente, perguntamos: **"– Caso as esposas, ou pais perguntem: 'O que vocês fazem, afinal de contas, na empresa onde vocês trabalham?'**

2 Segurança é Prevenção

O que vocês irão responder?" E a resposta é ainda mais forte: **"– Que administramos conflitos e problemas!"** Neste momento, damos uma espécie de alerta geral: **"– Cuidado! Pois, elas/eles poderão responder-lhes: 'Então, que tal começar administrando os nossos?"** E é verdade, não faltam conflitos e problemas no nosso lar, na nossa família, no nosso trabalho, com os nossos amigos, enfim, na nossa vida. Entretanto, são exatamente eles que nos fazem crescer, evoluir e ficar cada vez mais fortes. Como disse, fiquei muito tempo sem entender o sentido dessa oração, hoje entendo. Há pouco tempo ainda me pegava, de vez em quando, pensando na possibilidade de, um dia, "chutar o balde", abandonar tudo, viver sossegado, longe de todos os problemas que existem, fechar os olhos e que se dane tudo e todos, que o mundo se "exploda", vou curtir a minha vida.

Certamente meus conflitos e problemas desapareceriam, como um passe de mágica, pois eu passaria a não incomodar mais, tampouco seria incomodado por ninguém, nem o "capeta" me incomodaria, pois eu também não faria a menor diferença nesse mundo. Entretanto, venhamos e convenhamos, seria egoísmo demais, seria mediocridade demais, seria covardia demais. Fui abençoado!!! Com muitos amigos, Deus me deu uma esposa, três filhos, um sócio e uma equipe de profissionais do mais alto nível que têm por objetivo passar todas essas verdades aos nossos alunos; portanto, desafios maiores, sim; desistir, nunca. Apesar da individualidade biológica, das diferenças, todos comungam o mesmo pensamento e a mesma filosofia e, com certeza, é essa a nossa maior vantagem competitiva. Como o próprio Jesus nos ensinou, devemos pedir a Deus que nos livre do mal. **'...Mas livrai-nos do mal...'**, ou seja, que nos livre de tudo o que se opõe ao bem, de tudo o que prejudica, que fere ou incomoda o próximo, devemos pedir a Deus que nos livre da calamidade, do infortúnio, da desgraça, do dano, do estrago, do prejuízo, da infelicidade. Devemos pedir a Deus que nos livre do mal, ou seja, qualquer estado mórbido, como o câncer, a lepra, a raiva, a tuberculose, etc. Entretanto, não devemos pedir a Deus que nos livre da cruz, que nos livre dos conflitos e problemas, ou seja, insegurança, inquietação, luta e tormenta, mas que nos ensine a administrá-los, pois são exatamente eles que nos fazem ficar fortes, nos fazem evoluir, nos fazem alçar vôos cada vez mais altos. Se quiséssemos sossego, deveríamos ter comprado uma casinha branca, com portas e janelas azuis no alto de uma montanha. Lá, "plantaríamos milho e criaríamos galinha", seria uma "medíocre beleza de imaginação fértil". Entretanto, optamos por paz, sabemos que **"não existe paz sem cruz"** e, para isso, conforme a oração nos ensina, é necessário que peçamos também a Deus, de forma insistente, **coragem, força e fé.**

Capítulo 1

Processo Seletivo em Segurança Privada

*"Os homens são parecidos em suas promessas,
eles só diferem em seus atos."*
Molière

Hoje em dia, em razão do avanço tecnológico, principalmente no que diz respeito à segurança eletrônica, os processos seletivos são definidos na rua, na fila de espera, do lado de fora da empresa. Através dos monitores de CFTV, câmeras modernas e sofisticadas, os profissionais de RH, sempre conscientes de que **segurança é prevenção**, avaliam os candidatos cuidadosamente. Atualmente, através de um simples smartphone, é perfeitamente possível observar, vigiar e avaliar à distância, pela internet, a atuação dos profissionais de segurança que atuam numa determinada empresa, portanto, não há mais espaço para aqueles pseudoprofissionais que são ótimos quando sabem que estão sendo observados, entretanto, quando acham que não estão, mudam completamente o comportamento e suas linhas de ação.

Durante uma instrução de Relações Humanas no Trabalho, fiz a seguinte pergunta:

"–Vocês querem ter sucesso no segmento segurança privada?"

Os alunos se entreolharam e, sem entender direito o porquê da pergunta, responderam obviamente que sim. Neste momento disse o seguinte:

"– Pois bem! O primeiro grande passo é que vocês não tenham cara de vigilante recalcado".

É claro que foi uma bomba. A reação da turma em razão da resposta não poderia ter sido diferente. Nesse momento, um aluno mais exaltado falou:

"– Instrutor, não dá pra entender, vocês ganham dinheiro às nossas custas e ainda nos esculacham?"

Todos olharam para o aluno, apoiando-o em silêncio, pois a forma como interpelou causou preocupação. É óbvio que a colocação tinha sido muito forte, entretanto, todos sabiam que havia algo muito mais forte a ser dito, uma vez que, no início do curso, procuramos alertá-los para que ficassem atentos às inúmeras colocações, aparentemente absurdas que, na verdade, teriam por objetivo ajudá-los a entender mais profundamente determinados

4　　　　　　　　　　Segurança é Prevenção

conceitos dentro do segmento. Todos aguardavam ansiosos pela resposta, assim disse:

"– **Senhores, o maior problema que o segmento segurança privada enfrenta, atualmente, é com aqueles vigilantes que, na verdade, não gostam de vigilantes, na verdade detestam o segmento segurança privada. O que, de fato, gostariam de ser é Polícia, entretanto fizeram provas para a Polícia Civil, Militar, Federal, Rodoviária, etc, e, por algum motivo, não passaram**".

Os alunos se ajeitaram, demonstrando total interesse no assunto que estava sendo tratado. Assim, continuei.

"– **Inconformados e decepcionados com a sorte que a vida lhes reservou, sempre acabam ouvindo de alguém o seguinte: 'Aí cara, tira uma Ata de Vigilante!!! É mais ou menos uma espécie de Polícia!!!' e a pessoa acaba acreditando nesta colocação absurda. Observem que a pessoa acha que é polícia; entretanto não somos. Mas a pessoa cisma que é; mas não somos. Contudo, a pessoa insiste, esperneia, contesta e grita, pois acredita que é...**

Como não é, como não somos, como não temos poder de polícia, presenciamos o trágico nascimento de uma figura denominada 'Puliça'. Um problema enorme para as empresas de segurança privada e, principalmente, para a sociedade".

Após explicar, detalhadamente, o porquê da afirmativa, disse:

"– **Espero, acredito e trabalho para que haja uma profunda mudança neste quadro, entretanto, atualmente, quando uma empresa do segmento segurança privada coloca um anúncio para vigilantes, o resultado desta solicitação ainda é, infelizmente, algo deprimente**".

O mesmo aluno virou-se e, demonstrando insatisfação, falou num tom áspero:

"–**Deprimente por quê?**"

Olhei para o aluno, pedi que prestasse bastante atenção e que, principalmente, não fosse resistente.

"– **Devido ao alarmante índice de desemprego, se vocês usarem o sentimento, perceberão como resultado de um anúncio em jornais de grande circulação, uma fila enorme de candidatos à vigilante, sendo que, na sua maioria, totalmente despreparados, com barba por fazer, cabelo grande e, muitas vezes, descolorado ou pintado de azul ou vermelho, candidatos de brincos ou colares de todos os tipos, candidatos de calça jeans desbotada, tênis ou chinelo, candidatos de bermuda**

Processo Seletivo em Segurança Privada

e camiseta, muitos com slogans do tipo 'Tem um corno me olhando', 'Como todas não importa a raça', etc., candidatos com camisa do seu time de futebol ou escola de samba, candidatos que desabotoam suas camisas em razão do calor, candidatos que, se estiverem com calor, ti-ram suas camisas e enrolam nas mãos, candidatos que colocam o pé na parede enquanto aguardam, que se sentam no meio fio, candida-tos que falam alto, gritam e badernam, pronunciam palavras de baixo calão, candidatos fumando e sujando a rua com guimbas de cigarro, candidatos com 'capangas' atravessadas no tronco, como se fossem policiais, enfim, esse é normalmente e espero que por pouco tempo, o resultado de um anúncio para vigilantes".

Um aluno interrompeu e falou:

"– Instrutor, mas existem também bons candidatos!".

Assim respondi:

"– E o senhor têm razão. É verdade, claro que existem; esses can-didatos certamente têm vantagem competitiva sobre os demais, pois se destacam positivamente, possuem força de presença, transmitem sensação de segurança mostrando suas qualidades de comportamen-to e, principalmente, que possuem bom senso e discernimento".

Neste momento perguntei a turma:

"– Estou falando alguma mentira ou mesmo exagerando?"

Todos foram unânimes na resposta:

"– Não!!!".

Olhando para o aluno, observei que já havia entendido, pois sua postura e mesmo o seu olhar tinham se modificado, assim continuei:

"– Entretanto, quando colocamos um anúncio para agentes de segu-rança pessoal, supervisores de segurança, coordenadores de seguran-ça, o resultado desta solicitação é completamente diferente. Obser-vamos uma fila de candidatos com o seguinte perfil: paletó e gravata, blazer ou, no mínimo, camisa social e sapatos, todos com apresenta-ção pessoal e comportamento mais ou menos padronizado. Quando aparece um candidato fora do perfil, acaba se sentindo um peixe fora d'água, disfarça e acaba abandonando o processo".

Os alunos já haviam entendido, mesmo assim, olhei para o aluno que havia questionado e perguntei-lhe:

"– O senhor entendeu?"

Ele olhou-me e disse o seguinte:

" – É, instrutor, o pior é que é verdade! Nossa imagem é muito ruim...

Será que dá pra mudar isso?"

Eu não tenho a menor dúvida de que é possível mudar, sim. Vimos que muitos vigilantes, por inúmeros motivos, encontram-se, talvez, pisoteados pela vida, mas, o que realmente importa é o conteúdo. E você, caro leitor, o que acha? Leia o texto abaixo e faça uma reflexão":

Um apresentador, durante uma palestra apresentou ao público uma nota de cem dólares e perguntou:

"– Quem quer esta nota?"

Todas as mãos se ergueram. Ele então amassou a nota em suas mãos e tornou a perguntar:

"– E, agora, quem quer esta nota?"

Todas as mãos se levantaram novamente, e o apresentador continuou a amassar a nota, jogou-a no chão, pisou em cima e perguntou:

"– Porque vocês ainda querem esta nota, mesmo estando ela toda amassada e pisoteada?"

Respondeu um senhor:

"– Porque ela vale cem dólares".

"– Isso mesmo!"

Disse o apresentador e completou:

"– Não importa o que eu faça com esta nota. Todos nós ainda a queremos, pois ela não perde seu valor. Assim são as pessoas, muitas vezes, surradas e pisoteadas pelos problemas da vida, porém jamais perdem seu valor".

"Todos nós temos valores importantes que jamais serão destruídos pelos revezes da vida".

Fonte: Parábolas Eternas – Legrand.

Capítulo 2

Necessidades Estratégicas em Segurança Privada

"A sorte favorece a mente bem preparada."
Anônimo

Quando um profissional de Recursos Humanos realiza um processo seletivo para profissionais de segurança privada, alguns aspectos são cuidadosamente analisados, pois existem duas Necessidades Estratégicas em Segurança Privada: **Equilíbrio Emocional e Qualidade Comportamental.** Perceber, no mais curto espaço de tempo, se o candidato é equilibrado emocionalmente e as suas principais qualidades de comportamento, são aspectos fundamentais para o sucesso do processo seletivo. Quando um profissional de segurança participa de uma seleção de candidatos, é fundamental que saiba o que será cobrado e observado no momento da entrevista, precisa ser a melhor opção para quem estiver selecionando. O profissional de recursos humanos certamente concentrará esforços na tentativa de perceber, no candidato, se o mesmo possui equilíbrio emocional. Normalmente, no início de um curso, fazemos a seguinte pergunta:

"Se vocês estivessem enfrentando um momento difícil no casamento, problemas de relacionamento, brigas e desentendimentos, filho doente e sem dinheiro para comprar remédios, ordem de despejo e dívidas no comércio. Apesar do quadro descrito, vocês estão num posto de serviço dando o máximo de vocês para levar o pão de cada dia. Nesse momento uma pessoa estressada, arrogante e prepotente é impedida de entrar no estabelecimento por uma porta giratória com detector de metais. Ao abordá-la, com todo o respeito, a pessoa olha para você e diz o seguinte:'Abra esta porra, seu vigilantezinho de merda; o seu pai deve ser um corno e a sua mãe uma tremenda vagabunda.' Qual seria a sua reação?"

Deixamos sempre bastante claro, durante a explanação, que caso algum aluno tenha, mesmo que por uma fração de segundo, pensado em usar o seu revólver para por um fim em tantas agressões injustas, cuidado!!! Pois você pode ser um problema em potencial e não a solução que o mercado, que o segmento, tanto necessita. É necessario aprendermos a transformar nosso estômago em pântano, de tanto sapo que teremos que engolir no nosso dia a dia.

8   Segurança é Prevenção

Infelizmente, no nosso segmento de mercado, como vimos anteriormente, existem muitos "profissionais de segurança privada" que, na verdade, não queriam ser vigilantes, reclamam e assumem publicamente uma certa revolta. Seus sonhos eram outros, queriam na verdade ser e ter "poder de polícia", normalmente compram no camelô uma carteira com o brasão da república e colocam a Carteira Nacional de Vigilante ao lado, com o objetivo de dar "carteirada". Vestem-se como policiais, tentam agir como tais e deliciam-se quando alguém faz a tão esperada pergunta:

"Você é polícia?"

Obviamente jamais respondem com uma negativa, deixando sempre no ar uma sutil interrogação. Na verdade, quando uma empresa, por deficiência de bons profissionais no setor de recursos humanos, admite no seu quadro de funcionários vigilantes com este perfil, acaba admitindo o próprio problema. Determinados vigilantes são o "problema em pessoa". **Admitir um profissional de segurança desequilibrado emocionalmente é, sem dúvida, a maior preocupação dos profissionais de recursos humanos que atuam neste segmento.** Vigilantes equilibrados emocionalmente têm visão, sabem para onde vão e estão sempre preparados para a guerra do dia-a-dia. Sabemos que:

"Quem não tem para onde ir, qualquer lugar serve".

Às vezes fazemos o seguinte exercício com os alunos: primeiro solicitamos que observem a sala de aula cuidadosamente; após a observação, escolhemos um dos alunos e solicitamos que o mesmo saia do seu lugar e abra a porta da sala de aula. É claro que a ordem é cumprida sem maiores problemas. Novamente pedimos ao aluno que retorne para o seu lugar. Agora, colocamos uma venda nos olhos do aluno e fazemos a mesma solicitação. Mais uma vez observamos que o aluno, com um pouco mais de dificuldade, atinge seu objetivo. Novamente solicitamos que o mesmo retorne ao seu lugar. Agora com os olhos ainda vendados, giramos o aluno várias vezes a fim de desorientá-lo; feito isto, solicitamos que o mesmo cumpra a mesma ordem. Podemos observar uma certa dificuldade no início do exercício mas, rapidamente, o aluno se orienta e acaba atingindo a sua meta. Em seguida fazemos a crítica do exercício, explicamos que, no primeiro momento, o objetivo foi atingido rapidamente tendo em vista a "visão" do aluno. O mesmo tinha visão do caminho a ser percorrido. Bastava desviar-se dos obstáculos que estavam a sua frente. No segundo momento, o aluno não teve grandes problemas porque, apesar de estar com os olhos vendados, já havia registrado na mente o caminho a ser percorrido, bastava ter calma para

Necessidades Estratégicas em Segurança Privada

que pudesse usar um outro tipo de "visão", o seu sentimento. Num terceiro momento, um complicador foi inserido no contexto do exercício, o aluno foi desorientado; entretanto, apesar da dificuldade inicial, observamos que, de alguma forma, o aluno havia registrado numa área cerebral qualquer, pequenos detalhes do tipo: barulho do ar condicionado, que estava no lado oposto à porta. Assim, bastou manter o equilíbrio emocional, orientar-se e cumprir o objetivo. Terminado o exercício, fazemos a seguinte pergunta:

"– Caso vocês fossem levados, com os olhos vendados, para um outro lugar onde nunca estiveram antes e, nesse lugar, houvessem áreas com agulhas contaminadas pelo vírus HIV, áreas minadas, áreas com poços profundos com escorpiões, cobras e aranhas venenosas, com apenas uma saída, seria possível sair? Caso positivo, como?"

Observamos que a dúvida e o silêncio imperam no ambiente, contudo, sempre tem um que fala o seguinte:

"–É só tirar a venda dos olhos".

E é verdade, acontece que tirar a venda dos olhos não é tão fácil quanto parece. Muitas vezes observamos amigos, parentes, colegas de trabalho, enfim, pessoas da nossa própria família indo por um caminho sem volta e, na ânsia de querer ajudar, falamos:

"Cara, você está cego?", "Meu irmão, acorda, abre os olhos!", "Você está entrando na maior furada!"

E a resposta é mais ou menos assim:

"Aí, deixa de papo furado; estou numa boa!".

Talvez até já tenhamos sido os protagonistas de histórias como esta. Uma outra resposta é também bastante comum: **"É só pedir ajuda!"**, e também é verdade. Acontece que, normalmente, quando estamos com os olhos vendados, pedimos ajuda exatamente a quem não deveríamos pedir, ou seja, a outro cego. **Cego que pede ajuda a outro cego, sabemos o resultado: os dois caem dentro do buraco.**

Portanto, vale a pena ressaltar que equilíbrio emocional é a primeira necessidade estratégica em segurança privada. **"É necessário que saibamos transformar o nosso estômago em pântano, de tanto sapo que precisamos engolir"**. É necessário desenvolvermos essa habilidade. Parece coisa de maluco, mas é verdade. É necessário que tenhamos visão de futuro, ou seja, que consigamos projetar todos os conflitos e problemas que ainda não aconteceram, adotando as medidas preventivas necessárias para que eles não ocorram, ou que, pelo menos, sejam reduzidos. Quando o nosso emocional é, por algum motivo, abalado, perdemos automaticamente a nossa capacidade de perceber o que está no ar. Perdemos a capacidade de ouvir o que está dentro do coração e da mente das pessoas. Perdemos a capacidade de enxergar o invisível. Perdemos, até mesmo, a capacidade de enxergar o visível, o óbvio, enfim, a capacidade de vigiar.

Acredito que, com relação à primeira necessidade estratégica, **equilíbrio emocional**, tenha atingido o objetivo. Com relação à segunda necessidade estratégica, **qualidade comportamental**, vale ressaltar que, todos nós, possuímos inúmeras qualidades de comportamento. Como você se comporta diante uma situação crítica? Como você se comporta diante uma tragédia? e diante da morte? e gerenciando uma crise? Qual é a sua qualidade de comportamento diante situações difíceis? Ao longo da vida adquirimos muitas qualidades como, por exemplo, perspicácia, sensatez, atenção, decisão, cordialidade, disciplina, etc, ninguém possui todas as qualidades de comportamento, ou não possui qualidade alguma. Resumindo, possuímos muitas e não possuímos muitas também.

Quando o profissional de recursos humanos percebe que o candidato é equilibrado emocionalmente, ou melhor, quando conclui que o candidato possui equilíbrio emocional, tentará, em seguida, perceber as suas qualidades de comportamento. Certamente conseguirá relacionar muitas qualidades no decorrer do processo, entretanto, existem três qualidades de comportamento que, em hipótese alguma, podem ser desprezadas. É tão importante este assunto que, no nosso segmento, chamamos de **"principais características de um profissional de segurança privada".** *Você que está lendo, caso tenha por objetivo galgar novos degraus neste segmento, sugiro que preste bastante atenção nestas características pois, apesar de serem óbvias, observamos no mercado uma quantidade enorme de candidatos que* **perdem grandes oportunidades** *por desprezarem tais características.*

Capítulo 3

Principais Características de Um Profissional de Segurança

"Dar menos que seu melhor é sacrificar
o dom que você recebe."
Steve Prefontaine

Iniciativa

A primeira principal característica é a iniciativa. Ter iniciativa é ser proativo, ou seja, é fazer acontecer. É necessário que façamos com que as coisas aconteçam. Existem pessoas que ficam esperando que abra uma 'fenda no céu' e que, desta fenda, como que "amparado pelas asas do Arcanjo do corcel alado, tonitruante em motores...", como diz o texto Eterno Herói da Brigada de Infantaria Pára-quedista, a benção caia docemente nas mãos do indivíduo e isso, com certeza, não irá acontecer. A oração é necessária, não há a menor sombra de dúvidas com relação a isso, entretanto, como o próprio nome já diz, é necessário orar com ação (oração). É preciso arregaçar as mangas e ir à luta. A vida não é fácil e, no decorrer da nossa passagem por este mundo material, é fundamental darmos o nosso sangue, suor e, muitas vezes, lágrimas, para atingirmos determinados objetivos, caso contrário o milagre não acontece.

Havia uma empresa de segurança privada que, apesar de todas as dificuldades, tentava de todas as formas manter o seu quadro de funcionários antigos. Apesar da resistência natural e, principalmente, da dificuldade na quebra de paradigmas, aqueles velhos guerreiros eram comprometidos e foram os primeiros funcionários da empresa. Um dia o Sr. Joaquim, um dos vigilantes mais antigos, dirigiu-se à sala do Sr. Ivo, diretor da empresa, para fazer a sua primeira reclamação.

"– Bom dia, Dr. Ivo, o Senhor poderia me ouvir?"

Falou cordialmente, mas deixando claro que algo o incomodava.

"– Claro, Sr. Joaquim, sente-se, por favor".

Notando sua ansiedade, o diretor continuou. **"– Está tudo bem com o senhor?"** Perguntou, olhando-o nos olhos. **"– Não está nada bem, não senhor".** Respondeu, demonstrando certa insatisfação.

12   Segurança é Prevenção

"– Diga-me Sr. Joaquim, o que o aflige?"
Sem saber direito como começar, disse:
"– Sabe o que é, Dr. Ivo? Sou seu funcionário mais antigo, trabalho para o senhor, como vigilante, há mais de dezoito anos".
O diretor olhava-o com atenção, demonstrando concordar plenamente com todas as observações. **"– É verdade Sr. Joaquim. É verdade".**
E continuou.
"– Nunca faltei, nunca cheguei atrasado, sempre tratei todos com muito respeito, sempre fiquei depois do horário e nunca reclamei por isso"
E o diretor confirmava.
"– É verdade, Sr. Joaquim, o senhor é realmente um exemplo".
Após todo esse preâmbulo, começou a reclamação propriamente dita.
"– Dr. Ivo, fiquei sabendo que o vigilante Carvalho, funcionário recém chegado, ainda não completou um ano, será promovido?" Neste momento foi interrompido pelo Sr. Ivo que disse:
"– Sr. Joaquim, desculpe-me, mas não estou conseguindo prestar atenção no que o senhor está falando. Sabe o que é? Preciso que o senhor me faça um pequeno favor. Quero que os funcionários tenham uma sobremesa diferente, pensei numa fruta! O senhor poderia verificar na barraca de frutas, ali na esquina, se eles têm abacaxi? Depois nós continuamos a conversa. Pode ser?"
O Sr. Joaquim, sem entender direito a solicitação respondeu:
"– Claro, Dr. Ivo".
Levantou-se e saiu para cumprir a missão. No caminho murmurava:
"– É muita falta de respeito, eu falando de algo extremamente importante e o cara preocupado com abacaxi!!!"
Em cinco minutos, retornou.
"– Dr. Ivo, tem abacaxi, sim senhor".
O diretor olhou-o, como se esperasse algo mais, e o Sr. Joaquim continuou.
"– Podemos continuar nossa conversa?"
Educadamente o diretor respondeu:
"– Claro Sr.Joaquim, sente-se, por favor".
Quando o Sr. Joaquim começou a falar, foi novamente interrompido.
"– Por gentileza Sr. Joaquim, antes de começarmos, só uma pergunta. Qual o valor unitário do abacaxi?".
Seu Joaquim meio sem graça respondeu:

Principais Características de Um Profissional de Segurança 13

"– Isso eu não vi, não senhor!".

Mantendo a mesma linha de ação, fez mais uma pergunta.

"– Sr. Joaquim, por favor, me responda. Tem quantidade suficiente para todos os funcionários?"

Seu Joaquim ainda mais sem graça, respondeu:

"– Não verifiquei, não senhor".

Sem qualquer demonstração de insatisfação, disse:

"– Aguarde aqui mesmo, Sr. Joaquim, preciso resolver este 'probleminha'. Em seguida continuaremos".

Imediatamente pegou o telefone, discou e disse:

"– Carvalho, estou pensando em dar uma sobremesa diferente aos funcionários. Pensei numa fruta, O senhor poderia verificar na barraca de frutas, ali na esquina, se eles têm abacaxi?".

Seu Joaquim aguardava, angustiado. Vinte minutos após a solicitação...

"– Com licença Dr. Ivo, bom dia, Sr. Joaquim".

Seu Joaquim cumprimentou-o meio desconcertado e o Sr. Carvalho prosseguiu.

"– Dr. Ivo, eles têm abacaxi e estão ótimos para o consumo; o valor unitário é de R$1,50. Quando falei da quantidade, consegui um desconto de 15% no pagamento à vista. Podemos também pagar no cartão com um desconto de 10% ou ainda com cheques para 30, 60 e 90 dias. Também verifiquei outras possibilidades, como, mamão, melão, melancia, manga e laranja, que, inclusive, vem descascada. Os valores se equivalem. Qualquer que seja o pedido, eles entregarão vinte minutos antes do horário do almoço, higienizado e pronto para o consumo. Caso o senhor concorde, retorno e confirmo o pedido".

Satisfeito, o diretor pediu ao Sr. Carvalho que aguardasse para que pudesse pensar a respeito. Assim que o Sr. Carvalho saiu, o diretor dirigiu-se ao seu Joaquim e disse:

"– Muito bem seu Joaquim, agora podemos continuar. O que o senhor estava falando?"

Seu Joaquim, totalmente desconcertado, respondeu:

"– Nada não, não é nada não, senhor. Desculpe-me".

Retirou-se e foi refletir sobre sua enorme incompetência e mediocridade profissional.

Bom Senso

A segunda principal característica é o bom senso. Ter bom senso é entender, por exemplo, que não existe nenhuma lei que me proíba ir a praia de paletó e gravata, ou mesmo ir a um casamento de bermuda e chinelo de dedo, se eu quiser posso ir, entretanto, faria papel de ridículo, demonstraria não ter bom senso. Infelizmente, observamos no nosso segmento muitos candidatos que perdem inúmeras oportunidades neste mercado por falta de bom senso. Numa determinada ocasião, recebemos uma solicitação de mão de obra com um piso salarial bem acima do mercado. Tratava-se de uma multinacional com um perfil altamente complexo. O processo seria numa segunda-feira, assim, no domingo colocamos um anúncio num jornal de grande circulação. No domingo à tarde já havia candidatos que pernoitariam na porta da empresa, na esperança de uma vaga. Ao chegar na segunda-feira de manhã, reuni-me com os profissionais envolvidos no processo seletivo para iniciarmos o trabalho, havia um número enorme de candidatos. Quando chamei o primeiro candidato para a entrevista, o mesmo estava com uma camisa com os seguintes dizeres estampados no peito **"Tem um corno me olhando"**. Observe que este candidato, certamente, passou a noite no sereno, portanto, com toda a certeza, não tinha a intenção de gozar com a minha cara, não é verdade? Fiz toda a entrevista olhando para o chão, meio que constrangido. Acontece que, quando ele saiu, fui obrigado a rasgar a sua ficha de entrevista. Estava estampado nas suas costas: **"... e continua me olhando"**. Brincadeiras à parte, deu para entender a falta de bom senso? Havia um outro com um **"piercing"** na ponta da língua e umas argolas na sobrancelha, outro com uns desenhos no couro cabeludo, muitos com tatuagem por todo o corpo, barba por fazer e por aí vai... Será que o objetivo de todos eles seria o de nos gozar? Valeria a pena passar a noite no sereno para atingir esse objetivo? Claro que não, apenas "falta de bom senso".

Discernimento

A terceira principal característica é o discernimento. Discernir é discriminar, distinguir, conhecer, avaliar bem, apreciar, medir. É fundamental que um profissional de segurança saiba o que é certo e o que é errado, o que deve e o que não deve ser feito, enfim, saiba "ver distintamente", saiba

Principais Características de Um Profissional de Segurança   15

discernir. Lembro-me de uma dessas estórias da internet que exemplifica bem este tema: Certo homem estava perdido no deserto, prestes a morrer de sede. Eis que surge, logo adiante, uma casinha velha e abandonada, quase desmoronando, sem janelas, sem teto, destruída pelo tempo. O homem entrou e encontrou uma pequena sombra onde se acomodou, fugindo do calor e do escaldante sol desértico. Olhando ao redor, percebeu a existência de uma velha e enferrujada bomba d'água. Seus olhos brilharam e com esforço arrastou-se até a intrigante bomba, agarrou a manivela com todas as suas forças e bombeou sem parar, porém, nada aconteceu. Desapontado, caiu prostrado para trás e notou que ao lado da velha bomba havia uma garrafa. Olhou-a bem e percebeu que havia algo escrito, limpou-a removendo a sujeira e o pó, somente então conseguiu ler o seguinte recado:

"Você precisa primeiro preparar a bomba com toda a água desta garrafa, meu amigo! PS: faça o favor de encher a garrafa outra vez antes de partir".

O homem arrancou a rolha da garrafa e de fato lá estava a água. De repente ele se viu num dilema, se bebesse aquela água, talvez suportasse um pouco mais, mas se despejasse toda a água na velha bomba enferrujada, talvez obtivesse água fresca, bem fria, lá do fundo do poço; aí sim sobreviveria e ainda poderia deixar a garrafa cheia para a próxima pessoa... Mas, talvez não desse certo... O que deveria fazer? Despejar a água na velha bomba e esperar a água fresca e fria ou beber a água velha e morna e "talvez" salvar a sua vida? Deveria perder toda a água que tinha, na esperança daquelas instruções pouco confiáveis, escritas não se sabia quando? Com relutância, o homem despejou toda a água na bomba, em seguida, agarrou a manivela e começou a bombear... E a bomba começou a chiar, e nada aconteceu! E a bomba foi rangendo e chiando. Então surgiu um fiozinho de água, depois um pequeno fluxo, e finalmente a água jorrou com abundância! A bomba velha e enferrujada fez jorrar muita, mas muita água fresca e cristalina. Ele encheu a garrafa e bebeu dela até se fartar. Encheu-a outra vez para o próximo que por ali poderia passar, arrolhou-a e acrescentou uma pequena nota ao bilhete preso nela:

"Creia-me, funciona! Você precisa dar toda a água antes de poder obtê-la de volta!".

Se quizermos que o "milagre" aconteça na nossa vida, é necessário derramarmos "todo" o sangue, suor e, muitas vezes, lágrimas.

Capítulo 4

Qual a Principal Arma de um profissional de Segurança Privada?

"A consciência é o melhor livro de moral
e aquele que menos se consulta."
Blaise Pascal

Muitas vezes o candidato ouve o galo cantar, mas não sabe onde. Uma psicóloga, cliente, relatou que numa entrevista, ao perguntar para o candidato qual era a sua principal arma, o mesmo respondeu com toda a convicção:
"– Doutora, papel e caneta".

Por ter achado a forma como respondeu no mínimo curiosa, perguntou o porque, ao que o candidato, após alguns segundos de reflexão, acompanhados de caras e bocas, respondeu:

"–Doutora, quer saber de uma coisa? Nem eu sei! Na verdade eu acho que é o meu três oitão, mas me falaram ali fora, que se a senhora me fizesse essa pergunta, eu deveria responder que é papel e caneta".

E é verdade! Casos como este acontecem mesmo! Não basta sabermos somente a resposta, é necessário sabermos também a justificativa. É comum também ouvirmos como resposta, pistola, espingarda, carabina, tonfa, etc, entretanto, **a resposta correta é, realmente, "papel e caneta"**. Sabemos que segurança é prevenção e que a principal função de um profissional de segurança é administrar conflitos e problemas, não cria-los, assim, através da percepção, do sentimento (feeling), devemos projetar, ou melhor, nos antecipar a todos os conflitos e problemas que poderão acontecer, em seguida, com o **"papel e a caneta"**, relaciona-los, evidentemente com suas respectivas medidas preventivas. A partir daí teremos a faca e o queijo nas mãos para que a nossa empresa possa prestar um excelente serviço ao cliente. Além da oportunidade de projeção, ou seja, de mostrarmos o nosso potencial, teremos em mãos muitas idéias e sugestões que poderão ser transformadas em relatórios diários. Teremos, no mínimo, a oportunidade de melhorar nossa fluência escrita, fluência verbal, problemas gramaticais, concordância, ortografia, caligrafia... E com o tempo, em razão da constância de treinamento, nos tornarmos especialistas em avaliação e análise de riscos. Vale ressaltar que todas as empresas de segurança privada adorariam ter no seu quadro de funcionários um vigilante com estes atributos. Vejamos um exemplo prático: Imaginem um profissional de segurança num determinado ambiente de trabalho. A primeira preocupação seria projetar, no seu dia-a-dia, todos os conflitos e problemas que, hipoteticamente, poderiam acontecer. Exemplo: após uma rápida análise, o vigilante percebeu a existência de muitos fios de energia elétrica, tomadas, aparelhos elétricos e eletrônicos, estoque de papéis, teto com rebaixamento em madeira, computadores, materiais diversos, etc. Nesse momento percebeu a possibilidade de incêndio, de furto, de roubo, etc., o que, sem dúvida seriam problemas/conflitos que poderia vir a enfrentar. Assim, com a sua principal arma, papel e caneta, deve relacioná-los com suas respectivas medidas preventivas, ou seja, para minimizar o risco de incêndio é necessário saber onde estão os extintores de incêndio mais próximos, verificar se os mesmos estão de acordo com a classe de incêndio correspondente, se estão com o prazo de validade em dia, com a carga também dentro dos padrões previstos; se as manutenções dos aparelhos elétricos e eletrônicos estão sendo realizadas corretamente; se há necessidade de fazer uma revisão da rede elétrica; a existência de uma equipe de brigadistas de emergência e combate a incêndio, etc. Com relação ao furto, é necessário que seja feito um inventário de todo o material para controle, verificar as trancas das portas, janelas, a existência de cadeados, sistemas de alarmes, controle de acesso de pessoas àquele ambiente, etc. Vejamos, o vigilante prepara um relatório com idéias e sugestões para o seu chefe imediato, o fiscal. Este avalia e analisa o relatório, melhora algo, se for o caso, e encaminha ao gerente, que também faz suas observações e encaminha ao diretor que, por sua vez, as leva em mãos ao seu cliente. **Cliente satisfeito é cliente feliz e, quando o cliente fica feliz, no mínimo, o serviço é mantido, todos ganham.**

Capítulo 5

Qual a Filosofia do Segmento Segurança Privada?

*"Não é nossa condição social, mas a qualidade
de nossa alma que nos torna feliz."*
Voltaire

Há 25 séculos, Sun Tzu escreveu um livro realmente extraordinário chamado A Arte da Guerra, e suas estratégias são aplicáveis até os dias atuais. Em 1905, P. F. Calthrop fez a primeira tradução para o inglês. A segunda tradução, feita por Lionel Giles, aconteceu em Londres, em 1910. James Clavell, autor de Tai-Pan, Xogum e Casa Nobre, impressionado com a força e as verdades dos Treze Capítulos, também os traduziu e adaptou-os para o inglês, Editora Record, Rio de Janeiro,1996. **Sun Tzu começa o seu livro dizendo que a arte da guerra é de importância vital para o Estado. Diz ainda que é uma questão de vida ou morte, um caminho tanto para a segurança como para a ruína e que, em nenhuma circunstância, deve ser negligenciada**. A vida é uma guerra. Diariamente participamos direta ou indiretamente de inúmeras batalhas. São as batalhas do dia-a-dia. É necessário que estejamos bem preparados emocional-mente e profissionalmente. É sempre importante ressaltar que nós, profissionais de segurança privada, não somos policiais e, conseqüentemente, não temos poder de polícia. Assim como Sun Tzu, também acreditamos que **"o mérito su-premo consiste em quebrar a resistência do inimigo sem lutar"**. Quando um empresário assina um contrato com uma empresa de segurança privada, com toda a certeza ele deseja e espera que o profissional de segurança tenha consciência de que está numa guerra diferente, onde a inteligência emocional, a estratégia e a psicologia são armas que devem ser empregadas em conjunto com as técnicas de segurança. Assim, o vigilante torna-se um analista, um ava-liador de riscos, um profissional curto, objetivo, mas extremamente educado, capaz de enxergar o invisível, ouvir o inaudível, ou seja, o que está dentro da mente e do coração das pessoas. É capaz de sentir o cheiro de conflitos e proble-mas e, conseqüentemente, adotar medidas preventivas, pois sabe que seguran-ça é prevenção. Sun Tzu dizia que **"quando nos empenhamos numa guerra verdadeira, se a vitória custa a chegar, as armas dos soldados tornam-se pesadas demais e o entusiasmo deles enfraquece"**. Quando um empresá-rio contrata uma empresa de segurança privada é porque, simplesmente, não quer assaltos, mortes, incidentes, não quer troca de tiros, não quer conflitos e

20   Qual a Filosofia do Segmento Segurança Privada?

problemas dentro da sua empresa, não quer cadáveres, mesmo que sejam dos criminosos, ou seja, quer resultados imediatos. Assim, quando os criminosos, na avaliação e análise dos riscos da ação criminosa, no estudo de situação e planejamento da ação criminosa, desistem por perceberem e entenderem que os profissionais de segurança representam um grande problema para o êxito da ação criminosa, é sinal que a filosofia básica de segurança privada foi de fato aplicada, ou seja, **"o mérito supremo consiste em quebrar a resistência do inimigo sem lutar"**. Sun Tzu é enfático quando diz: **"Nunca esqueça! Quando suas armas ficarem pesadas, seu entusiasmo diminuído, a força exaurida e seus fundos gastos, outro comandante aparecerá para tirar vantagem da sua penúria. Então, nenhum homem, por mais sábio, será capaz de evitar as conseqüências que advirão"**. Portanto, é fundamental que o nosso grande objetivo seja a vitória, verdadeira e inteligente, e não extensos desgastes desnecessários, assim, o profissional de segurança, através das suas linhas de ação, é quem define o destino da empresa, ou melhor, dele depende a paz ou o perigo na empresa em que estiver atuando. Portanto, a mais perfeita linha de ação é impedir os planos do inimigo, fazendo com que desistam da intenção da ação criminosa.

Então, sorte dos empresários que contratam empresas sérias com profissionais bem treinados. Sorte também dos empresários que não demoram nas decisões importantes ao perceber que o barato, às vezes, sai muito caro. É fundamental conhecermos o pensamento do inimigo, portanto, no planejamento de uma ação criminosa, ou melhor, para a realização de uma ação criminosa, três fatores importantíssimos devem ser levados em consideração. O primeiro é a necessidade, necessidade por vício, por desvio de comportamento, por influência, etc. Observe que independe da segurança. O segundo e o terceiro fator são a facilidade e a oportunidade, respectivamente, em razão da negligência, imprudência, falta de comprometimento, falta de força de presença e sensação de segurança, etc, por parte do vigilante. Observe que estes dois fatores dependem da segurança. Um profissional de segurança privada necessita de treinamento constante. Somente na exaustão, na insistência, na persistência, através da constância de treinamento, é possível agir com competência e com capacidade de inibir e impedir ações criminosas. Como não somos, tampouco temos poder de polícia, precisamos aprender através de linhas de ação, através de inteligência emocional, a desestimular as ações criminosas.

Capítulo 6

Os Atributos de Liderança Segundo Sun Tzu

*"Perca tempo escolhendo um amigo, mas perca
ainda mais quando tiver de trocá-lo."*
Benjamim Franklin

São cinco os atributos de liderança: **Sabedoria, Sinceridade, Humanidade, Coragem e Exigência**. Su-ma Ch'ien, há cerca de 100 a.C., acrescentou a um dos capítulos do livro A Arte da Guerra, capítulo este definido como **"A espada embainhada"** o seguinte: **"se um general ignorar o princípio da adaptação, não deve ser colocado numa posição de autoridade. Um hábil empregador de homens usará o prudente, o bravo, o cobiçoso e o burro. Pois o prudente terá prazer em aplicar seu mérito, o bravo, sua coragem em ação, o cobiçoso é rápido em tirar proveito, vantagens, e o burro não teme a morte"**. Em segurança privada as coisas não são bem assim, entretanto, é importante refletirmos em cima da afirmativa de Su-ma Ch'ien para uma adaptação inteligente dentro do nosso Segmento de Mercado. Um profissional de segurança privada é, necessariamente, um líder. Quando um profissional de Recursos Humanos despreza, por algum motivo, os atributos de liderança, coloca em risco todo trabalho até então desenvolvido. Procuraremos, a partir de agora, esmiuçar cada um dos predicados, começando pelo primeiro, a **Sabedoria**.

Sabedoria

Certa vez ouvi que **"... é tão difícil para um sábio adquirir riquezas como é difícil para um rico adquirir sabedoria"**. Não acredito que seja bem assim mas, para entendermos melhor o significado da palavra sabedoria, é necessário que saibamos que saber, na sua origem, quer dizer *saborear*. Talvez seja ainda mais interessante sabermos que a virtude é uma espécie de preliminar da sabedoria. *Virtude* em latim quer dizer *força (virtus)*. Renunciar por virtude pode ser amargo e muitas vezes doloroso. Nós, em razão da nossa natureza humana, estamos inclinados ao erro; até queremos fazer o que é certo mas, quando percebemos, já fizemos tudo errado, já metemos os pés pelas mãos. Muitos falam, e até batem no peito de uma forma bastante característica, o seguinte: **"Eu faço o que me dá na telha"** ou **"Eu** faço o que me dá vontade e pronto". Se fosse verdade seria um desastre, porque simplesmente **devemos fazer o que é certo e não o que temos vontade**. Vejamos, acredito que os exemplos a seguir podem, de alguma forma, esclarecer um pouco mais a questão da virtude. Crianças brincando:

"**– Vamos jogar bola?**"

O outro responde:

"**– Claro, me amarro num futebol**".

De repente, lembra-se de algo importante e fala:

"**– Acho que não vai dar pra jogar não**".

O outro retruca:

"**– Porque não?**"

E ele responde:

"**– Tenho prova de matemática depois de amanhã, tenho que estudar**".

Observem que o garoto estava com muita vontade de jogar bola, entretanto renunciou ao prazer da brincadeira por força, por dever, enfim, por virtude. Vejamos outro exemplo: Jovens adolescentes.

"**– Aí cara, tenho uma carreirinha de uma branquinha especial, purinha. Quer dar um teco?**"

O outro olha, cheio de vontade de experimentar e diz:

"**– Aí cara, até que eu gostaria, mas é a maior furada. Estou fora!**".

Observem que a renúncia do prazer da droga foi por força, por dever, enfim, por virtude, Vejamos mais um exemplo: Amigos de trabalho.

"**– Meu compadre, são duas gatas com corpinho de menina de revista Playboy, vamos nessa?**"

O outro olha, contempla, fica completamente extasiado e diz o seguinte.

"**– Aí cara, infelizmente sou casado, não vai dar não**".

Observem que a vontade era uma realidade. Percebemos pelo emprego da palavra "infelizmente"; entretanto, houve uma renúncia do prazer do sexo por força, por dever, enfim, por virtude. No caso da sabedoria, seria um nível acima. Vimos que sabedoria vem de saborear. O sábio que saboreia a renúncia está, de fato, em um nível acima. Não se sente melhor do que ninguém por ter conseguido renunciar, e também não se sente poderoso por isso. A renúncia é algo natural, faz parte da sua natureza. Vejamos como seriam os mesmos exemplos. Crianças brincando.

"**– Vamos jogar bola?**"

O outro responde:

"**– Que bola que nada, meu camarada. Vou estudar para a prova.**

Obrigado pelo convite, mas vou 'arrebentar a boca do balão!"
Observem que o garoto não estava nem aí para a bola; tinha certeza dos seus objetivos, sabia o que estava fazendo e é como se saboreasse a sua renúncia, contudo não se sentia melhor do que o outro que o convidou para jogar bola. Vejamos outro exemplo: Jovens adolescentes.

"– Aí cara, tenho uma carreirinha de uma branquinha especial, purinha. Quer dar um teco?"
O outro olha e diz:

"– Aí cara, obrigado, mas branquinho, só um copo de leite geladinho".
Observem que a renúncia foi prazerosa, mas nem por isso ele se sentiu poderoso por ter renunciado, para ele a renúncia é algo natural. Vejamos mais um exemplo: Amigos de trabalho.

"– Meu compadre, são duas gatas com corpinho de menina de revista Playboy, vamos nessa?"
O outro olha e diz o seguinte.

"– Aí cara, obrigado pelo convite, mas acho que você vai ter que convidar outro parceiro. Sou casado, bem casado, e estou doido para chegar em casa e ver minha esposa e meus filhos".
Observem que a renúncia, conforme os exemplos anteriores também foi prazerosa e natural.

Infelizmente, a preliminar da virtude é a ignorância, a irresponsabilidade e a imaturidade, assim, os mesmos exemplos seriam mais ou menos assim: Crianças brincando:

"– Vamos jogar bola?"
O outro responde:

"– Claro, me amarro num futebol".
O outro fala:

"– Você não tem prova de matemática amanhã?"
E ele responde:

"– Aí cara, tô nem aí. Que se dane a prova".
Observem que, por falta de virtude, o garoto não tem a menor noção da palavra discernimento. Demonstra total imaturidade e ignorância. Vejamos outro exemplo: Jovens adolescentes.

"– Aí cara, tenho uma carreirinha de uma branquinha especial, purinha. Quer dar um teco?"
O outro olha, cheio de vontade de experimentar e sem a menor hesitação diz:

"**– Aí cara, estou dentro**". Observem que devido à ignorância e à imaturidade, as decisões são catastróficas, pois o que prevalece é simplesmente o prazer. Vejamos mais um exemplo: Amigos de trabalho.

"**– Meu compadre, são duas gatas com corpinho de menina de revista Playboy, vamos nessa?**"

O outro olha, contempla, fica completamente extasiado e diz o seguinte:

"**– Aí cara, a noite é uma criança, estou dentro**".

Observem que a vontade é uma realidade e, em razão da ausência de virtude, o que prevalece é o prazer, não importando as conseqüências.

Sinceridade

O segundo atributo de um líder é a **sinceridade**. Um profissional de segurança deve ser sincero, mas não mal educado. Existem aqueles que acham que ser sincero é falar o que pensa, como diz o outro **"falar na cara, na lata"**. Definitivamente não é isso. Um profissional de segurança precisa simplesmente se posicionar. **Não podemos querer agradar a todos; nem Jesus Cristo conseguiu**. Entretanto, muitas vezes somos pretensiosos a ponto de achar que podemos desenvolver esta habilidade utópica. O resultado é o desânimo, a perda do entusiasmo. Acredito também que o fato de sermos sinceros não quer dizer que estamos certos. Normalmente nos deparamos com pessoas que se acham o máximo por serem sinceras, têm um "vaidoso orgulho" da sua sinceridade e, como conseqüência, se acham os donos da verdade, acham que a verdade está com elas. Portanto é necessário que sejamos sinceros, mas que tenhamos humildade suficiente para reconhecermos nossas fraquezas e limitações. Vale lembrar que **neste "mercado de trabalho", somos tentados de todas as formas, com o objetivo de causar em nós uma espécie de "crise de identidade"**. É importante que nós, profissionais de segurança, saibamos que isso se trata de algo comum. Não precisamos fazer dessa afirmativa nenhum bicho de sete cabeças. **Quando entramos na tal "crise de identidade", é necessário que saibamos viver a crise**. Se não soubermos passar por ela, se não soubermos administrar esse momento de conflitos e problemas, abriremos mão de quem realmente somos; abriremos mão da nossa verdadeira identidade. O mercado sempre tentará envolver e criar no profissional de segurança, principalmente no recém formado, a tal crise de identidade. **É menos perigoso quando um profissional de segurança é perseguido por alguém, do que quando tentam envolvê-lo**. Com certeza, é muito mais fácil administrar uma perseguição do que administrar um possível envolvimento. Por exemplo, no nosso trabalho, muitas vezes nos dedicamos, corremos atrás do sucesso, estamos de fato comprometidos, damos o nosso sangue, suor e lágrimas para que as coisas aconteçam, e isso tudo é muito bom, mas sabemos como as coisas são. **Muitas vezes para sermos simpáticos, para não sermos "chatos de galocha", vamos permitindo uma coisinha aqui, outra ali e, quando percebemos, estamos totalmente envolvidos**, perdemos a nossa identidade. Acreditem, vai ter sempre alguém dizendo mais ou menos assim: **"cara, eu acho que você está exagerando", "aí, as coisas não são bem assim", "será que vale a pena ser tão correto?", "aí, meu compadre, você está ficando maluco"**. São dúvidas sendo plantadas a todo o instante. Assim, se permitirmos que as circunstâncias nos envolvam, certamente perderemos a nossa identidade. Acredito sinceramente que as perseguições, de alguma forma, representam um bom sinal. Certa vez ouvi que quando, no mercado de trabalho, as pessoas não mais perceberem a nossa presença, quando não incomodamos mais, quando não nos chamarem mais pelo nosso nome, talvez já estejamos completamente envolvidos. Talvez estejamos iguais a todos os outros. Talvez sejamos apenas mais um neste mercado. No nosso ambiente de trabalho somos até parecidos com os outros, mas seremos diferentes se formos sinceros, transparentes, se tivermos uma identidade verdadeira. Quando nos perguntarem: **"qual é o seu nome?"** Se nesse momento nós pudermos responder quem realmente somos, é porque ainda não fomos envolvidos. Caso contrário, é porque já fomos contaminados. Permitimo-nos ser envolvidos pelas circunstâncias, talvez tenhamos, inclusive, perdido a nossa identidade.

Humanidade

O terceiro atributo de um líder é a **humanidade**, mais voltado para a benevolência, ou seja, boa vontade para com os outros. Para muitos, a afirmativa a seguir é pura hipocrisia, demagogia, mas, acredito que, se não aceitarmos como verdade, teremos sérios problemas. É importante que sejamos os melhores, mas não melhores do que ninguém. Precisamos, sim, ser os melhores **"para"** os outros. Talvez o grande problema é que somos normalmente criados para sermos melhores **"do que"** os outros, aí complicamos tudo. Muitos profissionais de segurança acham que uma arma na cintura, ou mesmo uma cara ou postura do tipo "bad boy" é que inibe uma ação criminosa, definitivamente não é. Não podemos permitir que brechas espirituais,

26 Segurança é Prevenção

do tipo arrogância, prepotência, vaidade, inveja, etc., nos derrubem. **Muitas vezes, uma palavra dita num momento de raiva, de ódio ou qualquer outro sinônimo, desencadeia uma avalanche de conflitos e problemas que destroem, em frações de segundos, tudo aquilo que levamos anos para construir.** Aí ficamos presos à própria sorte. Um simples passo que muitas vezes tomamos, sem a consciência desta qualidade chamada humanidade, muitas vezes consultando pessoas erradas ou tomando atitudes de forma precipitada, do tipo "eu acho que tem que ser assim e pronto", nos deixa sem saber direito **"o que fazer depois"** para tentar consertar os destroços, muitas vezes causados pela falta de humanidade, benevolência, ou melhor, boa vontade para com os outros.

Coragem

É o quarto atributo de um líder. **Coragem** não é ausência de medo; é uma característica que nos faz dominar, vencer o medo. **Acredito que o medo seja uma espécie de mecanismo de defesa. Não podemos ser inconseqüentes; só uma criança ou alguém com problemas mentais não tem medo.** Entretanto, a coragem é que nos impulsiona. De alguma forma acreditamos que somos capazes, que podemos, que conseguiremos. Observem que **a coragem está ligada à sabedoria.** Quando não sabemos dirigir, é natural que tenhamos medo de dirigir. À medida em que aprendemos as técnicas de direção, que adquirimos conhecimentos e habilidades específicas na condução de veículos, vamos perdendo o medo e, conseqüentemente, ganhamos coragem. Acredito que, na vida, as coisas acontecem mais ou menos assim. Vejamos um outro exemplo: se não sabemos informática, é natural que tenhamos medo de mexer num computador. À medida em que ganhamos conhecimentos específicos, o medo vai perdendo espaço para a coragem e, conseqüentemente, adquirimos autoconfiança, ganhamos uma nova habilidade, portanto, vale enfatizar que a coragem é aquele atributo que nos faz enfrentar e vencer o medo.

Exigência

O quarto atributo de um líder é a **exigência**, *retidão, responsabilidade*. Tem tudo a ver com aquele famoso chavão **"Palavras convencem, exemplos arrastam"**. Palavras convencem pessoas, exemplos arrastam multidões. É na firmeza inabalável dos valores da equipe de instrutores que os alunos constroem seus parâmetros. Ser exigente não é exigir dos outros, é exigir de si mesmo. **É importante saber que a constância nos erros embota a nossa inteligência**, ou seja, ficamos eternos ignorantes e esquecemos que a nossa maior batalha não é aquela travada com os criminosos, tampouco com as pessoas que nos cercam, mas com nós mesmos. Sabemos que o pior cego é aquele que não quer enxergar. Existem aqueles que vivem no erro, vivem na furada, esperando que as coisas melhorem para sair do erro. Ficam dando murro em ponta de faca. Entretanto, aprendi que não é assim que funciona. **É necessário que sejamos fortes o suficiente para dizermos "não" ao erro**. É necessário dar um basta, mudar de vida. É preciso resgatar aqueles valores que foram esquecidos. É necessário uma mudança de atitude; aí, sim, as coisas começam a mudar. **A constância nos erros nos cega, nos impede de enxergar o óbvio, o que é certo**. É forte a afirmativa, mas existem pessoas que mentem por bobagem. São mentiras constantes e, na maioria das vezes, infantis, absolutamente desnecessárias. Mentem com tamanha constância e naturalidade, talvez por doença, que acabam acreditando na sua própria mentira. Enfim, retornando ao assunto, ser exigente não nos impede de passar por tribulações, crises, dificuldades, conflitos e problemas. Nesses momentos, devemos pedir ajuda a pessoas também exigentes, pessoas de visão. É bíblico: "cego quando pede ajuda a outro cego, os dois caem dentro do buraco". Em segurança privada chamamos de **"inteligência do sentimento"**. Profissionais de segurança exigentes não desprezam os seus sentimentos; têm visão e prazer em ajudar. **Vale reiterar que ser exigente não é exigir dos outros, mas de si mesmo**. Profissionais de segurança exigentes acreditam, acreditam mesmo, que **Deus pode mudar o tempo e as circunstâncias. Quando "não acreditamos" nessa verdade, são as circunstâncias que nos mudam**.

Lembrei-me de uma dessas estórias de internet, super legais, e acho que é pertinente transcrevê-la. Chama-se **"Lobos Internos"**:

Um velho avô disse ao neto, que veio a ele com muita raiva de um amigo que lhe havia feito uma injustiça: deixe-me contar-lhe uma história. Eu mesmo, algumas vezes, senti grande ódio de pessoas que "aprontaram" comigo, e não tiveram qualquer arrependimento daquilo que fizeram. **Todavia, o ódio corrói você, mas não fere seu inimigo. É o mesmo que tomar veneno, desejando que seu inimigo morra**. Lutei muitas vezes contra este sentimento. E ele continuou: É como se existissem dois lobos dentro de mim. Um deles é bom e não magoa. Ele vive em harmonia com todos ao redor dele, e, não se ofende, quando não se teve intenção de ofender. Ele só lutará quando for certo fazer isto, e, da maneira correta! Mas, o outro lobo, aaah! Este é cheio de raiva! Mesmo as pequeninas coisas, o lançam num ataque de ira! Ele briga com todos, o tempo todo, sem qualquer motivo. Ele não pode pensar porque sua raiva e seu ódio são muito grandes. **É uma raiva inútil, pois sua raiva não irá mudar coisa alguma! Algumas vezes é difícil conviver com estes dois lobos dentro de mim, pois ambos tentam dominar meu espírito**. O garoto olhou intensamente nos olhos de seu avô e perguntou: Qual deles vence, Vovô? O avô sorriu e respondeu baixinho: "Aquele que eu alimento."

Capítulo 7

Estratégias de Segurança Privada?

"A tragédia da vida é que nos tornamos velhos cedo demais e sábios tarde demais."
Benjamim Franklin

Existe em segurança privada uma afirmativa no mínimo polêmica quando analisada por leigos. Trata-se da seguinte afirmativa: **"Quando um profissional de segurança é obrigado a sacar sua arma para reagir a um assalto é porque, na maioria das vezes, é fraco, incompetente. Entretanto, se não sacar sua arma, se não reagir, merece, na maioria das vezes, uma justa causa"**. É claro que se não houver uma perfeita sintonia e entendimento dos conceitos básicos de segurança privada, fica difícil aceitar **"tamanha incoerência"**. Contudo, é algo simples de se entender, de extrema importância para o segmento, para os clientes e para a sociedade. Assim, é inconcebível um profissional de segurança desconhecer algo tão importante. Há 2500 anos, Sun Tzu aplicava as mesmas estratégias com resultados extraordinários. São quatro as estratégias de segurança: Posicionamento Superior, Diplomacia, Uso da Força da Lei como Ameaça e Ataque.

Posicionamento Superior

A primeira estratégia é o *Posicionamento Superior*. Em segurança privada, posicionar-se de forma superior tem relação direta com sensação de segurança, força de presença e imagem. **Não devemos jamais confiar na possibilidade do inimigo não vir, mas na nossa competência técnica de recebê-lo, tornando nossa posição invulnerável**. Os guerreiros antigos colocavam-se, primeiro, fora da possibilidade de derrota, depois esperavam a oportunidade de derrotar o inimigo. Sun Tzu dizia que **"a garantia de não sermos derrotados está em nossas próprias mãos, porém a oportunidade de derrotar o inimigo é fornecida pelo próprio inimigo"**, assim eu posso saber como proceder, como agir, como fazer, para conquistar a vitória sem, contudo, ter capacidade para tal. Sun Tzu prossegue:

"A garantia contra a derrota implica em táticas defensivas; a capacidade de derrotar o inimigo significa tomar a ofensiva. Manter-se na defensiva indica força insuficiente. Atacar, uma superabundância de

força".

Um profissional de segurança privada se posiciona de forma que todos o vejam diretamente e percebam imediatamente sua presença forte; é como se estivesse sob a luz de um holofote mas, apesar da imagem marcante, é profissionalmente discreto. Sensação de Segurança e Força de Presença é mais ou menos igual a um leão; observem que o leão está lá, tranqüilo, na dele, calmo, sereno e sossegado. Todavia, é um leão. Todos sabem que é um leão. Ninguém se mete a besta com ele. Sabem porquê? Porque é um leão. Ele não precisa plantar bananeira, tampouco fazer piruetas ou algo mirabolante. Basta ser o que é: um leão. Deu pra entender? Um profissional de segurança é curto e extremamente educado, nunca fica escondido com a desculpa esfarrapada, mentirosa e incompetente do tipo *"Estou ligado e na moita"*. Tem consciência de que não é policial, portanto sabe que não tem "poder de polícia". Posicionar-se de forma superior é exercer a autoridade que realmente possui e também saber que sua autoridade é limitada. Assim, usa a sua força de presença para inibir possíveis ações criminosas. Sabemos que **"o mérito supremo consiste em quebrar a resistência do inimigo sem lutar"**. Quando o criminoso percebe a extrema dificuldade de prosseguir na ação criminosa, normalmente desiste e aborta a missão, pois não quer problemas.

Diplomacia

A segunda estratégia é a *Diplomacia*. Quando o profissional de segurança, por algum motivo, não consegue reverter a intenção criminosa, ou melhor, quando o seu posicionamento superior não é suficientemente eficaz e eficiente para inibir a ação criminosa, inicia imediatamente a segunda estratégia. A diplomacia tem relação direta com o poder de convencimento do profissional de segurança. Um profissional de segurança precisa ser, na abordagem que realiza, um verdadeiro diplomata, um "gentleman" e, simultâneamente, através do seu sentimento, tentar perceber se existe algo que possa fundamentar uma suspeita. Tudo de forma objetiva e extremamente educada. É preciso que tenha o domínio do conhecimento; é importante que saiba aplicar com sabedoria todo o conhecimento técnico adquirido. Sabemos que **empatia é sentir o que se sentiria caso estivesse no lugar ou circunstância experimentada por outra pessoa**, assim, colocandonos no lugar do outro, somos capazes de saber o que devemos fazer, falar ou como devemos proceder para conseguirmos o que, estrategicamente,

Estratégias de Segurança Privada 31

queremos. Uma abordagem técnica bem feita é, sem dúvida, capaz de provocar uma mudança nos planos do abordado, caso seja um criminoso em potencial. Observem que a diplomacia também pode ser direcionada para o mal. Certa vez li um livro, Os Protocolos dos Sábios de Sião, emprestado por um amigo que, na verdade, ensinava fórmulas de destruição de nações, algo terrível. Entretanto, o que mais me chamou a atenção foi exatamente a sutileza, a diplomacia como o assunto é abordado. **O primeiro passo para se destruir uma nação é destruindo as famílias, e não existe nada mais eficiente do que os meios de comunicação.** Na hora, lembrei-me de uma palestra, onde o palestrante citou uma reportagem publicada numa revista famosa, cujo tema era mais ou menos o seguinte: *"é cada vez mais necessário o uso de legendas em fotos de álbum de família"*. Ao lê-la percebíamos que, antigamente, quando olhávamos uma foto desse gênero, era perfeitamente possível, através de uma rápida análise, deduzir quem era quem, ou seja, aquele com a criança no colo é o pai, o outro, é o filho mais velho, aqueles casais mais idosos são os avós materno e paterno, e assim por diante. Hoje as coisas não são bem assim. De repente, aquela moça bonitinha não é a filha, mas sim a namorada da mãe, ou aquele rapaz não é o filho, mas o namorado do irmão mais velho, e assim por diante. Com uma sutil diplomacia, vamos sendo envolvidos e, gradativamente, nossa opinião vai se transformando, vamos "evoluindo" de acordo com os conceitos mais modernos e, simultaneamente, vamos destruindo a base da sociedade, a *"FAMÍLIA"*.

Uso da "Força da Lei" como Ameaça

A terceira estratégia é o *Uso da "força da lei" como ameaça*. Quando o profissional de segurança mais uma vez não consegue reverter a intenção criminosa, não sendo portanto suficientemente eficiente e eficaz no uso da diplomacia, aplica imediatamente a terceira estratégia. Usar a força da lei como ameaça não é uma ameaça direta. Não se trata de sacar a arma, nem empunhá-la de forma agressiva, mas sim usar inteligência emocional, psicologia, estratégias e qualidades de comportamento. O simples fato de, durante a abordagem, olhar para as câmeras e fazer um sinal discreto de que está tudo sob controle, usar o rádio ou telefone para informar claro, alto e em bom tom que a abordagem está sendo realizada, demonstrar que existem outros profissionais atentos e em condições de reagir, fazê-lo perceber que a lei está do nosso lado e que será aplicada se houver necessida-

32   Segurança é Prevenção

de e, ainda, que o tempo é um fator que não pode ser desprezado e nosso principal aliado, são estratégias de extrema importância para o sucesso da missão.

Agora prestem bastante atenção: **se o profissional de segurança falhou em todas as estratégias, foi fraco no posicionamento superior, falhou na diplomacia, não foi competente no uso da "força da lei" como ameaça, enfim, não foi competente no uso da filosofia de segurança privada, só lhe resta o uso da última estratégia, o Ataque.** É importante ressaltar que a consciência do profissional de segurança com relação à aplicação das estratégias, e suas respectivas falhas, são inquestionáveis. Assim, consciente das falhas, toma todas as medidas de segurança, inclusive o acionamento de alarmes, não tendo a menor sombra de dúvida com relação à ação criminosa. Vale ainda enfatizar que **o profissional de segurança não será surpreendido pois, caso seja, não haverá confronto e que o risco da reação é sempre planejado e consciente**. Entretanto, voltamos à afirmativa inicial: **"quando um profissional de segurança é obrigado a sacar sua arma para reagir a um assalto é porque é fraco, incompetente. Entretanto se não sacar sua arma, se não reagir, merece na maioria das vezes, uma justa causa"**. Acredito que agora tenhamos condições de entender que, para um profissional de segurança privada, não existe incoerência na afirmativa em questão.

Capítulo 8

E Dentro do Uniforme?

É falta de educação calar um idiota,
e crueldade deixá-lo prosseguir."
Benjamim Franklin

Em Agosto de 2006, minha família e eu participamos de um seminário ecumênico envolvendo católicos e evangélicos, cujo tema era a **"Armadura do Cristão"** (Ef 6, 10). Durante todo o seminário, cinco dias, o assunto foi intensamente estudado, analisado e comentado por vários pastores e pelo pároco da igreja. Um detalhe superinteressante e que nos foi chamado à atenção por uma palestrante foi a forma como o texto se inicia. "Finalmente, ..." Ou seja, antes de revestir-nos da "armadura" devemos nos preparar, **alguns cuidados devem ser seriamente observados, pois, caso contrário, corremos o risco de não conseguir suportar o peso da armadura que nos protege.** Em razão do conflito no sul do Líbano com Israel, foi amplamente divulgada pela mídia uma imagem muito forte, onde uma criança de aproximadamente sete anos trajava um uniforme camuflado, capacete e, nas mãos, uma pistola que mal conseguia sustentar o peso. O Padre, aproveitando o tema do seminário e o fato descrito, fez uma analogia que me fez refletir profundamente durante muitos dias. Observem que, apesar do uniforme camuflado, do capacete de aço e da pistola, dentro desta parafernália, o que, de fato, existe é apenas uma criança totalmente indefesa, sem qualquer noção dos riscos e do perigo que a circunda, despreparada e incapaz, inclusive, de sobreviver sozinha em situação de paz. Assim, mesmo dentro da "armadura", mesmo tendo nas mãos armas poderosíssimas, não teria a menor chance de sobrevivência. Obviamente, a mensagem foi clara e objetiva: **é necessário que estejamos bem preparados, fortes e bem estruturados para que tenhamos condições de sustentar o peso da "armadura" que necessitamos para o combate diário.** É imprescindível buscar na Palavra, o conhecimento e a sabedoria necessária para conseguir manejar, com eficiência e eficácia, as armas poderosas que *precisamos* para vencer o inimigo. Infelizmente, no nosso segmento, observamos muitas "crianças inocentes" dentro de uniformes, aparentemente protegidas e armadas, mas sem qualquer suporte emocional e técnico profissional, resultado: São alvos fáceis nas mãos do inimigo. **"O problema é que**

34 Segurança é Prevenção

uma criança armada pode causar estragos incalculáveis antes da sua inevitável morte". É claro que existem jovens, cronologicamente falando, extremamente maduros, talvez, até com deficiência de Força de Presença e Sensação de Segurança, entretanto, apesar da pouca idade e ainda, "sem o uniforme", demonstram, através das suas atitudes, uma extraordinária capacidade de liderança e equilíbrio emocional; e, obviamente, nos fazem enxergar as "essências da vida" com inocentes observações.

Leia, com atenção, este texto cujo título é **"Um irmão como esse"**:

Um amigo meu chamado Paul ganhou um automóvel de presente de seu irmão no Natal. Na noite de Natal, quando Paul saiu de seu escritório, um menino de rua estava andando em volta do reluzente carro novo, admirando-o.

"– Este carro é seu, senhor?" Ele perguntou.

Paul assentiu. **"– Meu irmão me deu de Natal".**

O garoto ficou boquiaberto.

"– Quer dizer que foi um presente de seu irmão e não lhe custou nada? Rapaz, quem me dera..." Hesitou ele.

É claro que Paul sabia o que ele ia desejar. Ele ia desejar ter um irmão como aquele. Mas, o que o garoto disse chocou Paul tão completamente que o desarmou.

"– Quem me dera (continuou o garoto) "ser" um irmão como esse".

Paul olhou o garoto com espanto, e então, impulsivamente, acrescentou:

"– Você gostaria de dar uma volta no meu automóvel?"

"– Oh, sim, eu adoraria".

Depois de uma voltinha, o garoto virou-se e, com os olhos incandescentes, disse:

"– O senhor se importaria de passar em frente a minha casa?"

Paul deu um leve sorriso. Pensou que soubesse o que o rapaz queria. Ele queria, pensou Paul, mostrar para os vizinhos que podia chegar em casa num carrão. Mas, Paul estava novamente enganado.

"– Pode parar em frente daqueles dois degraus?" Perguntou o garoto.

Ele subiu correndo os degraus. Então, passados alguns momentos, Paul ouviu-o retornar, mas, ele não vinha depressa. Carregava seu irmãozinho paralítico. Sentou-o no degrau inferior, abraçou fortemente e apontou o carro.

"– Aí está ele, amigão! exatamente como eu te contei lá em cima. O irmão deu o carro a ele de presente de Natal e não lhe custou nem um centavo. E, algum dia, eu vou te dar um igualzinho... Então você pode-

E Dentro do Uniforme?

rá ver com seus próprios olhos, nas vitrines de Natal, todas as coisas bonitas sobre as quais eu venho tentando lhe contar".

Paul saiu do carro e colocou o rapaz no banco da frente. O irmão mais velho, com os olhos brilhando, entrou atrás dele e os três deram uma volta comemorativa. Naquela noite, Paul aprendeu que **"a felicidade maior sentimos quando a proporcionamos a alguém"**.

(Texto retirado do livro Canja de Galinha para a Alma.

Autor do texto: Dan Clark)

Capítulo 9

Comunicação em Segurança Privada

"Três pessoas podem manter um segredo,
se duas delas estiverem mortas."
Benjamin Franklin

Já dizia o Velho Guerreiro: *"Quem não se comunica, se trumbica".* No nosso segmento as coisas não são bem assim; alguns cuidados precisam ser tomados. Já estamos carecas de saber que são três os elementos da comunicação. Para que haja comunicação é necessário um **emissor**, ou melhor, aquele que emite a mensagem. É necessário que haja, também, um **receptor**, ou melhor, aquele que recebe a mensagem e, logicamente, a *mensagem* propriamente dita. Entretanto, para que a comunicação se estabeleça de fato, é preciso que haja o **retorno** (feedback). No entanto, nós, profissionais de segurança privada, precisamos tomar todo o cuidado quando estivermos na posição de emissor de uma mensagem. Não basta emitir a mensagem, é necessário que utilizemos todo o nosso sentimento/*feeling*, para tentar perceber se o receptor é, de fato, competente o suficiente para receber e, conseqüentemente, retransmitir a mensagem. Não basta que o receptor entenda a mensagem. É necessário que ultrapasse os limites do entendimento, ou melhor, que tenha *"poder de convencimento"*, que tenha o *"domínio do conhecimento"* no momento que for transmitir a mensagem. É necessário que tenhamos consciência de que a responsabilidade é nossa, exclusivamente nossa, assim, devemos sempre checar o entendimento da mensagem por parte do receptor, ou seja, **cotejar a mensagem**.

Do mesmo modo, quando estivermos na posição de receptor de uma mensagem, não basta receber a mensagem. É necessário que utilizemos todo o nosso sentimento/*feeling*, para tentar perceber se o emissor é de fato competente, ou melhor, se o que ele está tentando emitir é coerente e se tem fundamento. Quantas vezes recebemos uma mensagem totalmente sem nexo? Não é verdade? Não podemos simplesmente sair por aí espalhando boatos sem pé nem cabeça. Portanto, todo cuidado é pouco. Como profissionais de segurança que somos, não podemos depois sair com aquela desculpa esfarrapada, **"eu não tive culpa; eu não sabia. Foi ele que falou...".** Seria deprimente...

Há muitos anos, recebi de um amigo, um e-mail com um texto bastante original que retrata perfeitamente este assunto. O título era o seguinte:

38   Segurança é Prevenção

"Porque Despedi Minha Secretária":

Há duas semanas, era o meu 45° aniversário e eu não estava lá *'grande coisa'* naquela manhã. Dirigi-me à copa para o café na expectativa de que minha mulher estaria alegre e diria: **"feliz aniversário, querido!"**, e teria um presente para me oferecer. Porém, ela sequer me disse *"bom dia!"*. Quanto mais *"feliz aniversário"*. Bem, pensei: eu sempre me esqueço das datas importantes! Você merece! As crianças certamente irão se lembrar. Mas, as crianças chegaram para o café e não disseram uma palavra. Então, quando me dirigia para o escritório, encontrava-me bastante abatido e desanimado. Assim que entrei em meu escritório, Janete – minha secretária – disse:

"– Bom dia chefe! Feliz aniversário!".

Então, senti-me um pouco melhor.

"– Ahhhhh! Muito Obrigado!"

Finalmente alguém havia se lembrado. Trabalhei até o meio-dia, quando minha secretária bateu na porta da minha sala e disse:

"– Sabe, chefe, está um lindo dia lá fora e já que é o seu aniversário, poderíamos almoçar juntos, só o senhor e eu. Que tal?".

"– Ótimo!" Disse eu.

"– Esta foi a melhor coisa que ouvi hoje. Vamos embora".

Fomos almoçar. Não no lugar de costume. Fomos a um lugar bastante reservado. Tomamos dois Martinis e nos divertimos, rimos muito. No caminho de volta para o escritório ela, disse:

"– Chefe, está um dia tão lindo, acho que não deveríamos voltar para o escritório, o senhor não acha?"

E, respondendo falei, **"– Aaacchho qquee nnão ééé rrrealmente ne--necessário!"**.

Ela então disse:

"– Vamos até o meu apartamento e lá tomaremos mais um drinque".

Dirigimo-nos, então, para o apartamento dela. Saboreei mais um *Martini*, meio desconcertado, não muito confortável... Aí então ela disse:

"– Chefe, se não se importar, acho que vou até o meu quarto colocar uma roupa mais confortável".

Tudo bem, fique a vontade, disse eu meio tímido. E ela foi para o seu quarto. Decorridos mais ou menos seis minutos, ela saiu carregando um enorme bolo de aniversário seguido pela minha mulher, meus filhos, amigos e amigas, todos cantando *"Parabéns Pra Você"*, e lá estava eu sentado na sala sem nada, além de minhas meias!!!!!

Falhas, ruídos de comunicação, é um fato. Não podemos negar, existem

Comunicação em Segurança Privada   39

em todas as empresas e muitas vezes nos causam problemas constrange-
dores. Em Segurança Privada, precisamos redobrar a atenção pois, "falhas
de comunicação", podem ocasionar perdas e danos irreparáveis.

Ainda dentro do assunto, lembro-me bem de um comandante na Brigada
Pára-quedista, Coronel José Aurélio Valporto de Sá, que dizia o seguinte:
"a missão só termina quando o comandante apaga a chama da vela".
Quando recebemos uma missão, recebemos, virtualmente, uma vela acesa. Assim, enquanto não retornarmos ao *comandante* para informarmos o
resultado da missão, a vela continua acesa, ou seja, a missão ainda não foi
cumprida. Somente quem deu a ordem tem poder para apagar a chama.
Observem que esta chama pode ser apagada, em determinados casos, até
à distância, por e-mail, fax, telefone, etc., entretanto vale ressaltar que somente quem deu a ordem tem poder para apagá-la. O importante é entendermos que sem este retorno, a missão ainda não foi concluída, cumprida.
Dando continuidade ao assunto, falhas de comunicação, observamos muitas dúvidas com relação às linhas de ação que devemos adotar quando, por
exemplo, um profissional de segurança recebe uma ordem direta do Diretor
Presidente da empresa. No caminho é chamado pelo Gerente Geral, que
lhe dá uma outra ordem. Ainda raciocinando sobre as ordens recebidas, foi
surpreendido pelo Coordenador de Operações que lhe deu uma terceira
ordem. O que fazer? Na verdade, as coisas não são tão complicadas como
parecem. Normalmente, até por questões éticas, o Diretor faria uma solicitação à gerência do profissional de segurança ou, no caso de uma ordem direta, o Diretor, pessoalmente, informaria ao seu superior imediato, contudo,
vale como exemplo. Sabemos que a primeira necessidade estratégica em
segurança privada é o *equilíbrio emocional*, portanto é fundamental man-
termos a calma. Sabemos também que *iniciativa, bom senso e discernimento*
são características imprescindíveis. Assim, usando e abusando dessas qualidades de comportamento, precisamos discernir se é possível cumprir todas
as missões sem prejuízo; se for, cumpra-as e pronto. Caso não seja possível,
existem várias outras hipóteses. Observem: quando o Gerente Geral abor-
dou o profissional de segurança e lhe deu a segunda missão, bastava uma
simples resposta:

**"Desculpe-me senhor, mas estou cumprindo uma ordem do diretor:
posso cumprir sua ordem em seguida?"**.

O Gerente Geral certamente entenderia. Ainda nesta mesma linha de raciocínio, poderíamos criar uma outra hipótese. O Gerente Geral, após ouvir
que você está no cumprimento de uma ordem do Diretor, diz:

"Esqueça a missão que o diretor lhe deu e cumpra esta nova ordem".
É importante entendermos que o Gerente Geral não é maluco, portanto, para que tenha dado tal ordem, sabe o que está fazendo. Evidentemente, assim que partirmos para o cumprimento da nova ordem, o Gerente Geral fará contato com o Diretor para posicionar-lhe o ocorrido e certamente explicar-lhe o motivo. **É óbvio que a vela está acesa, portanto, na primeira oportunidade, o retorno ao Diretor é imprescindível.** Estas linhas de ação valem para todas as hipóteses similares. Vale ressaltar que *iniciativa, bom senso e discernimento* são as principais características de um profissional de segurança privada, não é mesmo? Portanto, em razão dos exemplos que foram dados, não é muito difícil entendermos o porquê. Um outro assunto que precisamos entender com simplicidade é o seguinte. Ao recebermos uma missão, temos obrigação de avaliá-la e, como profissionais de segurança, solicitar os meios necessários para o seu devido cumprimento. É inadmissível aquelas desculpas esfarrapadas do tipo: *"Aahhh, eu não consegui lavar porque não tinha sabão"* ou " *Sabe senhor, eu não consegui concluir o relatório porque o tempo foi insuficiente"* Lembro-me bem de um exemplo bastante utilizado pelo Coronel Valporto, dizia ele: o General abre uma carta (mapa), aponta uma determinada região na carta e dá a seguinte ordem ao Capitão.

"– Capitão, exatamente aqui, nesta área, existe um grupo terrorista que precisa ser eliminado. A missão é sua: cumpra-a".

E o Capitão, imediatamente, em posição de sentido (respeito) respondeu-lhe.

"- Sim senhor, meu General"

E partiu no cumprimento da missão. Alguns dias depois retornou numa situação deplorável.

"– O que houve Capitão? Cumpriu a missão?"

Perguntou-lhe o General. Ao que lhe respondeu o Capitão.

"– Não senhor, General, o suprimento foi insuficiente, havia um curso d'água e não tínhamos equipamentos para transpô-lo, muitos soldados foram picados por cobras venenosas e não tínhamos soro antiofídico..."

Comunicação em Segurança Privada

É o cúmulo da incompetência, não é verdade? O que deveria ter sido feito? Após a ordem do General, o Capitão, imediatamente, faria uma análise e avaliação dos riscos, faria um estudo de situação e o planejamento da missão. De posse das necessidades, solicitaria os meios necessários para o cumprimento da missão (soldados especializados, armamento e munição, suprimentos, equipamentos, equipe de apoio, etc...) e a missão seria, sem dúvida, cumprida com êxito. Somos nós os profissionais. **É necessário que tenhamos iniciativa, bom senso e discernimento, enfim, competência suficiente para sabermos exatamente o que necessitamos para que a missão seja cumprida.**

Capítulo 10

Exercemos Nossa Autoridade?

"O homem está sempre disposto a negar tudo aquilo que não compreende."
Braise Pascal

É fundamental que um profissional de segurança tenha consciência de que **não é um policial, não possui "poder de polícia"** *e que sua missão é* **"administrar conflitos e problemas"**, *não criá-los*. Entretanto, é imprescindível que tenha convicção de que *tem autoridade* e, principalmente, saiba usá-la com *sabedoria*. **Autoridade é um poder delegado a alguém por alguém**, claro que por alguém que tem autoridade. Vale ressaltar que existem limites, ou seja, **nossa autoridade é limitada**. Nos cursos de Gestão de Pessoas, aprendemos que existe uma diferença significativa entre autoridade e poder. Autoridade tem ligação direta com liderança, seria mais ou menos conseguir que as pessoas cumpram determinados objetivos, façam determinadas coisas, não por imposição, mas por estarem de alguma forma "entusiasmadas"; fazem por livre e espontânea vontade, de bom grado. Poder está diretamente ligado à imposição, ameaça, força, etc. Em se tratando de segurança privada, vale ressaltar que este "poder" é limitado, ou seja, *nossa "autoridade" é limitada*.

Caso o prefeito do Rio de Janeiro dê autoridade a alguém, essa pessoa terá autoridade dentro da Cidade do Rio de Janeiro. Se esta pessoa sair dos limites da Cidade, não terá mais autoridade, pois o prefeito é outro. Entretanto, se a governadora do Estado do Rio de Janeiro der autoridade a alguém, esta pessoa terá autoridade em todo o Estado do Rio de Janeiro, contudo se sair do Estado do Rio de Janeiro, perderá a autoridade, pois o governo pertence a outra pessoa.

Ainda como exemplo, se o Presidente da República der autoridade a alguém, esta pessoa terá autoridade em todo o Território Brasileiro, mas, se sair do Brasil... Relembrando, autoridade é um poder delegado a alguém, por alguém que tem autoridade. Contudo, **quando não exercemos a autoridade que recebemos, o resultado é bagunça, confusão**. Observem: quando um professor não exerce a autoridade que possui, a sala de aula vira uma bagunça, uma baderna. Quando a polícia não exerce a autoridade que possui, observamos o descumprimento de leis, enfim, confusão, desrespei-

44 Segurança é Prevenção

to, desmando, aumento da criminalidade. Quando o governador não exerce a autoridade que possui, o estado vira uma bagunça. Quando o presidente não exerce a autoridade que recebeu, o país se transforma numa desordem, bagunça, confusão. Enfim, quando o vigilante, de alguma forma, não exerce a autoridade que recebeu, observamos no seu posto de serviço inúmeros conflitos e problemas, portanto, podemos concluir que **nossa autoridade é limitada e caso não a exerçamos, o resultado é sempre desordem, bagunça, desmando, confusão**. Estamos até agora falando de uma autoridade humana, de extrema importância para nós que trabalhamos neste segmento, entretanto, gostaria de alertá-los também para um outro tipo de autoridade.

Nada é fácil. As coisas não são fáceis, é verdade, mas são simples. O fato de serem simples não quer dizer que são fáceis. Talvez nós sejamos os verdadeiros problemas. Como dizia Lao-Tse, **"Aquele que conquista uma vitória sobre outro homem é forte, porém aquele que conquista uma vitória sobre si mesmo, é poderoso"**. Nossa natureza humana é inclinada ao erro. Até queremos fazer o que é certo, entretanto, quando percebemos, estamos fazendo tudo errado, Assim, aqueles que gostam de gritar aos quatro cantos *eu sou dono do meu nariz, só faço o que eu gosto* ou, ainda *só faço o que eu quero, o que me dá prazer*, cuidado! Porque **devemos fazer simplesmente o que é certo**. Nem sempre o que é certo nos dá prazer ou é o que, de fato, gostaríamos de fazer. Nós, seres humanos, estamos fadados ao erro. Todos nós já erramos no passado. Todos nós já cometemos erros que, só de pensar, morremos de vergonha de tê-los cometido. Aqui, cabe uma pergunta. **Se você pegasse no flagrante uma pessoa cometendo aquele mesmo erro que você já cometeu, aquele que você morre de vergonha só de lembrar! Você teria autoridade para chamar a atenção desta pessoa?** Acredite, você teria sim. Você tem autoridade e, se você acha que não tem, é melhor procurar outra profissão. Nenhum cliente, ou melhor, ninguém, gostaria de ter na sua empresa ou na sua casa, um profissional de segurança que, em razão de erros do passado, acredita não ter autoridade, acredita que sua vida não anda em razão daqueles erros cometidos lá atrás. Algumas pessoas vão ainda mais além. Acham, inclusive, que o motivo pelo qual enfrentam dificuldades é devido aos erros cometidos pelos seus antepassados e, assim, vão culpando os pais, avós, bisavós, tataravôs, enfim, gerações passadas e ficam presas à "tumba do faraó". Além dos erros do passado, todos nós estamos rodeados de erros no presente e, certamente, erraremos no futuro. É como se estivéssemos predestinados ao erro. O

Exercemos Nossa Autoridade?

45

grande segredo, e quem sabe o mais difícil, é **reconhecer o erro**. Reconhecer que estamos errados é difícil em razão do nosso orgulho. Geralmente somos muito orgulhosos. Certa vez, ouvi que **"o pior doente é aquele que considera saúde a sua enfermidade"**. Quando reconhecemos nossas limitações e nossas fraquezas, atingimos um momento extremamente importante para podermos evoluir. É um sinal forte de que estamos vencendo nosso orgulho. Contudo, estamos apenas no início de um processo, pois não basta o reconhecimento do erro; muitos reconhecem, mas não conseguem, por algum motivo, livrar-se dele e persistem no erro. Portanto, é também necessário o **arrependimento** para que, definitivamente, possamos eliminá-lo e, claro, como uma terceira e simultânea etapa, nos prostrarmos e pedirmos **perdão a Deus**. A partir daí, ganhamos "autoridade", que nos é dada por Ele.

Acontece que, quando, por algum motivo, não exercemos a autoridade que recebemos, nossa vida vira uma tremenda bagunça, confusão. É necessário que exerçamos sempre a autoridade que recebemos. O grande segredo é que quando conseguimos sair daquela "furada", quando passamos por todas as etapas, ou seja, reconhecemos o erro, nos arrependemos e pedimos perdão a Deus; ganhamos autoridade, assumimos um compromisso muito sério com Ele. A partir desse momento, devemos impedir, a todo custo, com inteligência e sensibilidade, que as pessoas que nos cercam (filhos, amigos, colegas de trabalho, alunos, etc.) não cometam aqueles erros e, quando, através da nossa interseção, isso acontece, somos cobertos de bênçãos. Vale relembrar que quando não exercemos, por algum motivo, a autoridade que temos, o resultado é sempre desordem, confusão, bagunça, etc. *Quantas pessoas ganham autoridade ao longo da vida, conseguem administrar conflitos e problemas complicadíssimos, são livradas de situações gravíssimas, e, por omissão, ou, simplesmente, por acharem que saíram por mérito próprio, ou ainda por considerarem que foi pura coincidência, pura sorte, perdem todas as oportunidades de exercerem sua autoridade e, conseqüentemente, serem cobertas de bênçãos.*

Nossa mudança de fato acontece de dentro para fora, ninguém consegue enxergar a causa dos efeitos, simplesmente porque a causa é invisível, ou seja, está dentro de nós, entretanto os efeitos são visíveis, todos percebem e enxergam. Certa vez recebi um texto super interessante que falava sobre o nascimento de uma pérola. Não me recordo na íntegra, mas o texto explicava que a pérola é o resultado de uma lesão causada por um incômodo grão de areia ou algo parecido cravado no corpo da ostra e, como mecanismo de defesa, o organismo do molusco libera uma substância que, lentamente, silenciosamente, vai envolvendo aquele corpo estranho. A substância, então, se solidifica dando origem à tão cobiçada "pedra". Percebemos então que, sem sofrimento, a ostra não produz a preciosa pérola. Poderíamos até afirmar que sem sofrimento, teríamos apenas uma simples e medíocre ostra. Parece engraçado, mas podemos até dizer que uma ostra que não sofre, é uma ostra medíocre, sem valor. É também interessante fazermos a seguinte analogia, as pérolas são encontradas nas ostras que vivem nas profundezas dos mares. Lá no fundo, existe pouca luminosidade, assim, sem luz, a tão preciosa "pedra" parece comum como outra qualquer. Sua beleza só acontece quando, tirada das profundezas, recebe os raios de luz, ou melhor, a luz incolor incide na sua superfície refletindo, então, todas as cores do arco-íris. Da mesma maneira, enquanto nós não sofremos, enquanto não mergulhamos nas profundezas da nossa alma, impedimos que o Espírito Santo, que mora dentro de nós nos ilumine, pois gostamos que o nosso ego humano seja constantemente massageado. Contudo, no sofrimento, acabamos descobrindo a existência do Eu, ou melhor, do Espírito Santo dentro de nós. Assim, nesse encontro, Ele transforma todos os aspectos do nosso ego humano. Quando, neste mergulho, encontramos o Eu, as pessoas percebem claramente que algo aconteceu, percebem nitidamente uma verdadeira mudança em razão do entusiasmo contagiante que é irradiado. Lembro-me que anotei de um livro, "Sabedoria das Parábolas", bastante antigo, emprestado por um amigo de nome Ricardo, de autoria de um filósofo chamado Huberto Rohden, uma mensagem que dizia o seguinte: **"Parece que há uma eterna incompatibilidade entre o ter e o Ser, como entre treva e luz, quantidade e qualidade. Antes de atingir a qualidade do seu Ser, corre o homem atrás das quantidades do ter ou dos teres. Mas depois de descobrir o seu Ser qualitativo, torna-se ele indiferente a seus teres quantitativos"**. Entendi e enxergo a questão do Eu e do ego humano da seguinte forma, o Eu, acredito eu, é o próprio Espírito Santo que mora dentro de nós, agindo em razão de uma autorização consciente dada por nós mesmos. O ego, estaria intimamente ligado às coisas materiais, as emoções e a mente. Existem pessoas que são dominadas pelo aspecto material, não conseguiriam viver ou vivem na busca louca e desenfreada de bens materiais, na verdade não possuem, são possuídas pelo material. Existem, também, aquelas que não ligam tanto para os bens materiais, mas são dominadas pelo aspecto emocional, não conseguem resistir aos mais diversos praze-

Exercemos Nossa Autoridade?

res, algumas caem nas drogas (cocaína, maconha, êxtase, LSD, etc.) outras vivem perigosamente, algumas vivem apenas em razão de sexo, e por aí vai, emoções de todos os tipos. Existem também aquelas que não ligam muito para o aspecto material, tampouco para o aspecto emocional, contudo são dominadas pelo aspecto mental. Normalmente falam vários idiomas, têm doutorado, mestrado, pós-graduação e MBA's em diversos países e acabam se achando tão inteligentes que não conseguem enxergar as coisas mais simples, acabam achando que os diplomas e certificados de honra ao mérito conseguidos, foram apenas fruto do seu próprio esforço e dedicação, enfim, colocam Deus em segundo plano, ou melhor, acabam duvidando da Sua existência. Assim, percebemos facilmente que existem pessoas que só sabem da existência do ego, não conseguem viver sem o material, sem o emocional e sem o mental, enfim, desconhecem ou rejeitam a existência do Eu. Existem também aquelas que tentam ignorar solenemente a existência do ego humano, assim, intensificam o lado espiritual mas, por falta de contato com os aspectos do ego humano, não conseguem transformá-lo. **Finalmente, existem aquelas pessoas que aprendem com os próprios erros, mas aprendem, principalmente, observando os erros e os acertos dos outros.** Desta forma acabam percebendo a existência e a real importância do Eu, assim não rejeitam e não ignoram a existência do ego; reconhecem que a natureza humana é, de fato, inclinada ao erro, mas, em razão deste reconhecimento, abrindo mão do orgulho e da vaidade, acabam sendo capazes de transformar os aspectos da natureza humana. Usam o material, o emocional e o mental para ajudar os outros. Não são possuídos pelos aspectos do ego humano. São simplesmente possuidores. **A parábola do filho pródigo** (Lc 15, 11, 32), nos faz perceber mais claramente a questão da verdadeira mudança, vale a pena conferir.

Capítulo 11

Raízes Fortes

"A teoria sempre acaba, mais cedo ou mais tarde,
assassinada pela experiência."
Albert Einstein

Certa vez, num acampamento da Canção Nova, ouvi uma estória superlegal contada pelo Padre Léo, da comunidade de Bethânia, onde um menino chamava o seu avô insistentemente. Ao chegar no quintal o avô observou que o seu neto estava desolado, pois a figueira centenária havia tombado em razão de um vendaval ocorrido na noite anterior.

"– Puxa vovô! Olha o que aconteceu com a figueira. O vento conseguiu derrubá-la".

Falava e olhava sem entender direito o que tinha acontecido.

"– Vovô, era necessário quatro homens para abraçar a figueira"

E o avô respondia calmamente.

"– É verdade!"

De repente, a atenção do menino voltou-se para um pezinho de bambu

"– Olha aqui vovô, como é que pode? O vento derrubou a figueira e não derrubou esse pé de bambu fininho?".

O avô pegou-o no colo e disse:

"– Observe com bastante atenção!"

Falava num tom de voz manso e apontava para a figueira que jazia sobre o solo.

"– Veja! A figueira foi apodrecendo por dentro e aos pouquinhos ficou oca".

O menino olhava atento e o avô continuou.

"– Foi ficando fraca e não resistiu ao vento".

O menino respondeu:

"– É vovô, mas não parecia!"

E o avô com calma explicava.

"– É a casca! Nós não conseguíamos ver que a figueira estava doente. A casca não permitia que nós enxergássemos o interior da figueira, ou melhor, a doença. Parecia saudável, imponente e prepotente, vaidosa e orgulhosa".

50 Segurança é Prevenção

O menino observava com ar de quem ainda não havia se convencido e disse:

"– Vovô, acontece que o bambu também é oco!"

E o avô, com bastante paciência, explicava.

"– É verdade, você tem razão! Acontece que tem um pequeno detalhe que faz a diferença. Desde pequenininho ele sabe que é oco, aí ele toma uma série de cuidados. Todos nós podemos aprender muito com o pé de bambu". Colocou o menino no chão e levou-o na direção da touceira de bambu e disse:

"– Nós também somos ocos, iguais ao bambu, portanto é necessário que tenhamos os mesmos cuidados".

O menino o olhava atento.

"– Meu neto! É necessário que esses espaços sejam preenchidos. Deus nos fez ocos para que ele pudesse nos completar com o seu Espírito Santo. Só assim ficamos fortes". Os olhos do menino brilhavam, e o avô continuou: **"– Todo o bambu só cresce para o alto. Assim, é necessário que tenha raízes sadias, curadas, fortes e profundas, e para que isso aconteça, é necessário uns cinco ou seis anos. Observe! Todo esse tempo somente enraizando".** O menino continuava bastante atento e não perdia uma só palavra.

"– Vovô! Como eu faço para ter raízes fortes?"

E o avô lhe respondeu colocando as mãos sobre a sua cabeça:

"– Meu filho, nossa raiz é alimentada pela leitura contínua e constante da palavra de Deus e também através da educação, conselhos e orientações que recebemos dia após dia".

O avô sentou-se numa pedra próxima a touceira e o menino, mais que depressa, pulou no seu colo, e o avô continuou:

"– Veja! O bambu não cria galhos, cresce para cima e, se eu quero ter a graça de 'crescer para cima', é fundamental que eu não crie galhos".

O menino certamente não entendeu direito como uma pessoa poderia criar galhos, e em seguida perguntou:

"– Como assim vovô? Criar galhos!"

O avô calmamente respondeu.

"– Criar galhos significa dispersar nossa vocação, nossos dons, nossos talentos em coisas que não nos edificam, é perder tempo precioso com bobagens".

O menino balançou a cabeça confirmando ter entendido.

"– Quantas pessoas se enrolam, outras vivem enroladas, outras se

Raízes Fortes

enfiam em conflitos e problemas por estarem comprometidas com pessoas erradas? Quantas pessoas ficam deprimidas por terem perdido ou quebrado um determinado objeto que pertenceu ao seu tataravô e que ganhou do fulano de tal, há não sei quantos anos...? Se nós não nos preocuparmos, vamos criando galhos aqui, galho ali e, quando acordamos, estamos amarrados até o pescoço, ou melhor, com galhos até o pescoço. É uma galhada só!"

O menino sorriu e o avô continuou:

"– Todos nós seremos podados um dia, assim, quanto menos galhos nós tivermos, melhor, porque menos dolorosa será a poda. Determinadas pessoas, quando entram num determinado ambiente, seja festa, trabalho ou reunião de negócios, nem conseguem andar direito. Chegam pra lá, chegam pra cá, é galho batendo em todo mundo, estão comprometidas com um monte de gente. É necessário cortarmos os galhos, é necessário crescermos para o alto".

O menino olhou para o bambu de cima abaixo e disse:

"– Vovô! Se o bambu fosse lisinho, seria bem mais bonito. Não é verdade?"

O avô sorriu e respondeu:

"– É verdade, você tem razão. Acontece que cada nozinho desse representa uma etapa vencida; representa um probleminha resolvido, superado. Se o bambu não tivesse nó, na primeira tempestade, no primeiro vento um pouco mais forte, racharia de cima abaixo. São os nós que fazem o bambu ficar forte, firme e resistente. Da mesma forma, são os conflitos e problemas que nós conseguimos administrar ao longo da nossa vida que nos faz ficar fortes, firmes e resistentes. Entendeu?"

O menino fez que sim com a cabeça e em seguida perguntou ao seu avô:

"– Caramba, vovô! Ainda tem mais alguma coisa pra nós aprendermos com o bambu?".

O avô levantou-se, pegou-o no colo e disse:

"– Tem sim, e muito importante. Olhe bem! Você já viu um pé de bambu isolado? Com certeza, não. O bambu também é forte porque vive em comunidade, formam uma touceira, um se apoiando no outro, um se unindo ao outro. As raízes vão se entrelaçando, os bambus vão se entrelaçando e, assim, ficam cada vez mais fortes".

O menino coçou a cabeça e mais uma vez falou:

"– Agora acabou! Não acredito que ainda tenha mais alguma coisa".

52   Segurança é Prevenção

O avô, com a calma de sempre, levantou-se, esticou bem os braços, segurou e puxou uma vara de bambu até que tocasse o solo. Nesse momento, olhou fixamente para o seu neto e com a vara de bambu envergada, disse:

"– Filho, observe bem o que vai acontecer!"

Nesse momento soltou-a e a vara retomou a sua posição de origem, e o avô disse:

"– Meu filho aprenda com o bambu a ter a humildade de se curvar na hora da tempestade".

O orgulho e a vaidade normalmente nos impedem de reconhecer nossas limitações, erros e fraquezas. Muitas vezes, nós, profissionais de segurança, nos escondemos atrás de uma casca, de uma máscara que nos impede de aceitar ajuda externa. Nós, seres humanos, somos normalmente resistentes às mudanças. Quando unimos essa resistência natural à máscara, quando unimos esta resistência natural à casca, dificultamos ainda mais o processo de cura interior, dificultamos o processo de evolução, portanto, é necessário que primeiro tenhamos consciência de que somos ocos, de que somos fracos, pois somos seres humanos. É necessário preenchermos esses espaços vazios com entusiasmo, ou seja, com o Espírito Santo de Deus. É necessário crescermos para o alto, ou seja, é necessário que não tenhamos galhos. É necessário que não estejamos comprometidos negativamente com pessoas, bens materiais e vícios de uma maneira geral. É necessário que tenhamos raízes fortes, sadias e profundas. É necessário fazer dos "nós" uma amarra, ou seja, entender que não devemos fugir dos conflitos e problemas do dia--a-dia, mas sim administrá-los da melhor forma possível. É necessário que saibamos viver em comunidade pois, juntos, seremos sempre mais fortes e, finalmente, **que tenhamos humildade para conseguirmos nos curvar, nos prostrar, principalmente diante de Deus, nos momentos de tempestade que certamente enfrentaremos muitas vezes ao longo da nossa vida.**

Capítulo 12

A Culpa é dos Pais?

*Se não puder se destacar pelo
talento, vença pelo esforço."
Dave Weinbaum*

Claro que é muito forte fazermos tal afirmativa, entretanto, estava ministrando uma aula de noções básicas de segurança privada quando, explicando que segurança é prevenção, disse que quando um filho cai no mundo das drogas, prostituição, crime, etc., a culpa é dos pais. Neste exato momento, um aluno, vigilante antigo com idade aproximada de 60 anos, levantou-se e de forma áspera falou:

"– Instrutor, agora o senhor vai ter que provar e me convencer disso que o senhor acabou de falar".

Estava nitidamente nervoso e angustiado. Todos os alunos observavam-no curiosos em razão da sua atitude e ele continuou.

"– Instrutor, preste bastante atenção. Dois filhos, um de boa índole, de bom caráter, honesto e trabalhador, o outro, no mundo das drogas, prostituição e crime. Ambos tiveram a mesma educação, como é que o senhor explica isso?"

Neste momento olhei-o dentro dos olhos e pude perceber que se tratava dos seus próprios filhos. Tive compaixão daquele pai que certamente sofria com aquela afirmativa e disse-lhe:

"– Senhor, vou responder-lhe de uma forma simples, que certamente irá convencê-lo".

Ele me olhava nos olhos, sequer piscava. Olhando-o, fiz a seguinte pergunta:

"– O que é homicídio culposo?"

Ele olhou-me sem entender direito o porquê da pergunta, mas respondeu-me alto e claro.

"– Quando não existe a intenção de matar".

Neste momento, perguntei-lhe novamente.

"– Então, quando não há intenção, quando não há o dolo, quando é sem querer, qual é mesmo o nome? Homicídio..."

E todos responderam:

"– Culposo".

54 Segurança é Prevenção

Neste momento fiz com que ele percebesse que os pais não tiveram a intenção, o dolo, mas apenas culpa, talvez por ignorância, por não ter com quem deixar os filhos, por terem que trabalhar demais, por deixarem com pessoas erradas, etc... Ele olhou-me já tendo entendido, mas quem não estava satisfeito com a resposta era eu. Naquele momento pedi ao Divino Espírito Santo que me ajudasse a fazê-lo entender mais profundamente o que eu queria que todos entendessem. Peguei o apagador, limpei bem o quadro, dividi-o ao meio e coloquei num dos lados, *'primeiro filho'*, e no outro, *'segundo filho'*. Olhei novamente para o aluno e perguntei-lhe:

"– Senhor, qual dos dois filhos caiu no crime, drogas e prostituição?"
Ele imediatamente respondeu:
"– O segundo".
Em seguida fiz a seguinte pergunta:
"– Qual a diferença de idade entre os dois filhos?"
O que, após pensar por alguns instantes, respondeu:
"– Aproximadamente cinco anos".
As perguntas foram surgindo e as respostas, de forma organizada, eram colocadas no quadro. Após algum tempo, o quadro estava repleto com as respostas dadas pelo próprio aluno, que mais calmo e sereno olhou bem para o quadro e disse:
"– Instrutor, o senhor já me convenceu".
A título de entendimento, relacionarei algumas das respostas dadas pelo aluno e que foram colocadas no quadro. Quando o primeiro filho nasceu, os avós eram vivos. Quando o segundo filho nasceu, os avós já haviam falecido. Quando o primeiro filho nasceu, a mãe não trabalhava fora. Quando o segundo filho nasceu, devido a dificuldades financeiras, a mãe viu-se obrigada a arrumar um emprego para ajudar nas despesas. O filho mais novo ficava com uma vizinha que, por coincidência, também tinha um filho da mesma idade. Parece que os dois ficavam soltos na rua. Foi relatado que, por coincidência, este menino também caiu no mundo do crime. O primeiro filho, segundo o relato do próprio pai, teve como professora uma senhora de aproximadamente 50 anos, bastante exigente e rigorosa com seus alunos, religiosa e temente a Deus. O segundo filho, de acordo com o relato do próprio pai, teve como professora uma jovem muito competente, contudo, segundo o pai, gostava de noitadas em boates, fumava, bebia e exagerava na forma de se vestir. Lembro-me que perguntei sobre o que assistiam na TV, e soube que quando o primeiro filho nasceu, eles não tinham televisão. O segundo filho, quando não estava na rua, ficava até altas horas na

A Culpa é dos Pais? 55

frente da televisão. O pai não soube dizer o que o filho assistia. Nos países de primeiro mundo, quando alguém quer assistir algo mais excitante, sexo explícito, etc., não lhe é vedado o direito de assistir, contudo o canal não é aberto, ou seja, é pago. Quando este fato aconteceu, lembro-me que estava sendo apresentada uma novela de grande audiência, horário nobre, onde uma das personagens gostava de um garotinho de 15 ou 16 anos, apanhava de um marido psicopata e vivia numa tremenda paranóia; uma outra gostava de um padre e aprontava mil e uma estratégias e artimanhas para desvia-lo da sua opção de vida; outra ainda, que era professora de religião, mas não conseguia se livrar do vício do álcool; uma outra que gostava da amiguinha lésbica, pois seus pais eram medíocres e materialistas; uma outra que, apesar de casada, insinuava inveja do próprio genro e acabou virando amante do namorado da sua empregada; uma outra que rebelde aos extremos, maltratava seus avós, roubava e era exageradamente malcriada com seus pais. E muito mais... Enfim, em razão da ignorância ou mesmo da inabilidade dos próprios pais no tratamento destas questões, muitas "crianças" assistem e acompanham novelas e filmes deste nível e, com certeza, vivem, viveram ou viverão sérios problemas de comportamento. Não quero, com estas observações, dar uma de moralista ou mesmo julgar. A vida é assim mesmo, e é necessário que encaremos a realidade dos fatos. Entretanto, você há de convir que não podemos ser omissos. Não podemos deixar a educação dos nossos filhos por conta da mídia, acreditando que, no final da novela, tudo vai dar certo, e que os nossos filhos irão entender tudo direitinho. Você pagaria pra ver?   Retornando ao assunto em questão, vale ressaltar que o primeiro filho recebeu dos avós carinho e atenção, o que não aconteceu com o segundo filho.

Pais com estrutura educacional e bem informados sabem o quanto é importante para a criança, ainda no útero materno, ouvir a voz dos pais, numa espécie de bate papo com o próprio filho. Pais com estrutura educacional e bem informados sabem o quanto é importante para o perfeito desenvolvimento da coordenação áudio e visomotora, que a criança não pule nenhuma fase de desenvolvimento, como rolar, rastejar, levar objetos à boca, morder, engatinhar, etc. Pais com estrutura educacional e bem informados sabem o quanto é importante para o desenvolvimento da percepção, atenção e concentração de uma criança a leitura constante de histórias infantis. Sabem que os estímulos realizados na escola não são suficientes. É necessário que seja dado continuidade em casa. Infelizmente, sabemos que pouquíssimos pais têm condições de colocar seus filhos em bons colégios, com professores especializados. Sabemos também que não é suficiente ter

56   Segurança é Prevenção

dinheiro. Contudo, não sejamos hipócritas: as chances de sucesso são bem maiores quando há, e, quando aliado a uma boa estrutura familiar, aumentam significativamente. Não gostaria que os leitores achassem que eu estou crucificando a família. De mais a mais, a síndrome da adolescência é para adolescentes. Acho uma tremenda bobagem fazer terapia para descobrir os erros dos pais. Certa vez ouvi um médico psiquiatra falar que a terapia tem que balizar para novos caminhos. **Não há mais tempo para ficarmos presos à tumba do faraó, elocubrando hipóteses de um passado remoto. "Bola pra frente!"** Devemos encontrar caminhos que nos conduzam ao sucesso. Acredito que o maior presente que Deus nos deu seja o livre--arbítrio, contudo, perigoso demais, pois temos a possibilidade de, através dele, conhecer o céu ou o inferno. Deus nos fez e ponto final. Deus não nos fez maus, tampouco bons. Acredito que nos fez de alguma forma neutros, com potencial para a bondade ou maldade. Nós decidimos o caminho que consideramos conveniente, usando para isso o livre-arbítrio. Deus não nos impõe que sejamos bons, tampouco interfere na decisão de sermos maus. Tenho plena convicção que nós não podemos, nem temos condições de obrigar ninguém a ser uma boa pessoa. Entretanto, acredito que podemos e devemos facilitar as coisas, ou melhor, conscientizar, condicionar e educar. Já falamos anteriormente que não podemos ser pretensiosos a ponto de querer agradar a todos. Sabemos que nem Jesus Cristo conseguiu. Seria, portanto, muita pretensão de nossa parte, não é verdade? Vale lembrar que Judas, apesar de ter convivido com Jesus, apesar de ter recebido as maiores lições do próprio Deus, fez a sua própria opção. Tenho consciência de que este é um assunto polêmico, assim não poderia deixar de acrescentar um texto excepcional, encontrado no site do professor Felipe Aquino (Editora Cléofas, Internet Site: http: //www.cleofas.com.br.) Trata-se de uma entrevista com Anne Graham, filha de Billy Graham. Há pouco tempo tive o privilégio de ouvir uma palestra do professor Felipe Aquino, na *Comunidade Canção Nova*, o que duplicou minha atenção.

Capítulo 13

A Expulsão de Deus

"Pelos erros dos outros, o homem
sensato corrige os seus."
Oswaldo Cruz

Finalmente a verdade é dita na TV americana. A filha de Billy Graham estava sendo entrevistada no Early Show e a apresentadora Jane Clayson perguntou a ela:

"– Como é que Deus teria permitido algo horroroso assim acontecer no dia 11 de setembro?"

Anne Graham deu uma resposta extremamente profunda e sábia. Ela disse:

"– Eu creio que DEUS ficou profundamente triste com o que aconteceu, tanto quanto nós. Por muitos anos, nós temos dito para DEUS não interferir em nossas escolhas, temos dito para sair do nosso governo e também de nossas vidas. Sendo um cavalheiro como DEUS é, eu realmente creio que Ele calmamente nos deixou. Como poderemos esperar que DEUS nos dê a Sua bênção e Sua proteção se nós exigimos que Ele não se envolva mais conosco? À vista dos acontecimentos recentes, ataques terroristas, tiroteios nas escolas, etc., eu creio que tudo começou desde que Madeline Murray O' Hare se queixou de que era impróprio se fazer oração nas escolas americanas como se fazia tradicionalmente, e nós concordamos com a sua opinião. Depois disso, alguém disse que seria melhor também não ler mais a Bíblia nas escolas. A Bíblia que nos ensina que não devemos matar, não devemos roubar, e devemos amar ao nosso próximo como a nós mesmos, e nós concordamos. Logo depois, o Dr. Benjamin Spock disse que não deveríamos bater em nossos filhos quando eles se comportassem mal, porque suas personalidades em formação ficariam distorcidas e poderíamos prejudicar sua auto-estima. Vale ressaltar que o filho do Dr. Spock, contrariando toda a teoria, cometeu suicídio, e nós dissemos: 'um perito nesse assunto deve saber do que está falando', e então totalmente movidos pela ignorância, concordamos com ele. Depois alguém disse que os professores e os diretores das escolas não deveriam disciplinar os nossos filhos quando eles se comportassem mal. Os administrado-

58   Segurança é Prevenção

res escolares então decidiram que nenhum professor em suas escolas deveria disciplinar um aluno quando se comportasse mal porque não queriam publicidade negativa, e não queriam ser processados. Vale ressaltar que há uma grande diferença entre disciplinar e tocar, bater, dar socos, humilhar, chutar etc. E nós, mais uma vez concordamos com tudo. Aí alguém sugeriu que deveríamos deixar que nossas filhas fizessem aborto, se elas assim desejassem, e que nem precisariam contar aos pais, e nós aceitamos essa sugestão sem ao menos questioná--la. Em seguida, algum membro da mesa administrativa escolar muito sabido disse que, como rapazes serão sempre rapazes, e que como homens iriam acabar fazendo o inevitável, que então deveríamos dar aos nossos filhos tantas camisinhas quantas eles quisessem, para que eles pudessem se divertir à vontade, e que nem precisaríamos dizer aos seus pais que eles as obtiveram na escola, e nós dissemos, está bem. Depois, alguns dos nossos oficiais eleitos mais importantes disseram que não teria importância alguma o que nós fizéssemos em nossa privacidade, desde que estivéssemos cumprindo com nossos deveres. Concordando com eles, dissemos que para nós não faria qualquer diferença o que uma pessoa fizesse em particular, incluindo o nosso Presidente da República, desde que o nosso emprego fosse mantido e a nossa economia ficasse equilibrada. Então alguém sugeriu que imprimíssemos revistas com fotografias de mulheres nuas, e disséssemos que isto é uma coisa sadia, e uma apreciação natural da beleza do corpo feminino, e nós também concordamos. Depois uma outra pessoa levou isso a um passo mais adiante e publicou fotos de crianças nuas e foi mais além ainda, colocando-as à disposição na Internet, e nós dissemos: 'está bem, isto é democracia, e eles têm direito de ter a liberdade de se expressar e fazer isso'. A indústria de entretenimento então disse: vamos fazer shows de TV e filmes que promovam profanação, violência e sexo explícito. Vamos gravar música que estimule o estupro, drogas, assassínio, suicídio e temas satânicos, e nós dissemos: 'isto é apenas diversão, e não produz qualquer efeito prejudicial. Ninguém leva isso à sério mesmo, então que façam isso! Agora nós estamos nos perguntando por que nossos filhos não têm consciência, e por que não sabem distinguir entre o bem e o mal, o certo e o errado, por que não lhes incomoda matar pessoas estranhas ou seus próprios colegas de classe, ou a si próprios... Provavelmente, se nós analisarmos tudo isto seriamente, iremos facilmente compreender o que está escrito: todos

Capítulo 13 - A Expulsão de Deus

nós colhemos exatamente aquilo que semeamos! Se uma menina escrevesse um bilhetinho para DEUS, dizendo: 'Senhor, por que não salvaste aquela criança na escola? A resposta Dele seria: 'querida criança, não me deixam entrar nas escolas do seu DEUS'. É triste como as pessoas simplesmente culpam DEUS e não entendem por que o mundo está indo a passos largos para o inferno. É triste como cremos em tudo que os jornais e a TV dizem, mas duvidamos do que a Bíblia nos diz. É triste como todo o mundo quer ir para o céu, desde que não precise crer, nem pensar ou dizer qualquer coisa que a Bíblia ensina. É triste como alguém diz: '– Eu creio em DEUS', mas ainda assim segue a satanás, que por sinal, também 'crê' em DEUS. É engraçado como somos rápidos para julgar, mas não queremos ser julgados! Como podemos enviar centenas de piadas pelo e-mail, e elas se espalham como fogo, mas quando tentamos enviar algum e-mail a respeito de DEUS, as pessoas têm medo de compartilhar e reenviá-lo a outros!".

Capítulo 14

"Caminhos Errados"

"O talento educa-se na calma;
o caráter, no tumulto da vida."
Goethe

Como posso criar um "criminoso"?
A chefia de polícia de Houston, Texas (EUA), publicou as seguintes diretrizes irônicas sobre a educação de filhos:
Como posso conduzir meu filho a "caminhos errados?".

1. Desde pequeno, **dê ao seu filho tudo que ele deseja.**

2. **Ache graça quando seu filho disser palavrões**, pois assim ele ficará convencido da sua originalidade.

3. **Não lhe dê orientação espiritual.** Espere que ele mesmo escolha "sua religião" depois dos 21 anos de idade.

4. **Nunca lhe diga que ele fez algo errado**, pois isso poderia deixá-lo com complexo de culpa.

5. **Deixe que seu filho leia o que quiser...** A louça deve ser esterilizada, mas o espírito dele pode ser alimentado com lixo.

6. **Arrume pacientemente tudo que ele deixar jogado:** livros, sapatos, meias. Coloque tudo em seu lugar. Assim ele se acostumará a transferir a responsabilidade sempre para os outros.

7. **Discuta freqüentemente diante dele**, para que mais tarde ele não fique chocado quando a família se desestruturar.

8. Dê-lhe tudo em comida, bebida e conforto que o coração dele desejar. Leia cada desejo nos seus olhos! Recusas poderiam ter perigosas frustrações por conseqüência.

9. Defenda-o sempre contra os vizinhos, professores e a polícia. Todos têm algo contra seu filho!

10. Prepare-se para uma vida sem alegrias – pois é exatamente isso que o espera!

Quem "educar" seus filhos dessa maneira, realmente deve esperar anos difíceis, pois a Bíblia diz em Provérbios 29.15b: **"... a criança entregue a si mesma vem a envergonhar a sua mãe"** *. Aquele, entretanto, que seguir a Palavra de Deus na educação, experimentará o que diz Provérbios 29.17:* **"corrige o teu filho, e te dará descanso, dará delícias à tua alma".**
(Norbert Lieth)

Capítulo 15

Noções de Segurança Privada (NSP)

*"Todo mundo é ignorante, só
que em assuntos diferentes."*
Will Rogers

OBJETIVO DA DISCIPLINA:

1. Desenvolver conhecimentos sobre conceitos e legislação de segurança privada, papel das empresas e dos representantes de classe, direitos, deveres e atribuições do vigilante.

2. Identificar direitos e deveres trabalhistas do vigilante.

3. Exercer suas faculdades legais quando for oportuno.

Carga horária: 08 horas-aula   **Avaliação:** VF (01 h/a

64 Segurança é Prevenção

UNIDADE 01
LEGISLAÇÃO DE SEGURANÇA PRIVADA

---

*Vença a si mesmo e terá vencido o
seu próprio adversário".
(Provérbio japonês)*

Estratégias de Ensino: aula expositiva dialogada com auxílio de recursos audiovisuais.

Recursos: 01 professor e caderno didático. **Carga Horária:** 02 h/a.

OBJETIVO DA INSTRUÇÃO
O aluno deverá ser capaz de identificar na legislação conceitos, missão, políticas e terminologias de Segurança Privada.

**DECRETO Nº 89.056 -
DE 24 DE NOVEMBRO DE 1983 - DOU DE 25/11/83**

Regulamenta a Lei nº 7.102, de 20 de junho de 1983, que "dispõe sobre segurança para estabelecimentos financeiros, estabelece normas para constituição e funcionamento das empresas particulares que exploram serviços de vigilância e de transporte de valores e dá outras providências".

LEI Nº 7.102, DE 20 DE JUNHO DE 1983.

Art. 1º - É vedado o funcionamento de qualquer estabelecimento financeiro onde haja guarda de valores ou movimentação de numerário, que não possua sistema de segurança com parecer favorável à sua aprovação, elaborado pelo Ministério da Justiça, na forma desta lei. (Redação dada pela Lei 9.017, de 1995)

§ 1o - Os estabelecimentos financeiros referidos neste artigo compreendem bancos oficiais ou privados, caixas econômicas, sociedades de crédito, associações de poupança, suas agências, postos de atendimento, subagências e seções, assim como as cooperativas singulares de crédito e suas respectivas dependências. (Renumerado do parágrafo único com nova redação, pela Lei nº 11.718, de 2008)

Noções de Segurança Privada (NSP)   65

§ 2o - O Poder Executivo estabelecerá, considerando a reduzida circulação financeira, requisitos próprios de segurança para as cooperativas singulares de crédito e suas dependências que contemplem, entre outros, os seguintes procedimentos: (Incluído pela Lei nº 11.718, de 2008)

I – dispensa de sistema de segurança para o estabelecimento de cooperativa singular de crédito que se situe dentro de qualquer edificação que possua estrutura de segurança instalada em conformidade com o art. 2o desta Lei; (Incluído pela Lei nº 11.718, de 2008)

II – necessidade de elaboração e aprovação de apenas um único plano de segurança por cooperativa singular de crédito, desde que detalhadas todas as suas dependências; (Incluído pela Lei nº 11.718, de 2008)

III – dispensa de contratação de vigilantes, caso isso inviabilize economicamente a existência do estabelecimento. (Incluído pela Lei nº 11.718, de 2008)

§ 3o - Os processos administrativos em curso no âmbito do Departamento de Polícia Federal observarão os requisitos próprios de segurança para as cooperativas singulares de crédito e suas dependências. (Incluído pela Lei nº 11.718, de 2008)

Art. 2º - O sistema de segurança referido no artigo anterior inclui pessoas adequadamente preparadas, assim chamadas vigilantes; alarme capaz de permitir, com segurança, comunicação entre o estabelecimento financeiro e outro da mesma instituição, empresa de vigilância ou órgão policial mais próximo; e, pelo menos, mais um dos seguintes dispositivos:

I - equipamentos elétricos, eletrônicos e de filmagens que possibilitem a identificação dos assaltantes;

II - artefatos que retardem a ação dos criminosos, permitindo sua perseguição, identificação ou captura; e

III - cabina blindada com permanência ininterrupta de vigilante durante o expediente para o público e enquanto houver movimentação de numerário no interior do estabelecimento.

Art. 3º - A vigilância ostensiva e o transporte de valores serão executados: (Redação dada pela Lei 9.017, de 1995)

I - por empresa especializada contratada; ou (Redação dada pela Lei 9.017, de 1995)

66 Segurança é Prevenção

II - pelo próprio estabelecimento financeiro, desde que organizado e preparado para tal fim, com pessoal próprio, aprovado em curso de formação de vigilante autorizado pelo Ministério da Justiça e cujo sistema de segurança tenha parecer favorável à sua aprovação emitido pelo Ministério da Justiça. (Redação dada pela Lei 9.017, de 1995)

Parágrafo único. Nos estabelecimentos financeiros estaduais, o serviço de vigilância ostensiva poderá ser desempenhado pelas Polícias Militares, a critério do Governo da respectiva Unidade da Federação. (Redação dada pela Lei 9.017, de 1995)

Art. 4º - O transporte de numerário em montante superior a vinte mil Ufir, para suprimento ou recolhimento do movimento diário dos estabelecimentos financeiros, será obrigatoriamente efetuado em veículo especial da própria instituição ou de

Art. 5º - O transporte de numerário entre sete mil e vinte mil Ufirs poderá ser efetuado em veículo comum, com a presença de dois vigilantes. (Redação dada pela Lei 9.017, de 1995)

Art. 6º Além das atribuições previstas no art. 20, compete ao Ministério da Justiça: (Redação dada pela Lei 9.017, de 1995) (Vide art. 16 da Lei 9.017, de 1995)

I - fiscalizar os estabelecimentos financeiros quanto ao cumprimento desta lei; (Redação dada pela Lei 9.017, de 1995)
II - encaminhar parecer conclusivo quanto ao prévio cumprimento desta lei, pelo estabelecimento financeiro, à autoridade que autoriza o seu funcionamento; (Redação dada pela Lei 9.017, de 1995)
III - aplicar aos estabelecimentos financeiros as penalidades previstas nesta lei.

Parágrafo único. Para a execução da competência prevista no inciso I, o Ministério da Justiça poderá celebrar convênio com as Secretarias de Segurança Pública dos respectivos Estados e Distrito Federal. (Redação dada pela Lei 9.017, de 1995)

Art. 7º - O estabelecimento financeiro que infringir disposição desta lei ficará sujeito às seguintes penalidades, conforme a gravidade da in-

Noções de Segurança Privada (NSP)

fração e levando-se em conta a reincidência e a condição econômica do infrator:(Redação dada pela Lei 9.017, de 1995) (Vide art. 16 da Lei 9.017, de 1995)

I - advertência; (Redação dada pela Lei 9.017, de 1995)
II - multa, de mil a vinte mil Ufirs; (Redação dada pela Lei 9.017, de 1995)
III - interdição do estabelecimento. (Redação dada pela Lei 9.017, de 1995)

Art 8º - Nenhuma sociedade seguradora poderá emitir, em favor de estabelecimentos financeiros, apólice de seguros que inclua cobertura garantindo riscos de roubo e furto qualificado de numerário e outros valores, sem comprovação de cumprimento, pelo segurado, das exigências previstas nesta Lei.

Parágrafo único - As apólices com infringência do disposto neste artigo não terão cobertura de resseguros pelo Instituto de Resseguros do Brasil.

Art. 9º - Nos seguros contra roubo e furto qualificado de estabelecimentos financeiros, serão concedidos descontos sobre os prêmios aos segurados que possuírem, além dos requisitos mínimos de segurança, outros meios de proteção previstos nesta Lei, na forma de seu regulamento.

Art. 10. - São considerados como segurança privada as atividades desenvolvidas em prestação de serviços com a finalidade de: (Redação dada pela Lei nº 8.863, de 1994)

I - proceder à vigilância patrimonial das instituições financeiras e de outros estabelecimentos, públicos ou privados, bem como a segurança de pessoas físicas;
II - realizar o transporte de valores ou garantir o transporte de qualquer outro tipo de carga.

§ 1º - Os serviços de vigilância e de transporte de valores poderão ser executados por uma mesma empresa. (Renumerado do parágrafo único pela Lei nº 8.863, de 1994)

§ 2º - As empresas especializadas em prestação de serviços de segurança, vigilância e transporte de valores, constituídas sob a forma de empresas privadas, além das hipóteses previstas nos incisos do caput deste artigo,

68 Segurança é Prevenção

poderão se prestar ao exercício das atividades de segurança privada a pessoas; a estabelecimentos comerciais, industriais, de prestação de serviços e residências; a entidades sem fins lucrativos; e órgãos e empresas públicas. (Incluído pela Lei n° 8.863, de 1994)

§ 3° - Serão regidas por esta lei, pelos regulamentos dela decorrentes e pelas disposições da legislação civil, comercial, trabalhista, previdenciária e penal, as empresas definidas no parágrafo anterior. (Incluído pela Lei n° 8.863, de 1994)

§ 4° - As empresas que tenham objeto econômico diverso da vigilância ostensiva e do transporte de valores, que utilizem pessoal de quadro funcional próprio, para execução dessas atividades, ficam obrigadas ao cumprimento do disposto nesta lei e demais legislações pertinentes. (Incluído pela Lei n° 8.863, de 1994)

Art. 11 - A propriedade e a administração das empresas especializadas que vierem a se constituir são vedadas a estrangeiros.

Art. 12 - Os diretores e demais empregados das empresas especializadas não poderão ter antecedentes criminais registrados.

Art. 13. - O capital integralizado das empresas especializadas não pode ser inferior a cem mil Ufirs. (Redação dada pela Lei 9.017, de 1995)

Art. 14 - São condições essenciais para que as empresas especializadas operem nos Estados, Territórios e Distrito Federal:

I - autorização de funcionamento concedida conforme o art. 20 desta Lei; e
II - comunicação à Secretaria de Segurança Pública do respectivo Estado, Território ou Distrito Federal.

Art. 15. - Vigilante, para os efeitos desta lei, é o empregado contratado para a execução das atividades definidas nos incisos I e II do caput e §§ 2°, 3° e 4° do art. 10. (Redação dada pela Lei n° 8.863, de 1994)

Art. 16 - Para o exercício da profissão, o vigilante preencherá os seguintes requisitos:

I - ser brasileiro;
II - ter idade mínima de 21 (vinte e um) anos;

Noções de Segurança Privada (NSP)

III - ter instrução correspondente à quarta série do primeiro grau;
IV - ter sido aprovado, em curso de formação de vigilante, realizado em estabelecimento com funcionamento autorizado nos termos desta lei. (Redação dada pela Lei nº 8.863, de 1994)
V - ter sido aprovado em exame de saúde física, mental e psicotécnico;
VI - não ter antecedentes criminais registrados; e
VII - estar quite com as obrigações eleitorais e militares.

Parágrafo único - O requisito previsto no inciso III deste artigo não se aplica aos vigilantes admitidos até a publicação da presente Lei

Art. 17. - O exercício da profissão de vigilante requer prévio registro no Departamento de Polícia Federal, que se fará após a apresentação dos documentos comprobatórios das situações enumeradas no art. 16. (Redação dada pela Medida Provisória nº 2.184, de 2001)

Art. 18 - O vigilante usará uniforme somente quando em efetivo serviço.

Art. 19 - É assegurado ao vigilante:

I - uniforme especial às expensas da empresa a que se vincular;
II - porte de arma, quando em serviço;
III - prisão especial por ato decorrente do serviço;
IV - seguro de vida em grupo, feito pela empresa empregadora.

Art. 20. - Cabe ao Ministério da Justiça, por intermédio do seu órgão competente ou mediante convênio com as Secretarias de Segurança Pública dos Estados e Distrito Federal: (Redação dada pela Lei 9.017, de 1995)

I - conceder autorização para o funcionamento:
    a) das empresas especializadas em serviços de vigilância;
    b) das empresas especializadas em transporte de valores; e
    c) dos cursos de formação de vigilantes;

II - fiscalizar as empresas e os cursos mencionados dos no inciso anterior;
III - aplicar às empresas e aos cursos a que se refere o inciso I deste artigo as penalidades previstas no art. 23 desta Lei;
IV - aprovar uniforme;

70 Segurança é Prevenção

V - fixar o currículo dos cursos de formação de vigilantes;
VI - fixar o número de vigilantes das empresas especializadas em cada unidade da Federação;
VII - fixar a natureza e a quantidade de armas de propriedade das empresas especializadas e dos estabelecimentos financeiros;
VIII - autorizar a aquisição e a posse de armas e munições; e
IX - fiscalizar e controlar o armamento e a munição utilizados.
X - rever anualmente a autorização de funcionamento das empresas elencadas no inciso I deste artigo. (Incluído pela Lei nº 8.863, de 1994)

Parágrafo único. As competências previstas nos incisos I e V deste artigo não serão objeto de convênio. (Redação dada pela Lei 9.017, de 1995)

Art. 21 - As armas destinadas ao uso dos vigilantes serão de propriedade e responsabilidade:

I - das empresas especializadas;
II - dos estabelecimentos financeiros quando dispuserem de serviço organizado de vigilância, ou mesmo quando contratarem empresas especializadas.

Art. 22 - Será permitido ao vigilante, quando em serviço, portar revólver calibre 32 ou 38 e utilizar cassetete de madeira ou de borracha.

Parágrafo único - Os vigilantes, quando empenhados em transporte de valores, poderão também utilizar espingarda de uso permitido, de calibre 12, 16 ou 20, de fabricação nacional.

Art. 23 - As empresas especializadas e os cursos de formação de vigilantes que infringirem disposições desta Lei ficarão sujeitos às seguintes penalidades, aplicáveis pelo Ministério da Justiça, ou, mediante convênio, pelas Secretarias de Segurança Pública, conforme a gravidade da infração, levando-se em conta a reincidência e a condição econômica do infrator:
I - advertência;
II - multa de quinhentas até cinco mil Ufirs: (Redação dada pela Lei 9.017, de 1995)
III - proibição temporária de funcionamento; e
IV - cancelamento do registro para funcionar.

Noções de Segurança Privada (NSP)   71

Parágrafo único - Incorrerão nas penas previstas neste artigo as empresas e os estabelecimentos financeiros responsáveis pelo extravio de armas e munições.

Art. 24 - As empresas já em funcionamento deverão proceder à adaptação de suas atividades aos preceitos desta Lei no prazo de 180 (cento e oitenta) dias, a contar da data em que entrar em vigor o regulamento da presente Lei, sob pena de terem suspenso seu funcionamento até que comprovem essa adaptação.

Art. 25 - O Poder Executivo regulamentará esta Lei no prazo de 90 (noventa) dias a contar da data de sua publicação.

Art. 26 - Esta Lei entra em vigor na data de sua publicação.

Art. 27 - Revogam-se os Decretos-leis nº 1.034, de 21 de outubro de 1969, e nº 1.103, de 6 de abril de 1970, e as demais disposições em contrário.
Brasília, em 20 de junho de 1983; 162º da Independência e 95º da República.

JOÃO FIGUEIREDO
Ibrahim Abi-Ackel

Conceitos Básicos de Segurança Privada
Como vimos anteriormente, para nós que atuamos no segmento Segurança Privada, "segurança é simplesmente prevenção". Para as Forças Armadas, para a Polícia de uma maneira geral, segurança pode ter outros significados e conceitos, entretanto para nós, "Profissionais de Segurança Privada", conscientes que não somos e tampouco temos "Poder de Polícia", segurança é prevenção, segurança privada é fundamentada em medidas preventivas, é norteada por atitudes preventivas.

Segurança Privada

As atividades de segurança privada serão reguladas, autorizadas e fiscalizadas pelo departamento de Polícia Federal - DPF e serão complementares às atividades de segurança pública nos termos da legislação específica.

São consideradas atividades de Segurança Privada:

I - Vigilância Patrimonial: atividade exercida em eventos sociais e dentro de estabelecimentos, urbanos ou rurais, públicos ou privados, com a finalidade de garantir a incolumidade física das
pessoas e a integridade do patrimônio;

II - Transporte de Valores: atividade de transporte de numerário, bens ou valores, mediante a utilização de veículos, comuns ou especiais;

III - Escolta Armada: atividade que visa garantir o transporte de qualquer tipo de carga ou de valor, incluindo o retorno da equipe com o respectivo armamento e demais equipamentos, com os pernoites estritamente necessários;

IV- Segurança Pessoal: atividade de vigilância exercida com a finalidade de garantir a incolumidade física de pessoas, incluindo o retorno do vigilante com o respectivo armamento e demais equipamentos, com os pernoites estritamente necessários e;

V - Curso de Formação: atividade de formação, extensão e reciclagem de vigilantes.

Terminologias Utilizadas na Portaria 3233:

I - Empresa Especializada: pessoa jurídica de direito privado autorizada a exercer as atividades de vigilância patrimonial, transporte de valores, escolta armada, segurança pessoal e cursos de formação;
II - Empresa Possuidora de Serviço Orgânico de Segurança: pessoa jurídica de direito privado autorizada a constituir um setor próprio de vigilância patrimonial ou de transporte de valores, nos
termos do art. 10, § 4o da Lei no 7.102, de 20 de junho de 1983;

III-Vigilante: profissional capacitado em curso de formação, empregado de empresa especializada ou empresa possuidora de serviço orgânico de segurança, registrado no DPF, e responsável pela execução de atividades de segurança privada e;

Noções de Segurança Privada (NSP)   73

IV - Plano de Segurança: documentação das informações que detalham os elementos e as condições de segurança das empresas de que tratam os incisos I e II.

Política de Segurança Privada

A política de segurança privada envolve a Administração Pública e as classes patronal e laboral, observando os seguintes objetivos:
I - dignidade da pessoa humana;
II - segurança dos cidadãos;
III - prevenção de eventos danosos e diminuição de seus efeitos;
IV - aprimoramento técnico dos profissionais de segurança privada; e
V - estímulo ao crescimento das empresas que atuam no setor.

UNIDADE 02
ORGÃOS REGULADORES E COMPETÊNCIAS

> *"As dificuldades ensinam e fortalecem;*
> *as facilidades iludem e enfraquecem".*
> *(Arnon de Mello)*

Estratégias de Ensino: Aula expositiva dialogada com auxílio de recursos audiovisuais e resolução de exercício.
Recursos: 01 professor e caderno didático   **Carga Horária:** 02 h/a.

OBJETIVO DA INSTRUÇÃO
O aluno deverá ser capaz de identificar os órgãos reguladores da segurança privada e suas atribuições.

Controle e Fiscalização
O controle e a fiscalização das atividades de segurança privada serão exercidos pelos órgãos e unidades abaixo indicados:

Ministério da Justiça

I - Comissão Consultiva para Assuntos de Segurança Privada - CCASP
Órgão colegiado de natureza deliberativa e consultiva, presidido pelo Diretor-Executivo do DPF e, em suas faltas e impedimentos, pelo Coordenador-Geral de Controle de Segurança Privada, cuja composição e funcionamento são regulados pela Portaria no 2.494, de 3 de setembro de 2004, do Ministério da Justiça;

II - Coordenação-Geral de Controle de Segurança Privada – CGCSP
Unidade vinculada à Diretoria-Executiva do DPF, responsável pela coordenação das atividades de segurança privada, assim como pela orientação técnica e acompanhamento das atividades desenvolvidas pelas Delegacias de Controle de Segurança Privada e Comissões de Vistoria;

Noções de Segurança Privada (NSP) 75

III - Delegacias de Controle de Segurança Privada - Delesp
Unidades regionais vinculadas às Superintendências de Polícia Federal nos Estados e no Distrito Federal, responsáveis pela fiscalização e controle das atividades de segurança privada, no âmbito de suas circunscrições, cabendo-lhe ainda:

a) realizar a orientação técnica e a uniformização de procedimentos, em observância às normas e orientações gerais expedidas pela CGCSP;
b) manter permanente contato com as Comissões de Vistoria, para coordenação de esforços em âmbito regional; e
c) manifestar-se em relação a consultas e dúvidas efetuadas em matéria de controle de segurança privada, auxiliando, quando necessário, as Comissões de Vistoria, seguindo as normas e orientações gerais expedidas pela CGCSP;

IV - Comissões de Vistoria – CVs
Unidades vinculadas às Delegacias de Polícia Federal descentralizadas, responsáveis pela fiscalização e controle das atividades de segurança privada, no âmbito de suas circunscrições, presididas por um Delegado de Polícia Federal e compostas por, no mínimo, mais dois membros titulares e respectivos suplentes.
§ 1o - As CVs, cujas atribuições são as constantes desta Portaria e demais normas internas do órgão, serão constituídas por ato do Superintendente Regional de Polícia Federal.
§ 2o - O chefe da Delesp poderá propor, coordenar e monitorar operações de âmbito regional para fiscalização, realização de vistorias, e combate às atividades não autorizadas de segurança privada, contando, se necessário, com o auxílio da CGCSP.
§ 3º - As CVs deverão encaminhar ao Chefe da Delesp e ao Chefe da Delegacia a que estiverem subordinadas, ao término de cada ano civil, informações sobre as operações de fiscalização, vistorias e atividades de combate às atividades não autorizadas de segurança privada realizadas no âmbito de sua circunscrição.

Exército Brasileiro/DFPC - Diretoria de Fiscalização de Produtos Controlados

Ministério do Exército

Exército Brasileiro/DFPC – Diretoria de Fiscalização de Produtos Controlados

V- SFPC – Serviço de Fiscalização de Produtos Controlados.
Unidades descentralizadas vinculadas à DFPC-Diretoria de Fiscalização de Produtos Controlados, responsáveis pela fiscalização e controle de todo o produto controlado, entre eles armamento e munição, utilizados nas atividades de segurança privada, no âmbito de suas circunscrições.

VI - Secretaria de Segurança Pública - SSP.
Papel Subsidiário de acordo com a Lei 7102/83 MJ. Com relação a fiscalização de estabelecimentos financeiros, o Ministério da Justiça poderá celebrar convênio com as Secretarias de Segurança Pública dos respectivos Estados e Distrito Federal. (Redação dada pela Lei 9.017, de 1995)

Também está previsto na Lei 7102/83 MJ que as empresas de segurança privada, para operarem nos Estados e Distrito Federal, devem comunicar às respectivas Secretarias de Segurança Pública. Por fim, a Lei 7.102/83 também prevê a possibilidade do Ministério da Justiça criar um convênio com as Secretarias de Segurança Pública para fiscalização e controle das atividades de segurança privada.

UNIDADE 03
VIGILANTE

> *"Coragem é resistência ao medo, domínio do medo, e não ausência de medo".*
> *(Mark Twain)*

Estratégias de Ensino: Aula expositiva dialogada com auxílio de recursos audiovisuais.
Recursos: 01 professor e caderno didático.
Carga Horária: 02 h/a.

OBJETIVO DA INSTRUÇÃO
O aluno deverá ser capaz de identificar os direitos e deveres do vigilante, processo de apuração de suas condutas e infrações administrativas que pode vir a praticar em nome da empresa.

Direitos

Assegura-se ao vigilante:

1. O recebimento de uniforme, devidamente autorizado, às expensas do empregador.
2. O porte de arma, quando em efetivo exercício.
3. A utilização de materiais e equipamentos em perfeito funcionamento e estado de conservação, inclusive armas e munições.
4. A utilização de sistema de comunicação em perfeito estado defuncionamento.
5. O treinamento permanente de prática de tiro e de defesa pessoal.
6. Um seguro de vida em grupo, feito pelo empregador.
7. Prisão especial por ato decorrente do exercício da atividade.

Deveres

Os principais deveres dos vigilantes são:

1. Exercer as suas atividades com urbanidade, probidade e denodo.
2. Utilizar, adequadamente, o uniforme autorizado, apenas em serviço.
3. Portar a Carteira Nacional de Vigilante – CNV.
4. Manter-se adstrito ao local sob vigilância, observando-se as peculiaridades das atividades de transporte de valores, escolta armada e segurança pessoal.
5. Comunicar, ao seu superior hierárquico, quaisquer incidentes ocorridos no serviço, assim como quaisquer irregularidades relativas ao equipamento que utiliza, em especial quanto ao armamento, munições e colete à prova de balas, não se eximindo o empregador do dever de fiscalização.

Como vimos, vigilantes são os profissionais capacitados, habilitados pelos cursos de formação, empregados das empresas especializadas e das que possuem serviço orgânico de segurança, registrados no DPF, responsáveis pela execução das atividades de segurança privada, e assim devem:

a) **Zelar** pela proteção e segurança do patrimônio e dos valores delegados a sua responsabilidade, defendendo-os utilizando as técnicas operacionais e as estratégias de segurança privada;

b) **Conhecer** os assuntos básicos de segurança privada e cumprir as normas e diretrizes de segurança da sua empresa;

c) **Permanecer** atento ao serviço e comunicar ao seu chefe imediato o que lhe parecer inusitado ou suspeito;

d) **Comparecer** para o trabalho corretamente uniformizado e asseado, no local e horário determinado;

e) **Manter** cuidados especiais com a aparência e apresentação pessoal, visando causar uma boa sensação de segurança, impressão e respeito aos clientes;

f) **Tomar** conhecimento, com antecedência, da escala de serviço e das instruções existentes;

g) **Tratar** seus colegas de trabalho, funcionários e clientes internos e externos com o máximo de equilíbrio emocional, respeito e cortesia;

h) **Zelar** pelo material, instalações, mobiliário e outros bens da empresa e pela conservação de seu armamento, munição e equipamentos individual e coletivo;

Noções de Segurança Privada (NSP)

i) **Receber** e devolver após uma minuciosa inspeção, em perfeita ordem, o armamento e munição utilizada em serviço;

j) **Conhecer** as medidas preliminares para o manuseio do armamento;

k) **Conhecer** as normas e diretrizes de segurança para a utilização do armamento;

l) **Procurar** constantemente o aperfeiçoamento e o desenvolvimento profissional, estando sempre atento às datas de vencimento da sua reciclagem, de acordo com a **Portaria Ministerial** 3.233 - DG/DPF BRASÍLIA/DF, 10 de Dezembro de 2012 do **Ministério da Justiça.**

m) **Ter** atitudes compatíveis com a responsabilidade que lhe é confiada;

n) **Manter**, durante o serviço, um permanente estado de alerta para enfrentar possíveis situações emergenciais;

o) **Comunicar**, ao seu superior hierárquico, quaisquer incidentes ocorridos no serviço, assim como quaisquer irregularidades relativas ao equipamento que utiliza, em especial quanto ao armamento, munições e colete à prova de PAF (Projétil de Armas de Fogo).

APURAÇÃO DAS CONDUTAS DOS VIGILANTES

Art. 165. As empresas de segurança privada deverão:

I - comunicar imediatamente à Delesp ou CV de sua circunscrição a ocorrência de ilícitos penais com o envolvimento de seus vigilantes, quando no exercício de suas atividades, e colaborar nas investigações; e

II - apurar o fato em procedimento interno, juntando cópias do boletim de ocorrência e de outros documentos esclarecedores do fato, encaminhando cópia do procedimento apuratório à Delesp ou CV, para conhecimento.

INFRAÇÕES ADMINISTRATIVAS
Das Infrações cometidas pelas Empresas Especializadas e pelas que possuem Serviço Orgânico de Segurança

Da Pena de Advertência

Art. 168. - É punível com a pena de advertência a empresa especializada e a que possui serviço orgânico de segurança que realizar qualquer das seguintes condutas:

I - deixar de fornecer ao vigilante os componentes do uniforme ou cobrar pelo seu fornecimento;

II - permitir que o vigilante utilize o uniforme fora das especificações;

III - reter certificado de conclusão de curso ou CNV pertencente ao vigilante;

IV - permitir o tráfego de veículo especial de transporte de valores desacompanhado de cópia do certificado de vistoria respectivo;

V - deixar de reconhecer a validade de certificado de conclusão de curso devidamente registrado pela Delesp ou CV;

VI - possuir, em seu quadro, até 5% (cinco por cento) de vigilantes sem CNV, com a CNV vencida ou desatualizada, na forma do art. 159;

VII - matricular aluno em curso de formação, reciclagem, extensão ou treinamento complementar de tiro sem a apresentação de todos os documentos necessários; e

VIII - permitir que vigilante trabalhe sem portar a CNV ou protocolo de requerimento de CNV válido, na forma do art. 157.

Da Pena de Multa

Art. 169. - É punível com a pena de multa, de 500 (quinhentas) a 1.250 (um mil, duzentas e cinquenta) UFIR, a empresa especializada e a que possui serviço orgânico de segurança que realizar qualquer das seguintes condutas:

I - deixar de apresentar qualquer informação ou documento, na forma da legislação vigente, quando requisitado pela CGCSP, Delesp ou CV, para fins de controle ou fiscalização;

II - permitir que o vigilante exerça suas atividades sem os equipamentos de proteção individual necessários ao desempenho do trabalho em ambientes que possam causar riscos à sua incolumidade, tais como capacetes, botas, óculos, cintos especiais e outros necessários;

III - permitir que o vigilante exerça suas atividades sem o uniforme;

IV - permitir que o vigilante utilize o uniforme fora do serviço;

V - alterar seus atos constitutivos ou o modelo do uniforme dos vigilantes, sem prévia autorização do DPF;

Noções de Segurança Privada (NSP) 81

VI - permitir a utilização de cães que não atendam às exigências específicas previstas nesta Portaria;

VII - deixar de devolver ao vigilante interessado, em até cinco dias após os registros, o seu certificado de conclusão do curso;

VIII - deixar de expedir a segunda via do certificado de curso de formação, extensão ou reciclagem, quando solicitada pelo interessado;

IX - permitir o tráfego de veículo especial de transporte de valores com o certificado de vistoria vencido;

X - alterar o local onde o veículo especial estiver operando, sem prévia comunicação à Delesp ou CV;

XI - proceder à desativação ou reativação do veículo especial, em desacordo com o procedimento previsto no art. 55;

XII - deixar de comunicar à Delesp ou CV a desativação temporária de veículo especial;

XIII - não comunicar o envolvimento de vigilante em ato ilícito no exercício da profissão ou não apurar internamente o fato, nos termos do art. 165;

XIV - alterar os atos constitutivos para fins de constituição de nova filial ou outra instalação e não ingressar com o respectivo pedido no prazo dos arts. 5o e 6o, §§ 5o.

XV - possuir, em seu quadro, entre 5% (cinco por cento) a 20% (vinte por cento) de vigilantes sem CNV, com a CNV vencida ou desatualizada na forma do art. 159;

XVI - manter em sala de aula mais de quarenta e cinco alunos, ressalvado o art. 76, inciso VI;

XVII - deixar de observar os prazos previstos nesta Portaria, salvo quando a omissão caracterizar conduta mais grave; e XVIII - deixar de observar as determinações previstas no art. 79, §§ 2o e 3o.

UNIDADE 04
DIREITO TRABALHISTA

"O segredo da felicidade não é fazer sempre o que se quer, mas querer sempre o que se faz".
(Leon Tolstoi)

Estratégias de Ensino: aula expositiva dialogada com auxílio de recursos audiovisuais. O instrutor deverá ter em mãos as convenções coletivas de trabalho do Sindicato dos Empregados em Empresas Transportadoras de Valores e Sindicato dos Vigilantes e Empregados em Empresas de Vigilância.
Recursos: 01 professor, caderno didático e convenções coletivas.
Carga Horária: 02 h/a.

OBJETIVO DA INSTRUÇÃO
O aluno deverá ser capaz de identificar os direitos e deveres trabalhistas do vigilante.

DIREITO TRABALHISTA

1. Contrato de Trabalho
O contrato individual de trabalho é o ajuste de vontades pelo qual uma pessoa física (empregado) se compromete a prestar pessoalmente serviços não eventuais, subordinados a outrem (empregador), mediante o recebimento de salário. O contrato de trabalho poderá ser por tempo determinado ou indeterminado. (Origem: Wikipédia)

2. Salário
Salário ou remuneração é o conjunto de vantagens habitualmente atribuídas aos empregados, em contrapartida de serviços ao empregador, em quantia suficiente para satisfazer as necessidades próprias e da família. Segundo alguns juristas, a diferença entre os termos salário e remuneração, está no fato do primeiro dizer respeito apenas ao pagamento em dinheiro, e o segundo engloba também as utilidades, como alimentação, moradia, vestuário, e outras prestações in natura. Segundo legislação brasileira, salário é o valor pago como contraprestação dos serviços prestados pelo empregado,

Noções de Segurança Privada (NSP) 83

enquanto remuneração engloba este, mais outras vantagens a título de gratificação ou adicionais. (Origem: Wikipédia)

3. Adicionais:
Adicional, no Direito do trabalho, é o acréscimo salarial devido ao trabalhador que labora em condições mais gravosas, ou seja, em condições ou horários considerados fora da normalidade, e que podem prejudicar de alguma forma a integridade física e mental de quem o presta.

4. Estabilidade no Emprego
Estabilidade é o direito do trabalhador de permanecer no emprego, mesmo contra a vontade do empregador, enquanto existir uma causa relevante e expressa em lei que permita sua dispensa. (Amauri Mascaro Nascimento).

5. Salário-base:
Salário fundamental, sem o acréscimo de importâncias fixas ou variáveis com as quais se completa a remuneração dos empregados, acréscimo esse que pode ser fixado no ajuste contratual, e serve, no seu conjunto, para formar o salário ou remuneração global do empregado.

(saberjuridico.com.br)

6. Salário-família:
É o benefício pago pela Previdência Social brasileira aos trabalhadores com salário mensal na faixa de baixa renda, para auxiliar no sustento dos filhos (assemelham-se ao conceito de filhos: o enteado, o tutelado ou o que está sob a guarda do empregado) de até 14 anos de idade. O segurado recebe uma quota por filho e por emprego e ambos os pais recebem. É equiparado a filho, o enteado, o menor sob tutela que não possua condições suficientes para o seu sustento e educação e ainda o menor sob sua guarda.

7. Horas-extras:
Hora extra consiste no tempo laborado além da jornada diária estabelecida pela legislação, contrato de trabalho ou norma coletiva de trabalho. Ressalta-se que a Constituição estabelece jornada de trabalho de 8 horas diárias e 44 horas semanais, salvo existência de convenção ou acordo coletivo que discipline a compensação de horas. Todo empregado que laborar em jornada elastecida terá direito a perceber um adicional de no mínimo 50% sobre o valor da hora normal, caso o trabalho seja efetuado de segunda a sábado, e de 100% aos domingos e feriados.

8. Férias

Período anual de descanso remunerado com duração prevista em Lei. O Adicional de Férias ou Abono Constitucional é a complementação correspondente a 1/3 (um terço) do período de férias, calculado sobre a remuneração. O pagamento da remuneração de férias deve ser efetuado até 2 (dois) dias antes do início do respectivo usufruto, pagando-se integralmente na primeira parcela. As férias somente poderão ser interrompidas por motivo de calamidade pública, comoção interna, convocação para júri, serviço militar ou Eleitoral, ou por necessidade do serviço declarado pela autoridade máxima do órgão ou entidade. As férias deverão ser gozadas durante o ano civil, somente podendo ser acumuladas, até o máximo de 2 (dois) períodos, no caso de necessidade do serviço anteriormente declarada. É vedado descontar nas férias qualquer falta ao serviço.

9. Adicional Noturno

Adicional Noturno, é a importância que se acresce à remuneração do empregado que realiza trabalho noturno. A razão deste adicional é compensar o natural desgaste físico do trabalhador, em horário normalmente destinado ao repouso. O trabalhador noturno terá remuneração superior à do diurno e, para esse efeito, sua remuneração terá um acréscimo de 20% (vinte por cento), pelo menos, sobre a hora diurna. A hora do trabalho noturno será computada como de 52 (cinqüenta e dois) minutos e 30 (trinta) segundos. Considera-se noturno, o trabalho executado entre as 22 (vinte e duas) horas de um dia, às 5 (cinco) horas do dia seguinte. (Marcos Alencar)

10. 13o Salário

O 13o salário é o nome mais conhecido da gratificação de Natal, instituída no Brasil em 1962, pela Lei número 4.090. É um salário extra oferecido ao trabalhador no final de cada ano, calculado com base na remuneração integral ou no valor da aposentadoria

11. Justa Causa

Justa causa é todo ato doloso ou culposamente grave, que faça desaparecer a confiança e boa fé existente entre as partes, tornando, assim, impossível o prosseguimento da relação. (Origem: Wikipédia)

Art. 482 - Constituem justa causa para rescisão do contrato de trabalho pelo empregador:

Noções de Segurança Privada (NSP)

1. Ato de improbidade;
2. Incontinência de conduta ou mau procedimento;
3. Negociação habitual por conta própria ou alheia sem permissão do empregador, e quando constituir ato de concorrência à empresa para a qual trabalha o empregado, ou for prejudicial ao serviço;
4. Condenação criminal do empregado, passada em julgado, caso não tenha havido suspensão da execução da pena;
5. Desídia no desempenho das respectivas funções;
6. Embriaguez habitual ou em serviço;
7. Violação de segredo da empresa;
8. Ato de indisciplina ou de insubordinação;
9. Abandono de emprego;
10. Ato lesivo da honra ou da boa fama praticado no serviço contra qualquer pessoa, ou ofensas físicas, nas mesmas condições, salvo em caso de legítima defesa, própria ou de outrem;
11. Ato lesivo da honra ou da boa fama ou ofensas físicas praticadas contra o empregador e superiores hierárquicos, salvo em caso de legítima defesa, própria ou de outrem;
12. Prática constante de jogos de azar.
Parágrafo único - Constitui igualmente justa causa para dispensa de empregado a prática, devidamente comprovada em inquérito administrativo, de atos atentatórios à segurança nacional. (Incluído pelo Decreto-lei nº 3, de 27.1.1966)"

12. Demissão sem Justa Causa
É o rompimento do contrato de trabalho por iniciativa do empregador, sem que o trabalhador tenha cometido falta grave.

Como funciona: O empregador informa o trabalhador da dispensa, preenche o termo de Rescisão de Contrato de Trabalho e calcula o valor que o trabalhador tem a receber. O empregador pode ainda determinar que o trabalhador cumpra os 30 dias de aviso prévio antes que se desligue totalmente da empresa. Agora, caso o empregador abra mão do aviso prévio, o trabalhador tem direito de receber estes dias, mesmo sem os ter trabalhado.

Aviso prévio: Cumprindo o aviso prévio, o trabalhador tem direito a reduzir sua jornada de trabalho em 2 horas diárias ou em 7 dias a menos de trabalho no período, sem prejuízo em seus recebimentos.

86 Segurança é Prevenção

O que o trabalhador tem direito a receber: Aviso prévio (trabalhado ou indenizado), saldo de salário, salário-família, 13° salário proporcional, férias proporcionais e, quando houver, férias vencidas. Terá também direito a sacar o Fundo de Garantia por Tempo de Serviço (FGTS) acrescido da multa de 40% paga pelo empregador sobre o valor do FGTS e poderá também requerer o Seguro-Desemprego. (http://www.guiadedireitos.org)

13. Demissão a Pedido:

É a extinção do Contrato de Trabalho pelo empregado, sem que o empregador tenha dado motivo para isso. Ou seja, é o pedido de demissão do empregado.

Para dar fim ao Contrato de Trabalho, o empregado deve escrever uma carta de demissão, assinar e entregá-la ao empregador. Tendo recebido o comunicado de demissão, o empregador preencherá o Termo de Rescisão do Contrato de Trabalho e calculará o valor que o trabalhador tem a receber.

Após comunicar a sua decisão de dar fim ao Contrato de Trabalho, é necessário cumprir aviso prévio de 30 dias antes de se desligar totalmente da empresa. Não cumprir o aviso prévio, dá direito ao empregador de descontar um mês de salário do total que o Trabalhador tem a receber. (http://www.sintivest.org.br)

14. Sindicatos

Sindicatos são pessoas jurídicas de direito privado que têm base territorial de atuação e são reconhecidas por lei como representantes de categorias de trabalhadores ou econômicas (empregadores). Os sindicatos defendem os direitos e interesses, coletivos ou individuais, de uma categoria profissional. Em questões judiciais ou administrativas os sindicatos representam e defendem os interesses da categoria. Além disso, os sindicatos mantêm serviços de orientação sobre direitos trabalhistas e a maioria deles conta também com um departamento jurídico para defender os interesses de seus associados.

15. Processos na Justiça Trabalhista

A relação de trabalho tem uma abrangência muito maior que a relação de emprego. A relação de emprego é apenas uma das modalidades da relação de trabalho, ou seja, caracteriza-se pela relação entre empregado e empregador.

Noções de Segurança Privada (NSP)

A relação de trabalho tem caráter genérico e envolve, além da relação de emprego, a relação do trabalho autônomo, do trabalho temporário, do trabalho avulso, da prestação de serviço e etc.

O art. 114 da Constituição Federal dispõe sobre a competência material da Justiça do Trabalho, estabelecendo que compete à Justiça do Trabalho processar e julgar, dentre outras ações, as seguintes:
• ações da relação de trabalho;
• ações do exercício do direito de greve;
• ações sobre representação sindical (entre sindicatos, sindicatos e trabalhadores e sindicatos e empregadores);
• ações de indenização por dano moral ou patrimonial decorrentes da relação de trabalho;
• ações de penalidades administrativas impostas aos empregadores pelos órgãos fiscalizadores (INSS, Receita Federal, Ministério do Trabalho e etc.);

16. Comissão de Conciliação Prévia
A Comissão de Conciliação Prévia - CCP é um espaço de negociação e solução de conflitos trabalhistas entre empresas e trabalhadores, antes de se ingressar na Justiça do Trabalho com reclamação trabalhista.

17. Preposto
Aquele que representa e que tem conhecimento dos fatos prepostos de uma empresa perante a justiça do trabalho.(www.dicionarioinformal)

18. Testemunhas
Pessoa que se pronuncia a favor de outro. É um terceiro que intervém no processo, por indicação de uma das partes ou por ordem do juiz, para responder a questões sobre os fatos que são duvidosos ou controvertidos.

Capítulo 16

Legislação Aplicada e Direitos Humanos

*"As únicas coisas que evoluem sozinhas
em uma organização são a desordem,
o atrito e o desempenho ruim."*
Peter Drucker

OBJETIVO DA DISCIPLINA:

1. Dotar o aluno de conhecimentos básicos de direito, Direito Constitucional e Direito Penal, enfocando os principais crimes que o vigilante deve prevenir e aqueles em que pode incorrer.

2. Desenvolver conhecimentos sobre conceitos, legislação e técnicas de proteção ambiental na área de vigilância, com o fim de propiciar ao vigilante oportunidade de reflexão quanto ao seu relevante papel na preservação ambiental e os métodos como educador e fiscalizador dos direitos e deveres do cidadão para com o meio ambiente.

3. Ampliar conhecimentos para respeitar a visão política e prática da afirmação dos direitos humanos.

Carga horária: 20 horas-aula   **Avaliação:** VF (02 h/a)

90   Segurança é Prevenção

UNIDADE 01
PRINCÍPIOS CONSTITUCIONAIS

"Todos nós já nascemos ricos. Feliz de
quem compreende isso e procura
aumentar sua fortuna".
Anônimo

Estratégias de Ensino: aula expositiva dialogada com auxílio de recursos audiovisuais.
Recursos: 01 professor e caderno didático.   **Carga Horária**: 04 h/a.

OBJETIVO DA INSTRUÇÃO
O aluno deverá ser capaz de identificar princípios constitucionais relacionados à segurança privada.

PRINCÍPIOS CONSTITUCIONAIS

Da legalidade

Art. 5º, CF/88 – *Todos são iguais perante a lei, sem distinção de qualquer natureza, garantindo-se aos brasileiros e aos estrangeiros residentes no País a inviolabilidade do direito à vida, à liberdade, à igualdade, à segurança, e à propriedade, nos termos da lei.*
II – Ninguém será obrigado a fazer ou deixar de fazer alguma coisa senão em virtude de lei.
Exemplo: **Art. 14, § 1º, I, CF.**
Art. 14 – *A soberania popular será exercida pelo sufrágio universal e pelo voto direto e secreto, com valor igual para todos, e, nos termos da lei.*
§ 1º- O alistamento eleitoral e o voto são:
I. Obrigatórios para os maiores de 18 anos.

Da intimidade, honra e imagem.

Art. 5º, X, CF/88 – São invioláveis a intimidade, a vida privada, a honra e a imagem das pessoas, assegurado o direito a indenização pelo dano material ou moral decorrente de sua violação.

Legislação Aplicada e Direitos Humanos (LA)

Exemplo:

"Inadmissibilidade, como prova, de laudos de degravação de conversa te-lefônica e de registros contidos na memória de micro computador, obtidos por meios ilícitos (art. 5º, LVI, da Constituição Federal), no primeiro caso, por se tratar de gravação realizada por um dos interlocutores, sem conhecimento do outro, havendo a degravação sido feita com inobservância do princípio do contraditório, e utilizada com violação a privacidade alheia (art. 5º, X, da CF), e, no segundo caso, por estar-se diante de micro computador que, além de ter sido apreendido com violação de domicílio, teve a memória nele contida sido degradada ao arrepio da garantia da inviolabilidade da intimidade das pesso-as (art. 5º, X e XI, da CF)." (AP 307, Rel. Min. Ilmar Galvão, DJ 13/10/95)

De domicílio

Art. 5º, XI, CF/88 – A casa é asilo inviolável do indivíduo, ninguém nela podendo penetrar sem consentimento do morador, salvo em caso de fla-grante delito ou desastre, ou para prestar socorro, ou, durante o dia, por determinação judicial.

Exemplos:

"Cuidando-se de crime de natureza permanente, a prisão do traficante, em sua residência, durante o período noturno, não constitui prova ilícita".(HC 84.772, Rel. Min. Ellen Gracie, DJ 12/11/04)

"Garantia constitucional da inviolabilidade domiciliar (CF, art. 5º, XI). Consultório profissional de cirurgião-dentista. Espaço privado sujeito à proteção constitucional (CP, ART. 150, § 4º, III). Necessidade de mandado judicial para efeito de ingresso dos agentes públicos. Jurisprudência. Doutrina. (...). Impõe-se destacar, por necessário, que o conceito de 'casa', para os fins da proteção jurídico-constitucional a que se refe-re o art. 5º, XI, da Lei Fundamental, reveste-se de caráter amplo, pois compreende, na abrangência de sua designação tutelar, (a) qualquer compartimento habitado, (b) qualquer aposento ocupado de habitação coletiva e (c) qualquer compartimento privado onde alguém exerce profissão ou atividade. Esse amplo sentido conceitual da noção jurídica de 'casa' — que abrange e se estende aos consultórios profissio-nais dos cirurgiões-dentistas (...) — revela-se plenamente consentâneo com a exi-gência constitucional de proteção à esfera de liberdade individual e de privacidade pessoal."(RE 251.445, Rel. Min. Celso de Mello, DJ 03/08/00)

92 Segurança é Prevenção

Inviolabilidade de correspondência

Art. 5°, XII, CF/88 – É inviolável o sigilo da correspondência e das comunicações telegráficas, de dados e das comunicações telefônicas, salvo, no último caso, por ordem judicial, nas hipóteses e na forma que a lei estabelecer para fins de investigação criminal ou instrução processual penal.

"A administração penitenciária, com fundamento em razões de segurança pública, de disciplina prisional ou de preservação da ordem jurídica, pode, sempre excepcionalmente, e desde que respeitada a norma inscrita no art. 41, parágrafo único, da Lei n° 7.210/84, proceder à interceptação da correspondência remetida pelos sentenciados, eis que a cláusula tutelar da inviolabilidade do sigilo epistolar não pode constituir instrumento de salvaguarda de práticas ilícitas".(HC 70.814, Rel. Min. Celso de Mello, DJ 24/06/94)

"É ilícita a prova produzida mediante escuta telefônica autorizada por magistrado, antes do advento da Lei n° 9.296, de 24.07.96, que regulamentou o art. 5°, XII, da Constituição Federal".(HC 74.116, Rel. Min. Maurício Corrêa, DJ 14/03/97)

"Quando o tráfico ilícito de entorpecentes se estende por mais de uma jurisdição, é competente, pelo princípio da prevenção, o Juiz que primeiro toma conhecimento da infração e pratica qualquer ato processual. No caso, o ato que fixou a competência do juiz foi a autorização para proceder a escuta telefônica das conversas do Paciente". (HC 82.009, Rel. Min. Nelson Jobim, DJ 19/12/02)

Da liberdade de trabalho

Art. 5°, XIII, CF/88 – É livre o exercício de qualquer trabalho, ofício ou profissão, atendidas as qualificações profissionais que a lei estabelecer.

"Bacharel em Direito que exerce o cargo de assessor de desembargador: incompatibilidade para o exercício da advocacia. Lei 4.215, de 1963, artigos 83 e 84. Lei 8.906/94, art. 28, IV. Inocorrência de ofensa ao art. 5°, XIII, que deve ser interpretado em consonância com o art. 22, XVI, da Constituição Federal, e com o princípio da moralidade administrativa imposto à Administração Pública (CF, art. 37, caput)".(RE 199.088, Rel. Min. Carlos Velloso, DJ 16/04/99)

De locomoção

Art. 5°, XV, CF/88 – É livre a locomoção no território nacional em tempo de paz, podendo qualquer pessoa, nos termos da lei, nele entrar, permanecer ou dele sair com seus bens.

De reunião

Art. 5º, XVI, CF/88 – Todos podem reunir-se pacificamente, sem armas, em locais abertos ao público, independentemente de autorização, desde que não frustrem outra reunião anteriormente convocada para o mesmo local, sendo apenas exigido prévio aviso à autoridade competente.

"De início, surge com relevância ímpar pedido de suspensão de decreto mediante o qual foram impostas limitações à liberdade de reunião e de manifestação pública, proibindo-se a utilização de carros de som e de outros equipamentos de veiculação de idéias".(ADI 1.969-MC, Rel. Min. Marco Aurélio, DJ 05/03/04)

De associação

Art. 5º, XVII, CF/88 – É plena a liberdade de associação para fins lícitos, vedada a de caráter paramilitar.

"Não se há de confundir a liberdade de associação, prevista de forma geral no inciso XVII do rol das garantias constitucionais, com a criação, em si, de sindicato. O critério da especificidade direciona à observação do disposto no inciso II do artigo 8º da Constituição Federal, no que agasalhada a unicidade sindical de forma mitigada, ou seja, considerada a área de atuação, nunca inferior à de um município".(RE 207.858, Rel. Min. Marco Aurélio, DJ 14/05/99)".

De propriedade

Art. 5º, XXII, CF/88 – É garantido o direito de propriedade.

"O processo de reforma agrária, em uma sociedade estruturada em bases democráticas, não pode ser implementado pelo uso arbitrário da força e pela prática de atos ilícitos de violação possessória, ainda que se cuide de imóveis alegadamente improdutivos, notadamente porque a Constituição da República – ao amparar o proprietário com a cláusula de garantia do direito de propriedade (CF, art. 5º, XXII) – proclama que 'ninguém será privado (...) de seus bens, sem o devido processo legal' (art. 5º, LIV)". (ADI 2.213-MC, Rel. Min. Celso de Mello, DJ 23/04/04).

"O proprietário do prédio vizinho não ostenta o direito de impedir que se realize edificação capaz de tolher a vista desfrutada a partir de seu imóvel, fundando-se, para isso, no direito de propriedade". (RE 145.023, Rel. Min. Ilmar Galvão, DJ 18/12/92)

94 Segurança é Prevenção

XLII - a prática do racismo constitui crime inafiançável e imprescritível, sujeito à pena de reclusão, nos termos da lei;
• Lei nº 7716, de 5.11.1989, que define os crimes resultantes de preconceito de raça ou de cor.
• Lei nº 8081, de 21.9.1990, que estabelece os crimes e as penas aplicáveis aos atos discriminatórios ou de preconceito de raça, cor, religião, etnia ou procedência nacional, praticados pelos meios de comunicação ou por publicação de qualquer natureza.

Da presunção de inocência

Art. 5°, LVII, CF/88 – Ninguém será considerado culpado até o trânsito em julgado de sentença penal condenatória.

"O indiciamento de alguém, por suposta prática delituosa, somente se justificará, se e quando houver indícios mínimos, que, apoiados em base empírica idônea, possibilitem atribuir-se, ao mero suspeito, a autoria do fato criminoso. Se é inquestionável que o ato de indiciamento não pressupõe a necessária existência de um juízo de certeza quanto à autoria do fato delituoso, não é menos exato que esse ato formal, de competência exclusiva da autoridade policial, há de resultar, para legitimar-se, de um mínimo probatório que torne possível reconhecer que determinada pessoa teria praticado o ilícito penal. O indiciamento não pode, nem deve, constituir um ato de arbítrio do Estado, especialmente se se considerarem as graves implicações morais e jurídicas que derivam da formal adoção, no âmbito da investigação penal, dessa medida de Polícia Judiciária, qualquer que seja a condição social ou funcional do suspeito". (Inq 2.041, Rel. Min. Celso de Mello, DJ 06/10/03)

"Não há dúvida de que são independentes as instâncias penal e administrativa, só repercutindo aquela nesta quando ela se manifesta pela inexistência material do fato ou pela negativa de sua autoria. Assim, a Administração Pública, para punir por falta disciplinar que também pode configurar crime, não está obrigada a esperar a decisão judicial, até porque ela não pune pela prática de crime, por não ter competência para impor sanção penal, mas pela ocorrência de infração administrativa que pode, também, ser enquadrada como delito. Por outro lado, e em razão mesmo dessa independência de instâncias, o princípio constitucional de que 'ninguém será considerado culpado até o trânsito em julgado de sentença penal condenatória' (art. 5°, LVII) não se aplica ao âmbito administrativo para impedir que a infração administrativa que possa também caracterizar crime seja apurada e punida antes do desfecho do processo criminal." (MS 21.545, voto do Min. Moreira Alves, DJ 02/04/93)".

Da identidade

Art. 5°, LVIII, CF/88 – O civilmente identificado não será submetido a identificação criminal, salvo nas hipóteses previstas em lei.

"(...) A identificação criminal não será feita se apresentada, ante a autoridade policial, a identidade civil da indiciada (...)" (RHC 66.180, Rel. Min. Francisco Rezek, DJ 10/03/89).

Da liberdade

Art. 5°, LXI, CF/88 – Ninguém será preso senão em flagrante delito ou por ordem escrita e fundamentada de autoridade judiciária competente, salvo nos casos de transgressão militar ou crime propriamente militar, definidos em lei.

"A prisão no crime de deserção – artigo 187 do Código Penal Militar – mostra-se harmônica com o disposto no inciso LXI do artigo 5° da Constituição Federal".(HC 84.330, Rel. Min. Marco Aurélio, DJ 27/08/04)

Dos direitos do preso

Art. 5°, LXIII, CF/88 – O preso será informado de seus direitos, entre os quais o de permanecer calado, sendo-lhe assegurada a assistência da família e de advogado.

"A autodefesa consubstancia, antes de mais nada, direito natural. O fato de o acusado não admitir a culpa, ou mesmo atribuí-la a terceiro, não prejudica a substituição da pena privativa do exercício da liberdade pela restritiva de direitos, descabendo falar de 'personalidade distorcida'."(HC 80.616, Rel. Min. Marco Aurélio, DJ 12/03/04)"

"O privilégio contra a auto-incriminação, garantia constitucional, permite ao paciente o exercício do direito de silêncio, não estando, por essa razão, obrigado a fornecer os padrões vocais necessários a subsidiar prova pericial que entende lhe ser desfavorável".(HC 83.096, Rel. Min. Ellen Gracie, DJ 12/12/03).

De habeas corpus

Art. 5°, LXVIII, CF/88 – Conceder-se-á habeas corpus sempre que alguém sofrer ou se achar ameaçado de sofrer violência ou coação em sua liberdade de locomoção, por ilegalidade ou abuso de poder.

"A impetração deve ser redigida em linguagem adequada aos princípios de urbanidade e civismo. O Tribunal não tolera o emprego de expressões de baixo calão, de linguajar chulo e deselegante".(HC 80.674, Rel. Min. Nelson Jobim, DJ 17/08/01)

UNIDADE 02
DIREITO PENAL

"O êxito é fácil de obter.
O difícil é merecê-lo".
(Albert Camus)

Estratégias de Ensino: aula expositiva dialogada com auxílio de recursos audiovisuais.

Recursos: 01 professor e caderno didático. **Carga Horária:** 08 h/a.

OBJETIVO DA INSTRUÇÃO

O aluno deverá ser capaz de interpretar os elementos do crime e os tipos penais mais incidentes sobre a atividade de segurança privada.

Direito Penal
Conceito de Crime

- Segundo o conceito formal, violação culpável da lei penal; delito.
- Segundo o conceito substancial, ofensa de um bem jurídico tutelado pela lei penal.
- Segundo o conceito analítico, fato típico, antijurídico e culpável.
- Qualquer ato que suscite a reação organizada da sociedade.
- Ato digno de repreensão ou castigo.
- Ato condenável, de consequências funestas ou desagradáveis.

16.2. Lei nº 7.209, de 11 de Julho de 1984.

TÍTULO II - Do crime

Art. 14 - Diz-se o crime: (Redação dada pela Lei nº 7.209, de 11.7.1984)

Crime consumado (Incluído pela Lei nº 7.209, de 11.7.1984)
I - consumado, quando nele se reúnem todos os elementos de sua definição legal; (Incluído pela Lei nº 7.209, de 11.7.1984)

Tentativa (Incluído pela Lei nº 7.209, de 11.7.1984)

II - tentado, quando, iniciada a execução, não se consuma por circunstâncias alheias à vontade do agente. (Incluído pela Lei nº 7.209, de 11.7.1984)

98 Segurança é Prevenção

Pena de tentativa (Incluído pela Lei nº 7.209, de 11.7.1984)

Parágrafo único - Salvo disposição em contrário, pune-se a tentativa com a pena correspondente ao crime consumado, diminuída de um a dois terços. (Incluído pela Lei nº 7.209, de 11.7.1984)

Art. 18 - Diz-se o crime: (Redação dada pela Lei nº 7.209, de 11.7.1984)

Crime doloso (Incluído pela Lei nº 7.209, de 11.7.1984)

I - doloso, quando o agente quis o resultado ou assumiu o risco de produzi--lo;(Incluído pela Lei nº 7.209, de 11.7.1984)

Crime culposo (Incluído pela Lei nº 7.209, de 11.7.1984)

II - culposo, quando o agente deu causa ao resultado por imprudência, negligência ou imperícia. (Incluído pela Lei nº 7.209, de 11.7.1984)

Parágrafo único - Salvo os casos expressos em lei, ninguém pode ser punido por fato previsto como crime, senão quando o pratica dolosamente. (Incluído pela Lei nº 7.209, de 11.7.1984)

Agravação pelo resultado (Redação dada pela Lei nº 7.209, de 11.7.1984)

Art. 19 - Pelo resultado que agrava especialmente a pena, só responde o agente que o houver causado ao menos culposamente. (Redação dada pela Lei nº 7.209, de 11.7.1984)

Erro sobre a ilicitude do fato (Redação dada pela Lei nº 7.209, de 11.7.1984)

Art. 21 - O desconhecimento da lei é inescusável. O erro sobre a ilicitude do fato, se inevitável, isenta de pena; se evitável, poderá diminuí-la de um sexto a um terço. (Redação dada pela Lei nº 7.209, de 11.7.1984)

Parágrafo único - Considera-se evitável o erro se o agente atua ou se omite sem a consciência da ilicitude do fato, quando lhe era possível, nas circunstâncias, ter ou atingir essa consciência. (Redação dada pela Lei nº 7.209, de 11.7.1984)

Coação irresistível e obediência hierárquica (Redação dada pela Lei nº 7.209, de 11.7.1984)

Art. 22 - Se o fato é cometido sob coação irresistível ou em estrita obediência a ordem, não manifestamente ilegal, de superior hierárquico, só é punível o autor da coação ou da ordem. (Redação dada pela Lei nº 7.209, de 11.7.1984)

Legislação Aplicada e Direitos Humanos (LA)

Exclusão de ilicitude (Redação dada pela Lei nº 7.209, de 11.7.1984)

Art. 23 - Não há crime quando o agente pratica o fato: (Redação dada pela Lei nº 7.209, de 11.7.1984)

I - em estado de necessidade; (Incluído pela Lei nº 7.209, de 11.7.1984)

II - em legítima defesa; (Incluído pela Lei nº 7.209, de 11.7.1984)

III - em estrito cumprimento de dever legal ou no exercício regular de direito. (Incluído pela Lei nº 7.209, de 11.7.1984)

Excesso punível (Incluído pela Lei nº 7.209, de 11.7.1984)

Parágrafo único - O agente, em qualquer das hipóteses deste artigo, responderá pelo excesso doloso ou culposo. (Incluído pela Lei nº 7.209, de 11.7.1984)

Estado de necessidade

Art. 24 - Considera-se em estado de necessidade quem pratica o fato para salvar de perigo atual, que não provocou por sua vontade, nem podia de outro modo evitar, direito próprio ou alheio, cujo sacrifício, nas circunstâncias, não era razoável exigir-se. (Redação dada pela Lei nº 7.209, de 11.7.1984)

§ 1º - Não pode alegar estado de necessidade quem tinha o dever legal de enfrentar o perigo. (Redação dada pela Lei nº 7.209, de 11.7.1984)

§ 2º - Embora seja razoável exigir-se o sacrifício do direito ameaçado, a pena poderá ser reduzida de um a dois terços. (Redação dada pela Lei nº 7.209, de 11.7.1984)

Legítima defesa

Art. 25 - Entende-se em legítima defesa quem, usando moderadamente dos meios necessários, repele injusta agressão, atual ou iminente, a direito seu ou de outrem. (Redação dada pela Lei nº 7.209, de 11.7.1984)

100 Segurança é Prevenção

TÍTULO III
Da Imputabilidade Penal

Inimputáveis

Art. 26 - É isento de pena o agente que, por doença mental ou desenvolvimento mental incompleto ou retardado, era, ao tempo da ação ou da omissão, inteiramente incapaz de entender o caráter ilícito do fato ou de determinar-se de acordo com esse entendimento. (Redação dada pela Lei nº 7.209, de 11.7.1984)

Redução de pena

Parágrafo único - A pena pode ser reduzida de um a dois terços, se o agente, em virtude de perturbação de saúde mental ou por desenvolvimento mental incompleto ou retardado não era inteiramente capaz de entender o caráter ilícito do fato ou de determinar-se de acordo com esse entendimento. (Redação dada pela Lei nº 7.209, de 11.7.1984)

Menores de dezoito anos

Art. 27 - Os menores de 18 (dezoito) anos são penalmente inimputáveis, ficando sujeitos às normas estabelecidas na legislação especial. (Redação dada pela Lei nº 7.209, de 11.7.1984)

Emoção e paixão

Art. 28 - Não excluem a imputabilidade penal: (Redação dada pela Lei nº 7.209, de 11.7.1984)

I - a emoção ou a paixão; (Redação dada pela Lei nº 7.209, de 11.7.1984)

Embriaguez

II - a embriaguez, voluntária ou culposa, pelo álcool ou substância de efeitos análogos. (Redação dada pela Lei nº 7.209, de 11.7.1984)

§ 1º - É isento de pena o agente que, por embriaguez completa, proveniente de caso fortuito ou força maior, era, ao tempo da ação ou da omissão, inteiramente incapaz de entender o caráter ilícito do fato ou de determinar-se de acordo com esse entendimento. (Redação dada pela Lei nº 7.209, de 11.7.1984)

§ 2º - A pena pode ser reduzida de um a dois terços, se o agente, por embriaguez, proveniente de caso fortuito ou força maior, não possuía, ao tempo

Legislação Aplicada e Direitos Humanos (LA)   101

da ação ou da omissão, a plena capacidade de entender o caráter ilícito do fato ou de determinar-se de acordo com esse entendimento. (Redação dada pela Lei nº 7.209, de 11.7.1984)

PARTE ESPECIAL
TÍTULO I
Dos Crimes Contra a Pessoa

CAPÍTULO I
Dos Crimes Contra a Vida

Homicídio simples

Art 121. Matar alguém:

Pena - reclusão, de seis a vinte anos.

Caso de diminuição de pena

§ 1º Se o agente comete o crime impelido por motivo de relevante valor social ou moral, ou sob o domínio de violenta emoção, logo em seguida a injusta provocação da vítima, ou juiz pode reduzir a pena de um sexto a um terço.

Homicídio qualificado

§ 2º Se o homicídio é cometido:

I - mediante paga ou promessa de recompensa, ou por outro motivo torpe;

II - por motivo futil;

III - com emprego de veneno, fogo, explosivo, asfixia, tortura ou outro meio insidioso ou cruel, ou de que possa resultar perigo comum;

IV - à traição, de emboscada, ou mediante dissimulação ou outro recurso que dificulte ou torne impossivel a defesa do ofendido;

V - para assegurar a execução, a ocultação, a impunidade ou vantagem de outro crime:

Pena - reclusão, de doze a trinta anos.

Homicídio culposo

§ 3º Se o homicídio é culposo: (Vide Lei nº 4.611, de 1965)

102 Segurança é Prevenção

Pena - detenção, de um a três anos.

Aumento de pena

§ 4º No homicídio culposo, a pena é aumentada de 1/3 (um terço), se o crime resulta de inobservância de regra técnica de profissão, arte ou ofício, ou se o agente deixa de prestar imediato socorro à vítima, não procura diminuir as conseqüências do seu ato, ou foge para evitar prisão em flagrante. Sendo doloso o homicídio, a pena é aumentada de 1/3 (um terço) se o crime é praticado contra pessoa menor de 14 (quatorze) ou maior de 60 (sessenta) anos. (Redação dada pela Lei nº 10.741, de 2003)

§ 5º - Na hipótese de homicídio culposo, o juiz poderá deixar de aplicar a pena, se as conseqüências da infração atingirem o próprio agente de forma tão grave que a sanção penal se torne desnecessária. (Incluído pela Lei nº 6.416, de 24.5.1977)

§ 6º A pena é aumentada de 1/3 (um terço) até a metade se o crime for praticado por milícia privada, sob o pretexto de prestação de serviço de segurança, ou por grupo de extermínio.   (Incluído pela Lei nº 12.720, de 2012)

CAPÍTULO II
Das Lesões Corporais

Lesão corporal

Art. 129. Ofender a integridade corporal ou a saúde de outrem:

Pena - detenção, de três meses a um ano.

Lesão corporal de natureza grave

§ 1º Se resulta:

I - Incapacidade para as ocupações habituais, por mais de trinta dias;

II - perigo de vida;

III - debilidade permanente de membro, sentido ou função;

IV - aceleração de parto:

Pena - reclusão, de um a cinco anos.

§ 2º Se resulta:

I - Incapacidade permanente para o trabalho;

Legislação Aplicada e Direitos Humanos (LA)

II - enfermidade incuravel;

III - perda ou inutilização do membro, sentido ou função;

IV - deformidade permanente;

V - aborto:

Pena - reclusão, de dois a oito anos.

Lesão corporal seguida de morte

§ 3° Se resulta morte e as circunstâncias evidenciam que o agente não quís o resultado, nem assumiu o risco de produzí-lo:

Pena - reclusão, de quatro a doze anos.

Diminuição de pena

§ 4° Se o agente comete o crime impelido por motivo de relevante valor social ou moral ou sob o domínio de violenta emoção, logo em seguida a injusta provocação da vítima, o juiz pode reduzir a pena de um sexto a um terço.

Substituição da pena

§ 5° O juiz, não sendo graves as lesões, pode ainda substituir a pena de detenção pela de multa, de duzentos mil réis a dois contos de réis:

I - se ocorre qualquer das hipóteses do parágrafo anterior;

II - se as lesões são recíprocas.

Lesão corporal culposa

§ 6° Se a lesão é culposa: (Vide Lei n° 4.611, de 1965)

Pena - detenção, de dois meses a um ano.

Aumento de pena

§ 7° Aumenta-se a pena de 1/3 (um terço) se ocorrer qualquer das hipóteses dos §§ 4° e 6° do art. 121 deste Código. (Redação dada pela Lei n° 12.720, de 2012)

§ 8º - Aplica-se à lesão culposa o disposto no § 5º do art. 121.(Redação dada pela Lei n° 8.069, de 1990)

Violência Doméstica (Incluído pela Lei n° 10.886, de 2004)

104 Segurança é Prevenção

§ 9º Se a lesão for praticada contra ascendente, descendente, irmão, cônjuge ou companheiro, ou com quem conviva ou tenha convivido, ou, ainda, prevalecendo-se o agente das relações domésticas, de coabitação ou de hospitalidade: (Redação dada pela Lei nº 11.340, de 2006)

Pena - detenção, de 3 (três) meses a 3 (três) anos. (Redação dada pela Lei nº 11.340, de 2006)

§ 10. Nos casos previstos nos §§ 1º a 3º deste artigo, se as circunstâncias são as indicadas no § 9º deste artigo, aumenta-se a pena em 1/3 (um terço). (Incluído pela Lei nº 10.886, de 2004)

§ 11. Na hipótese do § 9º deste artigo, a pena será aumentada de um terço se o crime for cometido contra pessoa portadora de deficiência. (Incluído pela Lei nº 11.340, de 2006)

CAPÍTULO VI
Dos Crimes Contra A Liberdade Individual

SEÇÃO I
Dos Crimes Contra A Liberdade Pessoal

Constrangimento ilegal

Art. 146 - Constranger alguém, mediante violência ou grave ameaça, ou depois de lhe haver reduzido, por qualquer outro meio, a capacidade de resistência, a não fazer o que a lei permite, ou a fazer o que ela não manda:

Pena - detenção, de três meses a um ano, ou multa.

Aumento de pena

§ 1º - As penas aplicam-se cumulativamente e em dobro, quando, para a execução do crime, se reúnem mais de três pessoas, ou há emprego de armas.

§ 2º - Além das penas cominadas, aplicam-se as correspondentes à violência.

§ 3º - Não se compreendem na disposição deste artigo:

I - a intervenção médica ou cirúrgica, sem o consentimento do paciente ou de seu representante legal, se justificada por iminente perigo de vida;

Legislação Aplicada e Direitos Humanos (LA) 105

II - a coação exercida para impedir suicídio.

Ameaça

Art. 147 - Ameaçar alguém, por palavra, escrito ou gesto, ou qualquer outro meio simbólico, de causar-lhe mal injusto e grave:

Pena - detenção, de um a seis meses, ou multa.

Parágrafo único - Somente se procede mediante representação.

Seqüestro e cárcere privado

Art. 148 - Privar alguém de sua liberdade, mediante seqüestro ou cárcere privado: (Vide Lei nº 10.446, de 2002)

Pena - reclusão, de um a três anos.

§ 1º - A pena é de reclusão, de dois a cinco anos:

I - se a vítima é ascendente, descendente, cônjuge ou companheiro do agente ou maior de 60 (sessenta) anos; (Redação dada pela Lei nº 11.106, de 2005)

II - se o crime é praticado mediante internação da vítima em casa de saúde ou hospital;

III - se a privação da liberdade dura mais de 15 (quinze) dias.

IV - se o crime é praticado contra menor de 18 (dezoito) anos; (Incluído pela Lei nº 11.106, de 2005)

V - se o crime é praticado com fins libidinosos. (Incluído pela Lei nº 11.106, de 2005)

§ 2º - Se resulta à vítima, em razão de maus-tratos ou da natureza da detenção, grave sofrimento físico ou moral:

Pena - reclusão, de dois a oito anos.

TÍTULO II
Dos Crimes Contra O Patrimônio

CAPÍTULO I
Do Furto

Furto

Art. 155 - Subtrair, para si ou para outrem, coisa alheia móvel:

Pena - reclusão, de um a quatro anos, e multa.

§ 1º - A pena aumenta-se de um terço, se o crime é praticado durante o repouso noturno.

§ 2º - Se o criminoso é primário, e é de pequeno valor a coisa furtada, o juiz pode substituir a pena de reclusão pela de detenção, diminuí-la de um a dois terços, ou aplicar somente a pena de multa.

§ 3º - Equipara-se à coisa móvel a energia elétrica ou qualquer outra que tenha valor econômico.

Furto qualificado

§ 4º - A pena é de reclusão de dois a oito anos, e multa, se o crime é cometido:

I - com destruição ou rompimento de obstáculo à subtração da coisa;

II - com abuso de confiança, ou mediante fraude, escalada ou destreza;

III - com emprego de chave falsa;

IV - mediante concurso de duas ou mais pessoas.

§ 5º - A pena é de reclusão de 3 (três) a 8 (oito) anos, se a subtração for de veículo automotor que venha a ser transportado para outro Estado ou para o exterior. (Incluído pela Lei nº 9.426, de 1996)

CAPÍTULO II
Do Roubo E Da Extorsão

Roubo

Art. 157 - Subtrair coisa móvel alheia, para si ou para outrem, mediante grave ameaça ou violência a pessoa, ou depois de havê-la, por qualquer meio, reduzido à impossibilidade de resistência:

Legislação Aplicada e Direitos Humanos (LA) 107

Pena - reclusão, de quatro a dez anos, e multa.

§ 1º - Na mesma pena incorre quem, logo depois de subtraída a coisa, emprega violência contra pessoa ou grave ameaça, a fim de assegurar a impunidade do crime ou a detenção da coisa para si ou para terceiro.

§ 2º - A pena aumenta-se de um terço até metade:

I - se a violência ou ameaça é exercida com emprego de arma;

II - se há o concurso de duas ou mais pessoas;

III - se a vítima está em serviço de transporte de valores e o agente conhece tal circunstância.

IV - se a subtração for de veículo automotor que venha a ser transportado para outro Estado ou para o exterior; (Incluído pela Lei nº 9.426, de 1996)

V - se o agente mantém a vítima em seu poder, restringindo sua liberdade. (Incluído pela Lei nº 9.426, de 1996)

§ 3º Se da violência resulta lesão corporal grave, a pena é de reclusão, de sete a quinze anos, além da multa; se resulta morte, a reclusão é de vinte a trinta anos, sem prejuízo da multa. (Redação dada pela Lei nº 9.426, de 1996) Vide Lei nº 8.072, de 25.7.90

CAPÍTULO IV
Do Dano

Dano

Art. 163 - Destruir, inutilizar ou deteriorar coisa alheia:

Pena - detenção, de um a seis meses, ou multa.

Dano qualificado

Parágrafo único - Se o crime é cometido:

I - com violência à pessoa ou grave ameaça;

II - com emprego de substância inflamável ou explosiva, se o fato não constitui crime mais grave

III - contra o patrimônio da União, Estado, Município, empresa concessionária de serviços públicos ou sociedade de economia mista; (Redação dada pela Lei nº 5.346, de 3.11.1967)

108 Segurança é Prevenção

IV - por motivo egoístico ou com prejuízo considerável para a vítima:

Pena - detenção, de seis meses a três anos, e multa, além da pena correspondente à violência.

CAPÍTULO V
Da Apropriação Indébita

Apropriação indébita

Art. 168 - Apropriar-se de coisa alheia móvel, de que tem a posse ou a detenção:

Pena - reclusão, de um a quatro anos, e multa.

Aumento de pena

§ 1º - A pena é aumentada de um terço, quando o agente recebeu a coisa:

I - em depósito necessário;

II - na qualidade de tutor, curador, síndico, liquidatário, inventariante, testamenteiro ou depositário judicial;

III - em razão de ofício, emprego ou profissão.

Apropriação indébita previdenciária (Incluído pela Lei nº 9.983, de 2000)

Art. 168-A. Deixar de repassar à previdência social as contribuições recolhidas dos contribuintes, no prazo e forma legal ou convencional: (Incluído pela Lei nº 9.983, de 2000)

Pena - reclusão, de 2 (dois) a 5 (cinco) anos, e multa. (Incluído pela Lei nº 9.983, de 2000)

§ 1º Nas mesmas penas incorre quem deixar de: (Incluído pela Lei nº 9.983, de 2000)

I - recolher, no prazo legal, contribuição ou outra importância destinada à previdência social que tenha sido descontada de pagamento efetuado a segurados, a terceiros ou arrecadada do público; (Incluído pela Lei nº 9.983, de 2000)

II - recolher contribuições devidas à previdência social que tenham integrado despesas contábeis ou custos relativos à venda de produtos ou à prestação de serviços; (Incluído pela Lei nº 9.983, de 2000)

Legislação Aplicada e Direitos Humanos (LA)   109

III - pagar benefício devido a segurado, quando as respectivas cotas ou valores já tiverem sido reembolsados à empresa pela previdência social. (Incluído pela Lei nº 9.983, de 2000)

§ 2º É extinta a punibilidade se o agente, espontaneamente, declara, confessa e efetua o pagamento das contribuições, importâncias ou valores e presta as informações devidas à previdência social, na forma definida em lei ou regulamento, antes do início da ação fiscal. (Incluído pela Lei nº 9.983, de 2000)

§ 3º É facultado ao juiz deixar de aplicar a pena ou aplicar somente a de multa se o agente for primário e de bons antecedentes, desde que: (Incluído pela Lei nº 9.983, de 2000)
I - tenha promovido, após o início da ação fiscal e antes de oferecida a denúncia, o pagamento da contribuição social previdenciária, inclusive acessórios; ou (Incluído pela Lei nº 9.983, de 2000)
II - o valor das contribuições devidas, inclusive acessórios, seja igual ou inferior àquele estabelecido pela previdência social, administrativamente, como sendo o mínimo para o ajuizamento de suas execuções fiscais. (Incluído pela Lei nº 9.983, de 2000)

CAPÍTULO VI
Do Estelionato E Outras Fraudes
Estelionato
Art. 171 - Obter, para si ou para outrem, vantagem ilícita, em prejuízo alheio, induzindo ou mantendo alguém em erro, mediante artifício, ardil, ou qualquer outro meio fraudulento:
Pena - reclusão, de um a cinco anos, e multa, de quinhentos mil réis a dez contos de réis.
§ 1º - Se o criminoso é primário, e é de pequeno valor o prejuízo, o juiz pode aplicar a pena conforme o disposto no art. 155, § 2º.
§ 2º - Nas mesmas penas incorre quem:

Disposição de coisa alheia como própria
I - vende, permuta, dá em pagamento, em locação ou em garantia coisa alheia como própria;

Alienação ou oneração fraudulenta de coisa própria
II - vende, permuta, dá em pagamento ou em garantia coisa própria

110   Segurança é Prevenção

inalienável, gravada de ônus ou litigiosa, ou imóvel que prometeu
vender a terceiro, mediante pagamento em prestações, silenciando sobre
qualquer dessas circunstâncias;

Defraudação de penhor
III - defrauda, mediante alienação não consentida pelo credor ou por outro
modo, a garantia pignoratícia, quando tem a posse do objeto empenhado;

Fraude na entrega de coisa
IV - defrauda substância, qualidade ou quantidade de coisa que deve
entregar a alguém;

Fraude para recebimento de indenização ou valor de seguro
V - destrói, total ou parcialmente, ou oculta coisa própria, ou lesa o próprio
corpo ou a saúde, ou agrava as consequências da lesão ou doença, com o
intuito de haver indenização ou valor de seguro;

Fraude no pagamento por meio de cheque
VI - emite cheque, sem suficiente provisão de fundos em poder do sacado,
ou lhe frustra o pagamento.
§ 3º - A pena aumenta-se de um terço, se o crime é cometido em
detrimento de entidade de direito público ou de instituto de economia
popular, assistência social ou beneficência.

CAPÍTULO VII
Da Receptação
Receptação
Art. 180 - Adquirir, receber, transportar, conduzir ou ocultar, em proveito
próprio ou alheio, coisa que sabe ser produto de crime, ou influir para que
terceiro, de boa-fé, a adquira, receba ou oculte: (Redação dada pela Lei nº
9.426, de 1996)
Pena - reclusão, de um a quatro anos, e multa. (Redação dada pela Lei nº
9.426, de 1996)
Receptação qualificada(Redação dada pela Lei nº 9.426, de 1996)
§ 1º - Adquirir, receber, transportar, conduzir, ocultar, ter em depósito,
desmontar, montar, remontar, vender, expor à venda, ou de qualquer forma
utilizar, em proveito próprio ou alheio, no exercício de atividade comercial
ou industrial, coisa que deve saber ser produto de crime: (Redação dada
pela Lei nº 9.426, de 1996)

Pena - reclusão, de três a oito anos, e multa. (Redação dada pela Lei nº 9.426, de 1996)

§ 2º - Equipara-se à atividade comercial, para efeito do parágrafo anterior, qualquer forma de comércio irregular ou clandestino, inclusive o exercício em residência. (Redação dada pela Lei nº 9.426, de 1996)

§ 3º - Adquirir ou receber coisa que, por sua natureza ou pela desproporção entre o valor e o preço, ou pela condição de quem a oferece, deve presumir-se obtida por meio criminoso: (Redação dada pela Lei nº 9.426, de 1996)

Pena - detenção, de um mês a um ano, ou multa, ou ambas as penas. (Redação dada pela Lei nº 9.426, de 1996)

§ 4º - A receptação é punível, ainda que desconhecido ou isento de pena o autor do crime de que proveio a coisa. (Redação dada pela Lei nº 9.426, de 1996)

§ 5º - Na hipótese do § 3º, se o criminoso é primário, pode o juiz, tendo em consideração as circunstâncias, deixar de aplicar a pena. Na receptação dolosa aplica-se o disposto no § 2º do art. 155. (Incluído pela Lei nº 9.426, de 1996)

§ 6º - Tratando-se de bens e instalações do patrimônio da União, Estado, Município, empresa concessionária de serviços públicos ou sociedade de economia mista, a pena prevista no caput deste artigo aplica-se em dobro. (Incluído pela Lei nº 9.426, de 1996)

TÍTULO VIII
Dos Crimes Contra A Incolumidade Pública

CAPÍTULO I
Dos Crimes De Perigo Comum

Incêndio

Art. 250 - Causar incêndio, expondo a perigo a vida, a integridade física ou o patrimônio de outrem:

Pena - reclusão, de três a seis anos, e multa.

Aumento de pena

§ 1º - As penas aumentam-se de um terço:

I - se o crime é cometido com intuito de obter vantagem pecuniária em proveito próprio ou alheio;

II - se o incêndio é:

a) em casa habitada ou destinada a habitação;

112 Segurança é Prevenção

b) em edifício público ou destinado a uso público ou a obra de assistência social ou de cultura;
c) em embarcação, aeronave, comboio ou veículo de transporte coletivo;
d) em estação ferroviária ou aeródromo;
e) em estaleiro, fábrica ou oficina;
f) em depósito de explosivo, combustível ou inflamável;
g) em poço petrolífico ou galeria de mineração;
h) em lavoura, pastagem, mata ou floresta.

Incêndio culposo
§ 2° - Se culposo o incêndio, é pena de detenção, de 6 (seis) meses a 2 (dois) anos.

TÍTULO IX
Dos Crimes Contra A Paz Pública

Quadrilha ou bando
Art. 288 - Associarem-se mais de três pessoas, em quadrilha ou bando, para o fim de cometer crimes:
Pena - reclusão, de um a três anos. (Vide Lei 8.072, de 25.7.1990)
Parágrafo único - A pena aplica-se em dobro, se a quadrilha ou bando é armado.
Constituição de milícia privada (Incluído dada pela Lei n° 12.720, de 2012)
Art. 288-A. Constituir, organizar, integrar, manter ou custear organização paramilitar, milícia particular, grupo ou esquadrão com a finalidade de praticar qualquer dos crimes previstos neste Código: (Incluído dada pela Lei n° 12.720, de 2012)
Pena - reclusão, de 4 (quatro) a 8 (oito) anos. (Incluído dada pela Lei n° 12.720, de 2012)

CAPÍTULO II
Dos Crimes Praticados por Particular Contra a Administração em Geral

Art. 329 - Opor-se à execução de ato legal, mediante violência ou ameaça a funcionário competente para executá-lo ou a quem lhe esteja prestando auxílio:
Pena - detenção, de dois meses a dois anos.

Legislação Aplicada e Direitos Humanos (LA)

§ 1º - Se o ato, em razão da resistência, não se executa:
Pena - reclusão, de um a três anos.
§ 2º - As penas deste artigo são aplicáveis sem prejuízo das correspondentes à violência.

Desobediência
Art. 330 - Desobedecer a ordem legal de funcionário público:
Pena - detenção, de quinze dias a seis meses, e multa.

Desacato
Art. 331 - Desacatar funcionário público no exercício da função ou em razão dela:
Pena - detenção, de seis meses a dois anos, ou multa.

Corrupção ativa
Art. 333 - Oferecer ou prometer vantagem indevida a funcionário público, para determiná-lo a praticar, omitir ou retardar ato de ofício:
Pena - reclusão, de 2 (dois) a 12 (doze) anos, e multa. (Redação dada pela Lei nº 10.763, de 12.11.2003)

Parágrafo único - A pena é aumentada de um terço, se, em razão da vantagem ou promessa, o funcionário retarda ou omite ato de ofício, ou o pratica infringindo dever funcional.

Preconceito Racial
Lei nº 7.716 (de 05 de Janeiro de 1989)

Define os crimes resultantes de preconceito de raça ou de cor

O PRESIDENTE DA REPÚBLICA faz saber que o Congresso Nacional decreta e eu sanciono a seguinte Lei:

Art. 1º Serão punidos, na forma desta Lei, os crimes resultantes de preconceitos de raça ou de cor.

Art. 2º (Vetado).

Art. 3º Impedir ou obstar o acesso de alguém, devidamente habilitado, a qualquer cargo da Administração Direta ou Indireta, bem como das concessionárias de serviços públicos.

Pena: reclusão de dois a cinco anos.

Art. 4º Negar ou obstar emprego em empresa privada.

Pena: reclusão de dois a cinco anos.

Art. 5º Recusar ou impedir acesso a estabelecimento comercial, negando--se a servir, atender ou receber cliente ou comprador.

Pena: reclusão de um a três anos.

Art. 6º Recusar, negar ou impedir a inscrição ou ingresso de aluno em estabelecimento de ensino público ou privado de qualquer grau.

Pena: reclusão de três a cinco anos.

Parágrafo único. Se o crime for praticado contra menor de dezoito anos a pena é agravada de 1/3 (um terço).

Art. 7º Impedir o acesso ou recusar hospedagem em hotel, pensão, estalagem, ou qualquer estabelecimento similar.

Pena: reclusão de três a cinco anos.

Art. 8º Impedir o acesso ou recusar atendimento em restaurantes, bares, confeitarias, ou locais semelhantes abertos ao público.
Pena: reclusão de um a três anos.

Art. 9º Impedir o acesso ou recusar atendimento em estabelecimentos esportivos, casas de diversões, ou clubes sociais abertos ao público.
Pena: reclusão de um a três anos.

Art. 10. Impedir o acesso ou recusar atendimento em salões de cabeleireiros, barbearias, termas ou casas de massagem ou estabelecimento com as mesmas finalidades.
Pena: reclusão de um a três anos.

Art. 11. Impedir o acesso às entradas sociais em edifícios públicos ou residenciais e elevadores ou escada de acesso aos mesmos:

Pena: reclusão de um a três anos.

Art. 12. Impedir o acesso ou uso de transportes públicos, como aviões, navios barcas, barcos, ônibus, trens, metrô ou qualquer outro meio de transporte concedido.
Pena: reclusão de um a três anos.

Art. 13. Impedir ou obstar o acesso de alguém ao serviço em qualquer ramo das Forças Armadas.
Pena: reclusão de dois a quatro anos.

Art. 14. Impedir ou obstar, por qualquer meio ou forma, o casamento ou convivência familiar e social.
Pena: reclusão de dois a quatro anos.

Art. 15. (Vetado).

Art. 16. Constitui efeito da condenação a perda do cargo ou função pública, para o servidor público, e a suspensão do funcionamento do estabelecimento particular por prazo não superior a três meses.

Art. 17. (Vetado)

Art. 18. Os efeitos de que tratam os arts. 16 e 17 desta Lei não são automáticos, devendo ser motivadamente declarados na sentença.

Art. 19. (Vetado).

Art. 20. Esta Lei entra em vigor na data de sua publicação.

Art. 21. Revogam-se as disposições em contrário.

Brasília, 5 de janeiro de 1989; 168º da Independência e 101º da República.
JOSÉ SARNEY
Paulo Brossard

UNIDADE 03
MEIO AMBIENTE

As pessoas entram em nossa vida por
acaso, mas não é por acaso
que elas permanecem."
Lilian Tonet

Estratégias de Ensino: aula expositiva dialogada com auxílio de recursos audiovisuais.
Recursos: 01 professor e caderno didático.   **Carga Horária:** 04 h/a.

OBJETIVO DA INSTRUÇÃO
O aluno deverá ser capaz de desenvolver conhecimento sobre conceitos, legislação e técnicas de proteção ambiental na área de vigilância.

MEIO AMBIENTE
Conceito
O art.3º, I, da Lei 6.938/81, definiu Meio Ambiente como:
"O conjunto de condições, leis, influências e interações de ordem física, que permite, abriga e rege a vida em todas as suas formas".
Posteriormente, com base na Constituição Federal de 1988, passou-se a entender também que o Meio Ambiente divide-se em:

Meio Ambiente Físico ou Natural.
É constituído pela flora, fauna, solo, água, atmosfera, etc, incluindo os ecossistemas (art. 225, §1º, I, VII);

Meio Ambiente Cultural.
Constitui-se pelo patrimônio cultural, artístico, arqueológico, paisagístico, manifestações culturais, populares, etc (art.215, §1º e §2º);

Meio Ambiente Artificial.
É o conjunto de edificações particulares ou públicas, principalmente urbanas (art.182, art.21, XX e art.5º, XXIII); e

Meio Ambiente do Trabalho.

É o conjunto de condições existentes no local de trabalho relativos à qualidade de vida do trabalhador (art.7, XXXIII e art.200).

Podemos, ainda, conceituar meio ambiente do trabalho como:

"O conjunto de fatores físicos, climáticos ou qualquer outro que interligados, ou não, estão presentes e envolvem o local de trabalho da pessoa".

O homem passou a integrar plenamente o Meio Ambiente no caminho para o *Desenvolvimento Sustentável* preconizado pela nova ordem ambiental mundial, conseqüência disto é a consideração de que o Meio Ambiente do Trabalho também faz parte do conceito mais amplo de ambiente, de forma que deve ser considerado como bem a ser protegido pelas legislações para que o trabalhador possa usufruir uma melhor qualidade de vida.

Proteção

Devemos, não somente preservar, mas estabelecer a harmonia entre a natureza e o homem, para garantir um meio ambiente ecologicamente equilibrado e sadio. A *Constituição Federal Brasileira* revela a importância do meio ambiente em seu *Artigo 255*:

"Todos têm direito ao meio ambiente ecologicamente equilibrado, bem de uso comum do povo e essencial à sadia qualidade de vida, impondo-se ao Poder Público e à Coletividade o dever de defendê-lo e preservá-lo para as presentes e futuras gerações".

Desenvolvimento Sustentável
Conceito

"Consequência da relação atividade econômica, meio ambiente e bem estar da sociedade."

Tal conceito não diz respeito apenas ao impacto da atividade econômica no Meio Ambiente. Desenvolvimento Sustentável se refere principalmente às conseqüências dessa relação na qualidade de vida e no bem-estar da sociedade, tanto presente quanto futura.

Atividade econômica, meio ambiente e bem-estar da sociedade formam o tripé básico no qual se apóia a idéia de desenvolvimento sustentável.

A aplicação do conceito à realidade requer, no entanto, uma série de medidas tanto por parte do Poder Público como da iniciativa privada, assim como exige um consenso internacional. É preciso frisar ainda a participação de movimentos sociais, constituídos principalmente na forma de ONGs (Organizações Não-Governamentais), na busca por melhores condições de

118   Segurança é Prevenção

vida associadas à preservação do meio ambiente e a uma condução da economia adequada a tais exigências.

Segundo o Relatório Brundtland, Ordem Ambiental Mundial 1987, uma série de medidas devem ser tomadas pelos Estados nacionais:
   a. Limitação do crescimento populacional;
   b. Garantia de alimentação a longo prazo;
   c. Preservação da biodiversidade e dos ecossistemas;
   d. Diminuição do consumo de energia e desenvolvimento de tecnologias que admitem o uso de fontes energéticas renováveis;
   e. Aumento da produção industrial nos países não-industrializados à base de tecnologias ecologicamente adaptadas;
   f. Controle da urbanização selvagem e integração entre campo e cidades menores;
   g. As necessidades básicas devem ser satisfeitas; No nível internacional, as metas propostas pelo Relatório são as seguintes:
   h. As organizações do desenvolvimento devem adotar a estratégia de desenvolvimento sustentável;
   i. A comunidade internacional deve proteger os ecossistemas supranacionais como a Antártica, os oceanos, o espaço;
   j. As guerras devem ser banidas;
   k. A ONU deve implantar um programa de desenvolvimento sustentável.

Em seu sentido mais amplo, a estratégia de desenvolvimento sustentável visa a promover a harmonia entre os seres humanos e entre a humanidade e a natureza.

Coleta seletiva de lixo
A coleta seletiva é uma alternativa ecologicamente correta que desvia do destino em aterros sanitários ou lixões resíduos sólidos que poderiam ser reciclados.
Objetivos
Aumento da vida útil dos aterros sanitários;
Menor contaminação do Meio Ambiente;
Diminuição da extração dos nossos tesouros naturais, em razão do uso da matéria prima reciclável.

Legislação Aplicada e Direitos Humanos (LA)   119

"Uma lata velha que se transforma em uma lata nova é muito melhor que uma lata a mais. E de lata em lata o planeta vai virando um lixão...".

LEI DE CRIMES AMBIENTAIS

Lei nº 9.605, de 12 de fevereiro de 1998.
Dispõe sobre as sansões penais e administrativas derivadas de condutas e atividades lesivas ao meio ambiente.
Texto do Dr. Ubiracy Araújo, Procurador Geral do IBAMA

A Natureza
A natureza é sábia. Sábia, abundante e paciente. Sábia porque traz em si o mistério da vida, da reprodução, da interação perfeita e equilibrada entre seus elementos. Abundante em sua diversidade, em sua riqueza genética, em sua maravilha e em seus encantos. E é paciente. Não conta seus ciclos em horas, minutos e segundos, nem no calendário gregoriano com o qual nos acostumamos a fazer planos, cálculos e contagens. Sobretudo é generosa, está no mundo acolhendo o homem com sua inteligência, seu significado divino, desbravador, conquistador e insaciável. Às vezes, nesse confronto, o homem extrapola seus poderes e ela cala.

Noutras, volta-se, numa autodefesa, e remonta seu império sobre a obra humana, tornando a ocupar seu espaço e sua importância.

No convívio diuturno, a consciência de gerações na utilização dos recursos naturais necessita seguir regras claras que considerem e respeitem a sua disponibilidade e vulnerabilidade. E assim chegamos ao que as sociedades adotaram como regras de convivência, às práticas que definem padrões e comportamentos, aliadas a sanções aplicáveis para o seu eventual descumprimento: as leis.

Mais uma vez nos valemos das informações da própria natureza para entender como isso se processa. Assim como o filho traz as características genéticas dos pais, as leis refletem as características do tempo/espaço em que são produzidas. Nesse sentido podemos entender como a Lei de Crimes Ambientais entra no ordenamento jurídico nacional. Se, como já foi dito, a natureza é abundante, no Brasil possuímos números incomparáveis com quaisquer outros países no que se refere à riqueza da biodiversidade, com enfoque amplo na flora, fauna, recursos hídricos e minerais. Os números são todos no superlativo. Sua utilização, entretanto, vem se processando, a exemplo de países mais desenvolvidos, em níveis que podem alcançar a predação explícita e irremediável, ou a exaustão destes recursos que, embora abundantes, são em sua grande maioria exauríveis. Daí a importância desta Lei. Condutas e atividades consideradas lesivas ao meio ambiente passam a ser punidas civil, administrativa e criminalmente. Vale dizer: Constatada a degradação ambiental, o poluidor, além de ser obrigado a promover a sua recuperação, responde com o pagamento de multas pecuniárias e com processos criminais. Princípio assegurado no Capítulo do Meio Ambiente da Constituição Federal está agora disciplinado de forma específica e eficaz. É mais uma ferramenta de cidadania que se coloca a serviço do brasileiro, ao lado do Código de Defesa dos Direitos do Consumidor e do Código Nacional de Trânsito, recentemente aprovado. Aliás, ao se considerar a importância do Código de Trânsito, pode-se entender a relevância da Lei de Crimes Ambientais. Se o primeiro fixa regras de conduta e sanções aos motoristas, ciclistas e pedestres, que levam à diminuição do número de acidentes e de perda de vidas humanas, fato por si só digno de festejos, a Lei de Crimes Ambientais vai mais longe. Ao assegurar princípios para manter o meio ambiente ecologicamente equilibrado, ela protege todo e qualquer cidadão. Todos que respiram, que bebem água e que se alimentam diariamente. Protege, assim, a sadia qualidade de vida para os cidadãos dessa e das futuras gerações. E vai ainda mais longe: protege os rios, as matas, o ar, as montanhas, as aves, os animais, os peixes, o planeta!

Afinal, é a Lei da Natureza e, como dissemos, a natureza é sábia.

Ubiracy Araújo
Procurador Geral do IBAMA

Dos Crimes contra a Fauna

Art. 29. Matar, perseguir, caçar, apanhar, utilizar espécimes da fauna silvestre, nativo ou em rota migratória, sem a devida permissão, licença ou autorização da autoridade competente, ou em desacordo com a obtida.

Pena – Detenção de seis meses a um ano, e multa.

§ 1º. Incorre nas mesmas penas:

I. Quem impede a procriação da fauna, sem licença, autorização ou em desacordo com a obtida;

II. Quem modifica, danifica ou destrói ninho, abrigo ou criadouro natural;

III. Quem vende, expõe à venda, exporta ou adquire, guarda, tem em cativeiro ou depósito, utiliza ou transporta ovos, larvas ou espécimes da fauna silvestre, nativa ou em rota migratória, bem como produtos e objetos dela

Legislação Aplicada e Direitos Humanos (LA)

oriundos, provenientes de criadouros não autorizados ou sem a devida licença, permissão ou autorização da autoridade competente.

§ 2º. No caso de guarda doméstica de espécie silvestre não considerada ameaçada de extinção, pode o juiz, considerando as circunstâncias, deixar de aplicar a pena.

§ 3º. São espécimes da fauna silvestre todos aqueles pertencentes às espécies nativas, migratórias e quaisquer outras, aquáticas ou terrestres, que tenham todo ou parte de seu ciclo de vida ocorrendo dentro dos limites do território brasileiro, ou em águas jurisdicionais brasileiras.

§ 4º. A pena é aumentada de metade, se o crime é praticado:

I. Contra espécie rara ou considerada ameaçada de extinção, ainda que somente no local da infração;

II. Em período proibido à caça;

III. Durante a noite;

IV. Com abuso de licença;

V. Em unidade de conservação;

VI. Com emprego de métodos ou instrumentos capazes de provocar destruição em massa.

§ 5º. A pena é aumentada até o triplo, se o crime decorre do exercício de caça profissional.

§ 6º. As disposições deste artigo não se aplicam aos atos de pesca.

Crime contra a flora

Art. 38. Destruir ou danificar floresta considerada de preservação permanente, mesmo que em formação, ou utilizá-la com infringência das normas de proteção:

Pena – Detenção, de um a três anos, ou multa, ou ambas as penas cumulativamente.

Parágrafo único – Se o crime for culposo, a pena será reduzida à metade.

Art. 41. Provocar incêndio em mata ou floresta.

Pena – Reclusão, de dois a quatro anos, e multa.

Parágrafo único. Se o crime é culposo, a pena é de detenção de seis meses a um ano, e multa.

Art. 49. Destruir, danificar, lesar ou maltratar, por qualquer modo ou meio, plantas de ornamentação de logradouros públicos ou em propriedade privada alheia.

Pena – Detenção, de três meses a um ano, ou multa, ou ambas as penas cumulativamente.

122 Segurança é Prevenção

Parágrafo Único – No crime culposo, a pena é de um a seis meses, ou multa.

Crimes ambientais de poluição

Art. 54. Causar poluição de qualquer natureza em níveis tais que resultem ou possam resultar em danos à saúde humana, ou que provoquem a mortandade de animais ou a destruição significativa da flora.

Pena – Reclusão, de um a quatro anos, e multa.

§ 1. Se o crime é culposo.

Pena – Detenção, de seis meses a um ano, e multa.

§ 2. Se o crime:

I. Tornar uma área, urbana ou rural, imprópria para a ocupação humana;

II. Causar poluição atmosférica que provoque a retirada, ainda que momentânea, dos habitantes das áreas afetadas, ou que cause danos diretos à saúde da população;

III. Causar poluição hídrica que torne necessária a interrupção do abastecimento público de água de uma comunidade;

IV. Dificultar ou impedir o uso público das praias;

V. Ocorrer por lançamento de resíduos sólidos, líquidos, gasosos, detritos, óleos ou substâncias oleosas, em desacordo com as exigências estabelecidas em leis ou regulamentos.

Pena – Reclusão, de um a cinco anos.

§ 3. Incorre nas mesmas penas previstas no parágrafo anterior quem deixar de adotar, quando assim o exigir a autoridade competente, medidas de precaução em caso de risco de dano ambiental grave ou irreversível.

UNIDADE 04
DIREITOS HUMANOS

"A verdadeira viagem de descobrimento
não consiste em procurar novas paisagens,
e sim em ter novos olhos"
Marcel Proust

Estratégias de Ensino: aula expositiva dialogada com auxílio de recursos audiovisuais.
Recursos: 01 professor e caderno didático.　　**Carga Horária:** 04 h/a.

OBJETIVO DA INSTRUÇÃO
Ao término da unidade, o aluno deverá ser capaz de:
• Apontar no Direito Constitucional Brasileiro a evolução dos Direitos Humanos.
• Apontar os incisos do artigo 5º da CF/88 que tratam dos direitos e garantias individuais.

DIREITOS HUMANOS
Evolução histórica

• Segundo a **Dra Dórian Esteves Ribas Marinho**, os direitos traduzem com fidelidade o seu tempo. As inquietações daquele exato momento histórico são o resultado de um dado momento na evolução da mentalidade dos seres humanos, podendo, por vezes, parecer eventualmente absurdos, excessivamente dogmáticos, rígidos ou lúcidos e liberais, mas em seu permanente movimento, serão sempre a tradução mais autêntica de um povo.

• Até a produção dos primeiros códigos, os governantes exerciam seu poder despoticamente, sem qualquer limitação, variando as suas decisões e mesmo alguns princípios e leis esparsas existentes, de acordo com a vontade e o humor do momento. Deste modo, os súditos não contavam com qualquer referência comportamental que lhes garantisse os direitos mais fundamentais. Nesse panorama, a obediência através do temor exigia ser absoluta, sem qualquer restrição ou hesitação.

124 Segurança é Prevenção

• A afirmação do direito se dá com sua projeção em todas as partes do mundo antigo, principalmente através da religião que facilitou sua identificação com os princípios morais estabelecidos, bem como sua assimilação e seguimento.

• Desde que sentiram a necessidade da existência do direito, os homens começaram a converter em leis as necessidades sociais, deixando para trás a era da prevalência da força física.

• A **"Magna Carta" (Magna Charta Libertatum)**, firmada em **15 de junho de 1215**, na localidade de **Runnymede, condado de Surrey (Inglaterra)**, com 67 cláusulas que, pela primeira vez afrontavam o poder absoluto de um soberano, sendo que ao menos 12 delas beneficiavam diretamente o povo, embora não criassem nenhum direito novo. Entretanto, foram instituídas diversas normas de caráter pioneiro para a fundamentação dos Direitos Humanos.

• A partir desse **divisor de águas** na relação de poder entre governantes e governados, que ensejaria a derrocada do Absolutismo, a burguesia européia, então emergente, assumiu posições cada vez mais exigentes para com seus dirigentes.

• Cabe lembrar que o servo não podia até então sequer entrar ou sair do feudo, comprar ou vender qualquer coisa sem autorização de seu senhor, subtraído do poder exercer qualquer direito de manifestação.

• O **"Habeas Corpus Amendment Act", de 1679**, regulamentava esse instituto jurídico de garantia pessoal anteriormente previsto na "Common Law".

• Em **1689** surgiu a **"Declaração de Direitos" (Bill of Ríghts)**, dotada de 13 artigos que cristalizavam e consolidavam os ideais políticos do povo inglês, expressando significativas restrições ao poder estatal, regulamentando o princípio da legalidade, criando o direito de petição, assim como imunidades parlamentares. Entretanto, restringia vigorosamente a liberdade religiosa.

• Reafirmando o princípio da legalidade, o **"Act of Seattlement", de 1701**, estabelecia a responsabilização política dos agentes públicos, inclusive com a possibilidade de **impeachment de magistrados**.

Legislação Aplicada e Direitos Humanos (LA) 125

• A **"Declaração de Virgínia", de 1776**, proclamava, entre outros direitos, o direito à vida, à liberdade e à propriedade, prevendo o princípio da legalidade, o devido processo legal, o Tribunal de Júri, o princípio do juiz natural e imparcial, a liberdade religiosa e de imprensa, antecipando-se em pouco mais de um mês à **"Declaração de Independência dos Estados Unidos da América"**, esta última redigida por Thomas Jefferson a partir de trabalho conjunto com Benjamin Franklin e John Adams, tendo como diapasão a limitação do poder estatal, sendo proclamada em reunião do Congresso de 4 de julho de 1776, ambas antecedendo em alguns anos a **"Declaração dos Direitos do Homem e do Cidadão" editada na França**.

• Em 1787, a **"Constituição dos Estados Unidos da América"** e suas emendas limitavam o poder estatal na medida em que estabeleciam a separação dos poderes e consagrava diversos Direitos Humanos fundamentais, tais como: a liberdade religiosa, a inviolabilidade de domicílio, o devido processo legal, o julgamento pelo Tribunal do Júri, a ampla defesa, bem como a proibição da aplicação de penas cruéis ou aberrantes.

• **"A Constituição dos EUA aprovada na Convenção de Filadélfia**, em **17/09/1787**, não continha inicialmente uma declaração dos direitos fundamentais do homem".

• O **"Bill of Rights"** americano, ou **"Carta de Direitos"**, redigida pelo Congresso Americano em **1789**, se constituiu em um resumo dos direitos fundamentais e privilégios garantidos ao povo contra violações praticadas pelo próprio Estado,

• No **final do século XVIII**, se erigiu a famosa **"Declaração dos Direitos do Homem e do Cidadão"** votada definitivamente em **02 de outubro de 1789**, ampliada pela **Convenção Nacional em 1793**, oferecendo, nesta última versão, entre outras disposições, que: **"Todos os homens são iguais por natureza e perante a lei"**. e ainda, que **"O fim da sociedade é a felicidade comum"**.

• Dentre as mais importantes normas estabelecidas pela **"Declaração dos Direitos do Homem e do Cidadão"** em prol dos Direitos Humanos, destacam-se a garantia da igualdade, da liberdade, da propriedade, da segurança, da resistência à opressão, da liberdade de associação política, bem

126 Segurança é Prevenção

como o respeito ao princípio da legalidade, da reserva legal e anterioridade em matéria penal, da presunção de inocência, assim também a liberdade religiosa e a livre manifestação do pensamento.

• A primeira fase de **Internacionalização dos Direitos Humanos** teve inicio na **segunda metade do século XIX** e findou com a **Segunda Guerra Mundial**, manifestando-se basicamente em três setores: o direito humanitário, a luta contra a escravidão e a regulação dos direitos do trabalhador assalariado.

• No campo do chamado **Direito Humanitário**, que compreende o conjunto das leis e costumes de guerra, visando a minorar o sofrimento de soldados prisioneiros, doentes e feridos, bem como das populações civis atingidas por um conflito bélico, o primeiro documento normativo de caráter internacional foi a **Convenção de Genebra de 1864**, a partir da qual se fundou, em **1880**, a **Comissão Internacional da Cruz Vermelha**.

• Após a **Primeira Guerra Mundial (1914-1918)**, sob a inspiração do **Reino Unido, da França** e dos **Estados Unidos da América**, foi firmado o **"Tratado de Versalhes" (1919)**, onde se inseria a **"Sociedade das Nações"**, com o intuito de estabelecer uma paz mundial duradoura, ideal que viria a fracassar temporariamente com a **eclosão da segunda edição do conflito (1939-1945)**.

• Com o **final da Segunda Grande Guerra**, os países vencedores e seus aliados decidiram apostar no mesmo ideal, e as nações mais importantes do mundo resolveram estabelecer um foro definitivo para a discussão de interesses comuns, através de uma organização capaz de promover, exigir e garantir a coexistência pacífica de seus membros através de uma paz duradoura, daí resultando a criação da **"Organização das Nações Unidas – O.N.U."**, englobando progressivamente uma significativa quantidade de Estados membros, até que, atualmente, conta com uma adesão praticamente universal.

• Já em **1948** foi aprovada a **"Declaração Universal dos Direitos Humanos"**, cujo texto integral original traduzido se encontra a seguir em anexo, se constituindo no elenco dos direitos fundamentais básicos que tem o ser humano como objeto da atenção e da proteção da comunidade internacional.

Legislação Aplicada e Direitos Humanos (LA)

• A **Declaração Universal dos Direitos Humanos de 1948** e os princípios dela decorrentes são um texto de enorme importância histórica, principalmente para o ocidente, mas deve ser vista dentro do seu contexto histórico de vitória de um modelo que despontava sua supremacia universal após a segunda guerra mundial. Ao dispor sobre as questões sociais e econômicas especificas a Declaração se restringe a um contexto social, político e econômico especifico do pós-guerra, que deve ser superado, e como tal deve ser entendida.

• O **Brasil** firmou sua adesão incondicional à **"Declaração Universal dos Direitos Humanos"** na mesma data de sua proclamação, assumindo integralmente os compromissos nela contidos.

• Após a aprovação da **"Declaração Universal dos Direitos Humanos"**, foram criados diversos outros mecanismos legais que se incorporaram ao universo de proteção aos Direitos Humanos, alguns deles firmados, inicialmente, por um Brasil recém egresso do Estado Novo, ainda maculado pelo arbítrio político e suas repercussões. Mais tarde, por representantes de governos eleitos democraticamente ou não e mesmo pela ditadura que se encastelou no poder por mais de duas décadas.

• "Como já foi assinalado, a partir de 1985, com o fim do regime militar ocorreu expressiva mudança na atitude do governo brasileiro em relação aos Direitos Humanos".

• A nova **"Constituição Federal"** emergiu identicamente num período de liberdades democráticas a pouco conquistadas, via de consequência, absorvendo com maior porosidade os princípios fundamentais consignados na "Declaração Universal dos Direitos Humanos".

• Esses diplomas, que constituem a arquitetura internacional dos Direitos Humanos, abrigam uma contínua inclusão de direitos, e foram se aderindo como simples especificação daqueles direitos contemplados na **"Declaração Universal dos Direitos Humanos"**, sendo mais importantes os seguintes, em ordem cronológica:

- A **"Convenção contra o Genocídio"**, de **1948**,

128 Segurança é Prevenção

- A **"Convenção para a Repressão do Tráfico de Pessoas e da Exploração da Prostituição por Outros"** de **1949**;
- Em **1950** a **"Convenção Européia de Defesa dos Direitos do Homem e das Liberdades Fundamentais"** foi aprovada em **Roma – Itália**;

- A **"Convenção relativa ao Estatuto dos Refugiados"**, de **1951**, e respectivo **Protocolo, de 1966**;

- A **"Convenção Complementar sobre Abolição da Escravidão"** de **1956**;

- O **"Pacto Internacional Relativo aos Direitos Econômicos, Sociais e Culturais"** foi aprovado inicialmente em **16/12/1966**, para lelamente ao **"Pacto Internacional Relativo aos Direitos Civis e Políticos"**, que entrou em vigor somente em **03/01/1976**, consagrando a célebre tese de que **"os direitos sociais básicos são direitos humanos porque estão na ordem natural das coisas"**;

- A **"Convenção sobre a eliminação de todas as formas de Discriminação Racial"**, de **1965**;

- Importante ressaltar ainda as **"Regras Mínimas para o Tratamento de Presos"** adotadas pelo **"Primeiro Congresso das Nações Uni-das sobre Prevenção do Crime e Tratamento de Criminosos"** reunido em **Genebra – Suíça (1955)**, aprovadas pelo **"Conselho Econômico e Social"** em **1957 e 1977**;

- A **"Convenção sobre a Eliminação de todas as formas de Discriminação contra a Mulher"**, de **1979**;

- A **"Convenção contra a Tortura e outros tratamentos ou penas cruéis, desumanas ou degradantes"**, de **1984**;

- A **"Convenção sobre os Direitos da Criança"**, de **1989**.

Identicamente se agregaram à **"Convenção Americana sobre Direitos humanos"** – Pacto de San José da Costa Rica, de **1969**:

Legislação Aplicada e Direitos Humanos (LA)   129

- A **"Convenção Interamericana para Prevenir e Punir a Tortura"** **(Cartagena – Colômbia) em 09.12.1985;**

- O **"Protocolo de San Salvador"** (17/11/1988), que contempla a proteção aos Direitos Humanos em matéria de direitos econômicos, sociais e culturais, dentre outras, o direito ao trabalho, os direitos sindicais, o direito à saúde e à previdência social, o direito a um meio-ambiente saudável, o direito à alimentação e educação, o direito aos benefícios da cultura, o direito à constituição e proteção da família, o direito à proteção à infância e aos idosos, bem como aos portadores de deficiências físicas;

- O **"Protocolo Relativo à Abolição da Pena de Morte"** (Assunção **– Paraguai), de 08/06/1990;**

- A **"Convenção Interamericana sobre Desaparecimento Forçado de Pessoas" (Belém, PA – Brasil), de 09/06/1994;**

- A **"Convenção Interamericana para Prevenir, Punir e Erradicar a Violência Contra a Mulher" (Belém, PA – Brasil), de 09/06/1994.**

Um dos órgãos mais importantes da **"Organização dos Estados Americanos – O. E. A."**, é a **"Comissão Interamericana de Direitos Humanos"**, criada em 1959, e instalada em Washington – E.U.A., cuja principal função é promover o respeito e a defesa aos Direitos Humanos e servir como órgão consultivo da "O.E.A." nesses assuntos. No ano seguinte, foram eleitos seus sete membros, como ocorre até hoje, a título pessoal.

- A **"Corte Interamericana de Direitos Humanos"**, com sede em **San José – Costa Rica**, foi criada em **1972** na **"Assembléia Geral da O.E.A"**, **em La Paz – Bolívia**, se constituindo em uma instituição judicial autônoma cujo objetivo é a aplicação e interpretação da **"Convenção Americana sobre Direitos Humanos"**.

- A **"Constituição da República Federativa do Brasil"**, de **1988**, também denominada **"Constituição Cidadã"**, recepcionou as premissas alinhadas na **"Declaração Universal dos Direitos Humanos"** como nenhuma outra antes o fizera, abrindo caminho para a plena reafirmação dos Direitos Humanos e para novas conquistas sociais.

130 Segurança é Prevenção

- Passados mais de dez anos, o **Governo Federal** apresenta, em **1996**, o **"Plano Nacional de Direitos Humanos – PNDH"**, um ambicioso projeto com a finalidade de demonstrar a visão governamental acerca dos Direitos Humanos e das questões de afirmação da cidadania, estabelecendo diretrizes, apontando direções, definindo concepções e prioridades, conclamando e exigindo a participação dos Estados, dos Municípios e da sociedade civil nesse processo.

DIREITOS FUNDAMENTAIS DA PESSOA HUMANA

Dos direitos e garantias fundamentais.
Art. 5°, III, CF/88 – Ninguém será submetido à tortura nem a tratamento desumano ou degradante.

LEI n° 9.455/97

Crimes de Tortura
A tortura é prática covarde e criminosa e, por isso, deve ser veementemente combatida por todos. Nesse sentido, a Secretaria Especial dos Direitos Humanos, em parceria com organizações da sociedade, desencadeou verdadeira ofensiva contra a prática da tortura no país.
Art. 1° – Constitui Crime de Tortura:
I. Constranger alguém com emprego de violência ou grave ameaça, causando-lhe sofrimento físico ou mental:
    a. Com o fim de obter informação, declaração ou confissão da vitima ou de terceira pessoa;
    b. Para provocar ação ou omissão de natureza criminosa;
    c. Em razão de discriminação racial ou religiosa;
II. Submeter alguém, sob sua guarda, poder ou autoridade, com emprego de violência ou grave ameaça, a intenso sofrimento físico ou mental, como forma de aplicar castigo pessoal ou medida de caráter preventivo.
Pena – Reclusão de dois a oito anos.
§ 1° Na mesma pena incorre quem submete pessoa presa ou sujeita a medida de segurança a sofrimento físico ou mental por intermédio da prática de ato não previsto em lei ou não resultante de medida legal.
§ 2° Aquele que se omite em face dessas condutas, quando tinha o dever de evitá-las ou apurá-las, incorre na pena de detenção de um a quatro anos.
§ 6° O crime de tortura é inafiançável e insuscetível de graça ou anistia.

Legislação Aplicada e Direitos Humanos (LA)

§ 7º O condenado por crime previsto nesta Lei, salvo a hipótese do § 2º, iniciará o cumprimento da pena em regime fechado.

Dos direitos do preso
Art. 5º, LXI, CF/88 – Ninguém será preso senão em flagrante delito ou por ordem escrita e fundamentada de autoridade judiciária competente, salvo nos casos de transgressão militar ou crime propriamente militar, definidos em lei.

Art. 5º, LXII, CF/88 – A prisão de qualquer pessoa e o local onde se encontre serão comunicados imediatamente ao juiz competente e à família do preso ou à pessoa por ele indicada.

Art. 5º, LXIII, CF/88 – O preso será informado de seus direitos, entre os quais o de permanecer calado, sendo-lhe assegurada a assistência da família e de advogado.

Art. 5º, LXIV, CF/88 – O preso tem direito à identificação dos responsáveis por sua prisão ou por seu interrogatório policial.

Art. 5º, LXV, CF/88 – A prisão ilegal será imediatamente relaxada pela autoridade judiciária.

Art. 5º, LXVI, CF/88 – Ninguém será levado à prisão ou nela mantido quando a lei admitir a liberdade provisória, com ou sem fiança.

Do terrorismo, da segurança do cidadão, do Estado e os direitos humanos fundamentais,

Art. 5º, XLIII, CF/88 – A lei considerará crimes inafiançáveis e insuscetíveis de graça ou anistia a prática da tortura, o tráfico ilícito de entorpecentes e drogas afins, o terrorismo e os definidos como crimes hediondos, por eles respondendo os mandantes, os executores e os que, podendo evitá-los, se omitirem.

Art. 5º, XLIV, CF/88 – Constitui crime inafiançável e imprescritível a ação de grupos armados, civis ou militares, contra a ordem constitucional e o Estado democrático.

Das provas ilícitas
Art. 5º, LVI, CF/88 – São inadmissíveis, no processo, as provas obtidas por meios ilícitos.

Da presunção de inocência
Art. 5º, LVII, CF/88 – Ninguém será considerado culpado até o trânsito em julgado de sentença penal condenatória.

Da intimidade, honra e imagem.
Art. 5°, X, CF/88 – São invioláveis a intimidade, a vida privada, a honra e a imagem das pessoas, assegurado o direito a indenização pelo dano material ou moral decorrente de sua violação.

Momento de Reflexão
Para refletirmos, pois o assunto é pertinente.

Entrei apressado e com muita fome no restaurante. Escolhi uma mesa bem afastada do movimento, pois queria aproveitar os poucos minutos de que dispunha naquele dia atribulado para comer e consertar alguns erros de programação de um sistema que estava desenvolvendo, além de planejar minha viagem de férias, que há tempos não sei o que são. Pedi um filé de salmão com alcaparras na manteiga, uma salada e um suco de laranja, pois afinal de contas fome é fome, mas regime é regime, né? Abri meu notebook e levei um susto com aquela voz baixinha atrás de mim: **– Tio dá um trocado? –Não tenho menino. – Só uma moedinha para comprar um pão. –Está bem, compro um para você.** Para variar, minha caixa de entrada estava lotada de e-mails. Fico distraído vendo poesias, as formatações lindas, dando risadas com as piadas malucas. Ah! Essa música me leva a Londres e a boas lembranças de tempos idos.

– Tio pede para colocar margarina e queijo também? Percebo que o menino tinha ficado ali. **– OK, mas depois me deixe trabalhar, pois estou muito ocupado, tá?** Chega a minha refeição e junto com ela o meu constrangimento. Faço o pedido do menino, e o garçom me pergunta se quero que mande o garoto ir. Meus resquícios de consciência me impedem de dizer. Digo que está tudo bem.

-Deixe-o ficar. Traga o pão e mais uma refeição decente para ele. Então o menino se sentou à minha frente e perguntou: **– Tio, o que está fazendo? – Estou lendo uns e-mails. – O que são e-mails? –São mensagens eletrônicas mandadas por pessoas via Internet.** Sabia que ele não iria entender nada, mas a título de livrar-me de maiores questionários disse: **– É como se fosse uma carta, só que via Internet. – Tio, você tem Internet? – Tenho sim, é essencial no mundo de hoje. – O que é Internet, tio? – É um local no computador onde podemos ver e ouvir muitas coisas, notícias, músicas, conhecer pessoas, ler, escrever, sonhar, trabalhar, aprender. Tem tudo no mundo virtual. – E o que é virtual, tio?** Resolvo dar uma explicação simplificada, novamente na certeza que ele pouco vai entender e vai me liberar para comer minha refeição, sem culpas.

Legislação Aplicada e Direitos Humanos (LA)

– Virtual é um local que imaginamos algo que não podemos pegar tocar. É lá que criamos um monte de coisas que gostaríamos de fazer. Criamos nossas fantasias, transformamos o mundo em quase com o queríamos que fosse. – Legal isso. Gostei! -Mocinho, você entendeu o que é virtual? – Sim, tio, eu também vivo neste mundo virtual. – Você tem computador? – Não, mas meu mundo também é desse jeito... Virtual. Olha só tio, minha mãe fica todo o dia fora, chega muito tarde, quase não a vejo. Eu fico cuidando do meu irmão pequeno que vive chorando de fome, e eu dou água para ele pensar que é sopa. Minha irmã mais velha sai todo dia, diz que vai vender o corpo, mas eu não entendo, pois ela sempre volta como corpo. Meu pai está na cadeia há muito tempo. Mas sempre imagino nossa família toda junta em casa, muita comida muitos brinquedos de Natal, e eu indo ao colégio para virar médico um dia. Isto não é virtual, tio? Fechei meu notebook, não antes que as lágrimas caíssem sobre o teclado. Esperei que o menino terminasse de literalmente 'devorar' o prato dele, paguei a conta e dei o troco para o garoto, que me retribuiu com um dos mais belos e sinceros sorrisos que eu já recebi na vida, e com um **'Brigado tio, você é legal!'.** Ali, naquele instante, tive a maior prova do virtualismo insensato em que vivemos todos os dias, enquanto a realidade cruel nos rodeia de verdade, e fazemos de conta que não percebemos!

Capítulo 17

Relações Humanas no Trabalho (RHT)

"As únicas coisas que evoluem sozinhas em uma organização são a desordem, o atrito e o desempenho ruim."
Peter Drucker

OBJETIVOS DA DISCIPLINA:

a)**Conscientizar** e **instrumentalizar** o aluno para o desenvolvimento intra e interpessoal.

b) **Dotar** o aluno de conhecimentos que o capacitem a desenvolver hábitos de sociabilidade e permitam o seu bom relacionamento no trabalho e em outras esferas do convívio social.

c) **Desenvolver** atitudes para o atendimento adequado e prioritário às pessoas com deficiência

Carga horária: 10 horas-aula **Avaliação:** VF (01 h/a)

UNIDADE 01
COMUNICAÇÃO INTERPESSOAL

"É mais seguro reconciliar-te com um inimigo do que derrotá-lo. A derrota pode privá-lo de seu veneno; mas a reconciliação o privará de sua vontade de prejudicar."
Owen Feltcham

Estratégias de Ensino: aula expositiva dialogada com auxílio de recursos audiovisuais.
Recursos: 01 professor e caderno didático.   **Carga Horária:** 02 h/a.

OBJETIVOS DA INSTRUÇÃO
• **Dotar** o aluno de conhecimentos que o capacitem a desenvolver hábitos de sociabilidade que permitam aprimorar seu relacionamento no trabalho e em outras esferas de convívio social.
• **Desenvolver** atitudes para o atendimento adequado e prioritário às pessoas com deficiência.

COMUNICAÇÃO INTERPESSOAL
Princípios de comunicação interpessoal

Elementos da comunicação.
Emissor
Receptor
Retorno (Feedback)

Dicção
Dicção é a arte de recitar. Sabemos que a diplomacia é a segunda estratégia em segurança privada. Nessa estratégia, "abordagem" é uma palavra chave. Um profissional de segurança precisa saber abordar uma pessoa corretamente. É importante que o profissional tenha uma boa dicção. A abordagem deve ser executada de forma clara, precisa e concisa.

Afasias

A Afasia é um distúrbio da linguagem que ocorre com freqüência nas Doenças Vasculares Cerebrais, principalmente no Acidente Vascular Cerebral do tipo Isquêmico (AVCI). A linguagem é a forma de expressão das pessoas e se dá através da fala, da escrita e dos gestos. O cérebro possui um dicionário que é formado durante a vida e que por meio de complexos mecanismos traduz as palavras em todas as formas de expressão. A compreensão faz parte, evidentemente, deste processo. A linguagem é processada no hemisfério cerebral esquerdo das pessoas destras em determinados locais bem conhecidos pelos neurofisiologistas. Distúrbios ocorridos nestas regiões produzem a afasia ou a disfasia que se caracteriza pela dificuldade em falar. (Referência: Dicionário de Neuro-Ciências / Site www.uol.com.br)

Inibições, linguagem e fala.

VENCENDO O FANTASMA DA COMUNICAÇÃO, DA ABORDAGEM, DA ENTREVISTA.

Tecnicamente, em segurança privada, conhecemos o termo *"Poder de Convencimento"*, ou seja, o *"Domínio do Conhecimento"*. Se quisermos ser bons em alguma coisa é necessário que treinemos exaustivamente, portanto:

1. Devemos desenvolver nosso poder de convencimento. O domínio do conhecimento vai muito além do simples entendimento. Não basta entendermos de um determinado assunto, é fundamental que tenhamos o domínio deste assunto. Para que esta afirmativa se torne realidade, é necessário treinarmos, treinarmos e treinarmos. Treinamento é a palavra chave. Os melhores profissionais têm sucesso porque treinam bastante, são exigentes e disciplinados.

"O preço da perfeição é a prática constante"Andrew Carnegie.

2. Não devemos acreditar na sorte, só com muito trabalho e estudo, na exaustão do treinamento e de forma repetitiva, obteremos êxito. Quando não nos preocupamos com esses "pequenos detalhes", rapidamente as pessoas percebem nossa falta de preparo. Enfim, percebem que ainda não temos poder de convencimento.

3. Devemos ser mais proativos com nossas leituras diárias. Não podemos ler livros e simplesmente engavetá-los ou colocá-los numa bela estante. Devemos buscar mais informações; devemos iluminar os assuntos

138 Segurança é Prevenção

mais importantes para refletirmos posteriormente. Devemos conversar e buscar opiniões de outras pessoas, dialogar sobre os assuntos mais importantes, mais polêmicos. Da mesma forma não podemos ficar numa palestra, ou mesmo numa sala de aula, apenas prestando atenção, é necessário que utilizemos todos os recursos disponíveis para que as informações sejam, de fato, registradas. Para isso utilizamos papel e caneta, gravador, filmadora, palm, note book, etc.

4. Devemos ter consciência das nossas limitações e das nossas fraquezas. Consciente das falhas fica mais fácil corrigi-las. O pior doente é aquele que considera saúde a sua enfermidade.

5. Devemos ser equilibrados emocionalmente Vejamos, se analisarmos o comportamento de uma família (pai, mãe e três filhos) dentro de um automóvel, saindo de férias. Para nós que atuamos neste segmento, o normal seria que o motorista estivesse com um semblante diferente dos demais, ou seja, enquanto os outros transbordam de alegria e demonstram satisfação e despreocupação, o motorista estaria com um semblante preocupado e atento. Observem que a preocupação é devido ao fato de "estar dirigindo". O risco é uma possibilidade real, portanto, se o motorista estivesse dirigindo com aquele ar de ingênua felicidade, para nós, não haveria equilíbrio emocional. Ele seria na verdade um risco em potencial. Vale enfatizar que também não haveria equilíbrio emocional se observássemos no motorista um semblante estressado, irritado, com ódio e com raiva. Da mesma forma, o motorista representaria um grande risco. Assim fica fácil entendermos que um vigilante, tampouco pode atuar num posto de vigilância se abrindo para todo mundo, contente com tudo e com todos, atuar com arrogância, prepotência e estressado, como se fosse um leão de chácara. Portanto, curto e extremamente educado é o grande segredo.

6. Devemos controlar o medo, não eliminá-lo. Não podemos permitir que se instale a síndrome do pânico, ela sim precisa ser combatida. O medo precisa ser controlado, não eliminado. O medo funciona como uma espécie de mecanismo de defesa, pois na verdade nos ajuda a ficar atentos. Quando eliminamos totalmente o medo, corremos o risco de nos tornarmos negligentes, imprudentes, arrogantes e prepotentes. Só nós sabemos que estamos nervosos, assim nunca devemos revelar nosso nervosismo para os outros. Certamente as pessoas não irão perceber o quanto estamos

Direitos Humanos e Relações Humanas no Trabalho (RHT)

nervosos. Uma coisa é o que você sente, outra o que transmite e fica visível para os outros.

ÉTICA E DISCIPLINA NO TRABALHO

1. Sabemos que a nossa natureza humana é inclinada ao erro. Até gostaríamos de fazer o que é certo. Entretanto, quando percebemos, estamos fazendo tudo errado, metendo os pés pelas mãos. Reconhecer o erro talvez seja o início para melhorarmos nossa conduta social.

2. Na sua essência, o ser humano é egoísta, não é verdade? Sabemos que bem lá no fundo as pessoas estão mais interessadas nelas mesmas do que nos outros. Nós estamos mais interessados em nós mesmos que em qualquer outra pessoa no mundo.

3. É necessário reconhecermos que somos egoístas. Somente assim poderemos melhorar nosso relacionamento com as pessoas no nosso ambiente de trabalho, com amigos, e principalmente, com a nossa família.

4. Parece que gostamos da filosofia do "me engana que eu gosto". Todos nós gostamos de ouvir elogios, palavras gentis, mesmo que, lá no fundo, a gente saiba que não é bem aquilo. Para conquistar alguém, basta dizer coisas agradáveis. Entretanto, o elogio deve ser sincero. Sinceridade é o segundo atributo de um líder.

5. Devemos elogiar a ação e não a pessoa, assim evitamos ciumeiras, favoritismos e constrangimentos. É importante não exagerarmos nos elogios.

6. Devemos olhar com atenção para quem está falando. Devemos evitar ouvi-las olhando para outras pessoas ou distraído com outras coisas.

7. Estamos carecas de saber que nascemos com uma boca e dois ouvidos, para falarmos menos e ouvirmos mais, entretanto parece que nossa língua não concorda muito com esta afirmativa, não é verdade? Lembre-se, quanto mais nós ouvimos alguém, mais nos tornamos interessante para ela.

8. Certa vez ouvi que um bom ouvinte permite ao outro escutar a pessoa mais importante do mundo: ela mesma.

140 Segurança é Prevenção

9. Ninguém gosta de ser contrariado. Nós, profissionais de segurança, não podemos ser intolerantes. Nossa natureza humana não permite que sejamos contrariados, portanto, é necessário que desenvolvamos uma personalidade tolerante.

10. Não devemos discutir o que nos afasta, mas sim o que nos une. O ideal é que concordemos com as pessoas. Caso não haja sintonia, devemos tentar extrair deste assunto algo que seja comum. Vocês se lembram daquela propaganda: "Pelo menos temos algo em comum!"?

11. Sabemos que nem Jesus Cristo conseguiu agradar a todos, portanto seria muita pretensão de nossa parte. Porém, quando somos contrariados, parece que esquecemos de muitas verdades, não é mesmo?

12. Sabemos que a diplomacia é a segunda estratégia em segurança privada. Para que não sejamos antipáticos com as nossas opiniões contrárias, devemos expor as opiniões contrárias de autoridades no assunto, mesmo que achemos que somos a autoridade máxima. Deu pra entender?

13. Não se trata de falta de personalidade, mas sim de diplomacia. Devemos sempre evitar discussões desnecessárias. É só perda de tempo e de pontos, o importante é que sejamos diplomatas!

14. Sabemos que empatia é sentir o que se sentiria caso estivesse no lugar ou circunstância experimentada por outra pessoa, portanto, sabendo o que os outros querem, fica muito mais fácil conquistá-los.

15. É fundamental que sejamos curtos e extremamente educados. Quem deseja sucesso profissional neste segmento deve procurar entender com simplicidade esta afirmativa.

16. Entusiasmo é Deus dentro de nós. Devemos demonstrar que estamos entusiasmados. Ninguém gosta de pessoas do tipo "zero à esquerda", estressadas, angustiadas e de mal com a vida, iguais àquela hiena do desenho animado, vocês se lembram?

17. Humanidade é o terceiro atributo de um líder. Não devemos querer ser melhores do que ninguém: devemos ser os melhores para os outros.

Direitos Humanos e Relações Humanas no Trabalho (RHT)

APRESENTAÇÃO PESSOAL
Hábitos adequados e cuidados que o homem de segurança deve ter com a sua apresentação pessoal, asseio, postura e discrição.

Princípios de apresentação pessoal:

- Um Profissional de Segurança precisa ter consciência que a sua apresentação pessoal é decisiva para a conquista de novos objetivos dentro do segmento.
- Existem momentos como, por exemplo, uma entrevista de emprego, em que o cuidado deve ser redobrado.
- É óbvio que não se deve desprezar, também, os efeitos nocivos da má apresentação no dia-a-dia.
- O problema é que nem todos sabem apresentar-se bem. Muitas vezes observamos falta de bom senso e discernimento.
- Apresente-se com cuidado e discrição, evitando acessórios como brincos, boné, camisas de time de futebol, etc.
- Tome muito cuidado com suas roupas, mantendo-as sempre limpas e bem passadas.
- Preocupe-se com a sensação de segurança, com a força de presença. Entretanto, procure ser natural, assim você passará uma imagem mais profissional.

"Feliz aquele que transfere o que sabe e aprende o que ensina".
(Cora Coralina)

UNIDADE 02
ATENDIMENTO ÀS PESSOAS COM DEFICIÊNCIA

*"Feliz aquele que transfere o que sabe
e aprende o que ensina".*
(Cora Coralina)

Estratégias de Ensino: Aula expositiva dialogada com auxílio de recursos audiovisuais.

Recursos: 01 professor e caderno didático.   **Carga Horária:** 02 h/a.

OBJETIVOS DA INSTRUÇÃO

• **Desenvolver** atitudes para o atendimento adequado e prioritário às pessoas com deficiência.

• **Dotar** o aluno de conhecimento e dados sobre a atuação e acionamento da polícia militar em caso de na área de vigilância.

Lei nº 8.899, de 29/06/94 e Decreto nº 3.691, de 19/12/00.

DEFINIÇÕES

Art. 1º – É considerada pessoa portadora de deficiência a que se enquadra nas seguintes categorias:

I. Deficiência Física

Alteração completa ou parcial de um ou mais segmentos do corpo humano, acarretando o comprometimento da Função Física, apresentando-se sob a forma de paraplegia, paraparesia, monoplegia, monoparesia, tetraplegia, tetraparesia, triplegia, triparesia, hemiplegia, hemiparesia, amputação ou ausência de membro, paralisia cerebral, membros com deformidade congênita ou adquirida, exceto as deformidades estéticas e as que não produzam dificuldades para o desempenho de funções.

II. Deficiência Auditiva

Perda parcial ou total das possibilidades auditivas sonoras, variando de graus e níveis na forma seguinte:

Direitos Humanos e Relações Humanas no Trabalho (RHT) 143

a. De   25 a 40 decibéis (db) – surdez leve;
b. De   41 a 55 decibéis (db) – surdez moderada;
c. De   56 a 70 decibéis (db) – surdez acentuada;
d. De   71 a 90 decibéis (db) – surdez severa;
e. Acima de 91 decibéis (db) – surdez profunda; e
f. Anacusia.

III. Deficiência Visual

Acuidade visual igual ou menor que 20/200 no melhor olho, após a melhor correção, ou campo visual inferior a 20º (tabela de Snellen), ou ocorrência simultânea de ambas as situações.

IV. Deficiência Mental

Funcionamento intelectual significativamente inferior à média, com manifestação antes dos dezoito anos e limitações associadas a duas ou mais áreas de habilidades adaptativas, tais como:

a. Comunicação;
b. Cuidado pessoal;
c. Habilidades sociais;
d. Utilização da comunidade;
e. Saúde e segurança;
f. Habilidades acadêmicas;
g. Lazer;
h. Trabalho.

V. Deficiência /incapacidade de pessoas portadoras de ostomias e os renais crônicos.

Observação – A deficiência e a incapacidade permanente devem ser atestadas por equipe responsável pela área correspondente à deficiência, anexando-se os respectivos exames complementares.

> *Ao Profissional de Segurança cabe atender adequada e prioritariamente as pessoas com deficiência, para que lhes seja efetivamente ensejado o pleno exercício de seus direitos sociais e individuais (vide Lei nº 7.853/89):*

144   Segurança é Prevenção

LEI Nº 7.853, DE 24 DE OUTUBRO DE 1989.

Dispõe sobre o apoio às pessoas portadoras de deficiência, sua integração social, sobre a Coordenadoria Nacional para Integração da Pessoa Portadora de Deficiência – Corde, institui a tutela jurisdicional de interesses coletivos ou difusos dessas pessoas, disciplina a atuação do Ministério Público, define crimes, e dá outras providências.

O PRESIDENTE DA REPÚBLICA.

Faço saber que o Congresso Nacional decreta e eu sanciono a seguinte Lei:

Art. 1º Ficam estabelecidas normas gerais que asseguram o pleno exercício dos direitos individuais e sociais das pessoas portadoras de deficiências, e sua efetiva integração social, nos termos desta Lei.

§ 1º Na aplicação e interpretação desta Lei, serão considerados os valores básicos da igualdade de tratamento e oportunidade, da justiça social, do respeito à dignidade da pessoa humana, do bem-estar, e outros, indicados na Constituição ou justificados pelos princípios gerais de direito.

§ 2º As normas desta Lei visam garantir às pessoas portadoras de deficiência as ações governamentais necessárias ao seu cumprimento e das demais disposições constitucionais e legais que lhes concernem, afastadas as discriminações e os preconceitos de qualquer espécie, e entendida a matéria como obrigação nacional a cargo do Poder Público e da sociedade.

Art. 2º Ao Poder Público e seus órgãos cabe assegurar às pessoas portadoras de deficiência o pleno exercício de seus direitos básicos, inclusive dos direitos à educação, à saúde, ao trabalho, ao lazer, à previdência social, ao amparo à infância e à maternidade, e de outros que, decorrentes da Constituição e das leis, propiciem seu bem-estar pessoal, social e econômico.

Art. 8º Constitui crime punível com reclusão de 1 (um) a 4 (quatro) anos, e multa:

I. Recusar, suspender, procrastinar, cancelar ou **fazer cessar**, sem justa causa, a inscrição de aluno em estabelecimento de ensino de qualquer curso ou grau, público ou privado, por motivos derivados da deficiência que porta;

II. Obstar, sem justa causa, o acesso de alguém a qualquer cargo público, por motivos derivados de sua deficiência;

III. Negar, sem justa causa, a alguém, por motivos derivados de sua deficiência, emprego ou trabalho;

Direitos Humanos e Relações Humanas no Trabalho (RHT)	145

IV. Recusar, retardar ou **dificultar** internação ou **deixar** de prestar assistência médico-hospitalar e ambulatorial, quando possível, à pessoa portadora de deficiência;

V. Deixar de cumprir, **retardar** ou **frustrar**, sem justo motivo, a execução de ordem judicial expedida na ação civil a que alude esta Lei;

VI. Recusar, retardar ou **omitir** dados técnicos indispensáveis à propositura da ação civil objeto desta Lei, quando requisitados pelo Ministério Público.

COMANDO E SUBORDINAÇÃO

Do Comando e da Subordinação
Art. 34. Comando é a soma de autoridade, deveres e responsabilidades de que o militar é investido legalmente quando conduz homens ou dirige uma Organização Militar. O comando é vinculado ao grau hierárquico e constitui uma prerrogativa impessoal, em cujo exercício o militar se define e se caracteriza como chefe.

Parágrafo único. Aplica-se à direção e à chefia de organização militar, no que couber, o estabelecido para comando.

Art. 35. A subordinação não afeta, de modo algum, a dignidade pessoal do militar e decorre, exclusivamente, da estrutura hierarquizada das Forças Armadas.

Art. 36. O oficial é preparado, ao longo da carreira, para o exercício de funções de comando, de chefia e de direção.

DISCIPLINA E HIERARQUIA

• Do grego **hieros**, sagrado, e **arche**, governo.

• Na antiga Grécia, hierarquia era o poder exercido pela mais alta autoridade sacerdotal. O termo aplicava-se, também, às posições mais ou menos elevadas que ocupavam os deuses.

• No Direito Administrativo, é a relação de subordinação que liga os diversos órgãos do Poder Executivo, fixando-se o poder disciplinar de cada um. Os indivíduos ou grupos que exercem tais ou quais funções ou misteres são considerados, conforme sua categoria, órgãos ou agentes do Poder Público, cada qual agindo dentro de sua área de encargos, de atribuições, de responsabilidades, demarcada em lei ou regulamento. **CF: arts. 37 a 38, 39 a 41 e 42.**

146 Segurança é Prevenção

• Como visto, **hierarquia** e **disciplina** são conceitos em que se baseiam, estruturam e organizam as Forças Armadas, encontrando-se consagrados na atual **Carta Magna** com verdadeiros princípios constitucionais.

• **Hierarquia** é a ordenação da autoridade, em níveis diferentes, dentro da estrutura das Forças Armadas. A ordenação se faz por postos ou graduações, dentro de um mesmo posto ou graduação se faz pela antigüidade no posto ou na graduação. O respeito à **hierarquia** é consubstanciado no espírito de acatamento à seqüência de autoridade.

• **Disciplina** é a rigorosa observância e o acatamento integral das leis, regulamentos, normas e disposições que fundamentam o organismo militar e coordenam seu funcionamento regular e harmônico, traduzindo-se pelo perfeito cumprimento do dever por parte de todos e de cada um dos componentes desse organismo.

Capítulo 18

Sistema Nacional de Segurança Pública e Crime Organizado (SSP&CR)

"É uma pena que todas as pessoas que sabem como governar o país estejam ocupadas demais dirigindo táxis, cortando cabelo e fazendo unhas."
George Burns

OBJETIVOS DA DISCIPLINA:

1. Desenvolver conhecimentos sobre o Sistema Nacional de Segurança Pública, as atribuições constitucionais de cada corporação policial, da Guarda Municipal e das Forças Armadas, com o fim de o vigilante saber como complementar, com seu serviço, o de Segurança Pública.

2. Dotar o aluno de conhecimentos e dados sobre a atuação e acionamento da Polícia Militar e da Guarda Municipal em caso de ocorrência policial gerada na área de Vigilância.

3. Ampliar conhecimentos para identificar grupos criminosos e seu modus operandi, para que o vigilante evite ser alvo de cooptação por parte de organização criminosa e para que colabore com a Polícia.

Carga horária: 10 horas-aula   **Avaliação:** VF (01 h/a)

148   Segurança é Prevenção

UNIDADE 01
DISPOSITIVOS CONSTITUCIONAIS

"A inveja raramente é preguiçosa"
R. Greene

Estratégias de Ensino: aula expositiva dialogada com auxílio de recursos audiovisuais.
Recursos: 01 professor e caderno didático.   **Carga Horária:** 03 h/a.

OBJETIVO DA INSTRUÇÃO
Ao término das unidades, o aluno deverá ser capaz de desen-volver conhecimentos sobre o Sistema Nacional de Segurança Pública, as atribuições constitucionais de cada corporação po-licial, da Guarda Municipal e das Forças Armadas.

DISPOSITIVOS CONSTITUCIONAIS

Sistema Nacional de Segurança Pública (Art. 144, §1°, CF/88).
DA SEGURANÇA PÚBLICA
Art. 144. A segurança pública, dever do Estado, direito e responsabilida-de de todos, é exercida para a preservação da ordem pública e da incolumi-dade das pessoas e do patrimônio, através dos seguintes órgãos:
I. Polícia Federal
II. Polícia Rodoviária Federal
III. Polícia Ferroviária Federal
IV. Polícias Civis
V. Polícias Militares e Corpos de Bombeiros Militares

Polícia Federal (Art. 144, §1°, CF/88).
§ 1° A Polícia Federal, instituída por lei como órgão permanente, organi-zado e mantido pela União e estruturado em carreira, destina-se a: (redação dada pela Emenda Constitucional n° 19, de 1998)
    I. Apurar infrações penais contra a ordem política e social ou em detrimento de bens, serviços e interesses da União ou de suas entidades autárquicas e empresas públicas, assim como outras

Sistema Nac. de Seg. Pública e Crime Organizado (SSP&CR)   149

infrações cuja prática tenha repercussão interestadual ou internacional e exija repressão uniforme, segundo se dispuser em lei;
II. Prevenir e reprimir o tráfico ilícito de entorpecentes e drogas afins, o contrabando e o descaminho, sem prejuízo da ação fazendária e de outros órgãos públicos nas respectivas áreas de competência;
III. Exercer as funções de Polícia Marítima, Aeroportuária e de Fronteiras; (Redação dada pela Emenda Constitucional nº 19, de 1998)
IV. Exercer, com exclusividade, as funções de Polícia Judiciária da União.

Polícia Rodoviária Federal (Art. 144, §2°, CF/88).

§ 2º A Polícia Rodoviária Federal, órgão permanente, organizado e mantido pela União e estruturado em carreira, destina-se, na forma da lei, ao patrulhamento ostensivo das rodovias federais.(Redação dada pela Emenda Constitucional nº 19, de 1998).

Polícias Civis (Art. 144, § 4°, CF/88).

§ 4º – Às Polícias Civis, dirigidas por delegados de polícia de carreira, incumbem, ressalvada a competência da União, as funções de Polícia Judiciária e a apuração de infrações penais, exceto as militares.

Polícias Militares e Bombeiros (Art. 144, §§ 5° e 6°, CF/88).

§ 5º – Às Polícias Militares cabem a polícia ostensiva e a preservação da ordem pública, aos Corpos de Bombeiros Militares, além das atribuições definidas em lei, incumbe a execução de atividades de defesa civil.

§ 6º – Às Polícias Militares e Corpos de Bombeiros Militares, forças auxiliares e reserva do Exército, subordinam-se, juntamente com as Polícias Civis, aos Governadores dos Estados, do Distrito Federal e dos Territórios.

§ 7º – A lei disciplinará a organização e o funcionamento dos órgãos responsáveis pela segurança pública, de maneira a garantir a eficiência de suas atividades.

Guarda Municipal (Art. 144, § 8°, CF/88).

§ 8º – Os Municípios poderão constituir Guardas Municipais destinadas à proteção de seus bens, serviços e instalações, conforme dispuser a lei.

150 Segurança é Prevenção

Forças Armadas (Art. 142, §1°, CF/88).

Art. 142. As Forças Armadas, constituídas pela Marinha, pelo Exército e pela Aeronáutica, são instituições nacionais permanentes e regulares, organizadas com base na hierarquia e na disciplina, sob a autoridade suprema do Presidente da República, e destinam-se à defesa da Pátria, à garantia dos poderes constitucionais e, por iniciativa de qualquer destes, da lei e da ordem.

§ 1° – A Lei Complementar estabelecerá as normas gerais a serem adotadas na organização, no preparo e no emprego das Forças Armadas.

LEI COMPLEMENTAR N° 97, DE 09 DE JUNHO DE 1999

CAPÍTULO I
Disposições Premilinares
Seção I
Da Destinação e Atribuições
Art. 1° As Forças Armadas, constituídas pela Marinha, pelo Exército e pela Aeronáutica, são instituições nacionais permanentes e regulares, organizadas com base na hierarquia e na disciplina, sob a autoridade suprema do Presidente da República e destinam-se à defesa da Pátria, à garantia dos poderes constitucionais e, por iniciativa de qualquer destes, da lei e da ordem.

Parágrafo único. Sem comprometimento de sua destinação constitucional, cabe também às Forças Armadas o cumprimento das atribuições subsidiárias explicitadas nesta Lei Complementar.

CAPÍTULO II
Da Organização
Seção I
Das Forças Armadas
Art. 3° As Forças Armadas são subordinadas ao Ministro de Estado da Defesa, dispondo de estruturas próprias.

Art. 4° A Marinha, o Exército e a Aeronáutica dispõem, singularmente, de um Comandante, nomeado pelo Presidente da República, ouvido o Ministro de Estado da Defesa, o qual, no âmbito de suas atribuições, exercerá a direção e a gestão da respectiva Força.

Art. 5° Os cargos de Comandante da Marinha, do Exército e da Aeronáutica são privativos de oficiais-generais do último posto da respectiva Força.

§ 1° É assegurada aos Comandantes da Marinha, do Exército e da Aero-

Sistema Nac. de Seg. Pública e Crime Organizado (SSP&CR)   151

náutica precedência hierárquica sobre os demais oficiais-generais das três Forças Armadas.

§ 2º Se o oficial-general indicado para o cargo de Comandante da sua respectiva Força estiver na ativa, será transferido para a reserva remunerada, quando empossado no cargo.

§ 3º São asseguradas aos Comandantes da Marinha, do Exército e da Aeronáutica todas as prerrogativas, direitos e deveres do Serviço Ativo, inclusive com a contagem de tempo de serviço, enquanto estiverem em exercício.

CAPÍTULO III - Não abordado no curso

CAPÍTULO IV
DO PREPARO
Art. 13. Para o cumprimento da destinação constitucional das Forças Armadas, cabe aos Comandantes da Marinha, do Exército e da Aeronáutica o preparo de seus órgãos operativos e de apoio, obedecidas as políticas estabelecidas pelo Ministro da Defesa.

§ 1º O preparo compreende, entre outras, as atividades permanentes de planejamento, organização e articulação, instrução e adestramento, desenvolvimento de doutrina e pesquisas específicas, inteligência e estruturação das Forças Armadas, de sua logística e mobilização. (Incluído pela Lei Complementar nº 117, de 2004)

§ 2º No preparo das Forças Armadas para o cumprimento de sua destinação constitucional, poderão ser planejados e executados exercícios operacionais em áreas públicas, adequadas à natureza das operações, ou em áreas privadas cedidas para esse fim. (Incluído pela Lei Complementar nº 117, de 2004)

§ 3º O planejamento e a execução dos exercícios operacionais poderão ser realizados com a cooperação dos órgãos de segurança pública e de órgãos públicos com interesses afins. (Incluído pela Lei Complementar nº 117, de 2004)

Art. 14. O preparo das Forças Armadas é orientado pelos seguintes parâmetros básicos:

I. Permanente eficiência operacional singular e nas diferentes modalidades de emprego interdependentes;

II. Procura da autonomia nacional crescente, mediante contínua nacionalização de seus meios, nela incluídas pesquisa e desenvolvimento e o fortalecimento da indústria nacional;

152 Segurança é Prevenção

III. Correta utilização do potencial nacional, mediante mobilização criteriosamente planejada.

DO EMPREGO

Art. 15. O emprego das Forças Armadas na defesa da Pátria e na garantia dos poderes constitucionais, da lei e da ordem, e na participação em operações de paz, é de responsabilidade do Presidente da República, que determinará ao Ministro de Estado da Defesa a ativação de órgãos operacionais, observada a seguinte forma de subordinação:

I. Diretamente ao Comandante Supremo, no caso de Comandos Combinados, compostos por meios adjudicados pelas Forças Armadas e, quando necessário, por outros órgãos;

II. Diretamente ao Ministro de Estado da Defesa, para fim de adestramento, em operações combinadas, ou quando da participação brasileira em operações de paz;

III. Diretamente ao respectivo Comandante da Força, respeitada a direção superior do Ministro de Estado da Defesa, no caso de emprego isolado de meios de uma única Força.

§ 1º Compete ao Presidente da República a decisão do emprego das Forças Armadas, por iniciativa própria ou em atendimento a pedido manifestado por quaisquer dos poderes constitucionais, por intermédio dos Presidentes do Supremo Tribunal Federal, do Senado Federal ou da Câmara dos Deputados.

§ 2º A atuação das Forças Armadas, na garantia da lei e da ordem, por iniciativa de quaisquer dos poderes constitucionais, ocorrerá de acordo com as diretrizes baixadas em ato do Presidente da República, após esgotados os instrumentos destinados à preservação da ordem pública e da incolumidade das pessoas e do patrimônio, relacionados no art. 144 da Constituição Federal.

Sistema Nac. de Seg. Pública e Crime Organizado (SSP&CR) 153

UNIDADE 02
COMO ACIONAR OS ÓRGÃOS DO SSP

"O maior herói é aquele
que faz do inimigo um amigo."
Talmud

Estratégias de Ensino: aula expositiva dialogada com auxílio de recursos audiovisuais.
Recursos: 01 professor e caderno didático.   **Carga Horária:** 03 h/a.

OBJETIVO DA INSTRUÇÃO
Dotar o aluno de conhecimentos e dados sobre a atuação e acionamento da Polícia Militar e da Guarda Municipal em caso de ocorrência policial gerada na área de Vigilância.

OPERAÇÃO POLICIAL MILITAR
O que é?
É uma ação policial que complementa o policiamento convencional diário. A Operação Policial Militar serve para prevenir ou reprimir ostensivamente práticas delituosas, oferecendo mais segurança aos cidadãos. Podem ser também voltadas a coibição das transgressões às normas de trânsito.

Por que e para que servem as Operações Policiais?
A presença ostensiva do Policial inibe a prática de crimes. Buscar, apreender e capturar armas, drogas, documentos falsos, carros roubados e pessoas com mandado de prisão são as funções das operações.

Como são as operações?
São atividades ostensivas de grupos de policiais devidamente comandadas por oficial ou graduado (Subtenente ou Sargento).

Como devem agir os policiais?
1) Devem estar devidamente identificados pela farda e apresentar a sua identidade quando solicitado.
2) Devem tratar o cidadão com educação, cumprimentando-o e informando o objetivo da operação, sempre em vocabulário adequado.

154 Segurança é Prevenção

3) Devem facilitar a compreensão e cooperação do cidadão.

4) Apenas um membro da equipe policial deve orientar o revistado de forma clara e respeitosa, informando-o sobre os procedimentos a serem adotados por ele e pelos policiais que estiverem realizando a revista.

5) Devem utilizar os critérios técnicos para a seleção e revista, jamais submetendo o cidadão a situação humilhante ou vexatória.

6) Devem ser objetivos e evitar qualquer tipo de discriminação preconceituosa.

7) Devem ter a máxima preocupação com a segurança das pessoas selecionadas pela operação, das que estão à sua volta e com a sua própria.

8) A algema serve para preservar a vida e a integridade física do preso e do próprio policial.

9) Nos casos de prisão (flagrante ou mandado de prisão), a imobilização só será usada quando absolutamente necessária, de forma seletiva e proporcional ao nível de resistência das pessoas a serem conduzidas.

10) O uso da força deve ser proporcional à reação do revistado e só deverá ser utilizada para inibir a correspondente ameaça.

11) Deve evitar apontar armas sem necessidade contra qualquer pessoa ou em direção a qualquer lugar que possa trazer riscos e ameaças à comunidade. Isto evitará pânico e possíveis acidentes.

12) A arma de fogo só deverá ser usada em caso de grave ameaça ou risco da própria vida do policial ou de outro cidadão.

Como o cidadão cooperativo deve proceder?

13) Evite atitudes bruscas que possam fazer o Policial se sentir ameaçado.

14) Se estiver no interior de veículos, acenda a luz interna e mantenha as mãos em local visível.

15) Responda educadamente o que lhe for perguntado e siga as orientações policiais.

16) Em caso de dúvida, solicite informações ao próprio policial ou a quem estiver no comando da ação.

17) Preste atenção ao nome do policial que o aborda e ao número da viatura empregada na ação e, se preciso, anote.

O policial é um cidadão igual a você. Trate-o com respeito e consideração.

Ao abordar um cidadão, o policial deverá identificar-se pelo nome, cargo, posto ou graduação e indicar a unidade da PM a que pertence.

1) O nome do policial militar está acima do bolso, do lado direito.

Sistema Nac. de Seg. Pública e Crime Organizado (SSP&CR)

2) A identificação do batalhão está impressa nas mangas da farda, no lado esquerdo.

3) O número do batalhão está impresso na traseira da viaturas e em todos os lados do veículo.

4) Os locais da operação policial devem permitir a máxima segurança das pessoas selecionadas pela operação, das que estão à sua volta, bem como a do policial.

5) As operações devem ocorrer em locais visíveis, bem iluminados e que não provoquem acidentes e trânsito.

Lembre-se: a Polícia é o público e o público é a Polícia.

A Polícia quer saber como seu profissional está trabalhando. Informe tanto os excessos quanto as ações do policial que entender meritória através dos seguintes telefones: 190 ou (21) 3399-2175 / 2176/ 2213.

Você também pode procurar a **Ouvidoria da Polícia**, na Avenida Presidente Vargas, 817/ 11º andar, Centro/RJ, ou pelos telefones: (21) 3399-1191 e (21) 3399-1194.

Ou a **Corregedoria Geral Unificada das Polícias**, na Avenida Presidente Vargas, 817/ 25º andar, Centro/RJ, ou pelos seguintes telefones: (21) 3399-1179 e (21) 3399-1197.

Importante: Um agente da lei não pode exigir, solicitar ou receber qualquer tipo de gratificação por serviços prestados. Isto é crime. A penalidade é a mesma para quem dá e para quem recebe a gratificação. (www.policiamilitar.rj.gov.br)

GUARDAS MUNICIPAIS

· Constituição Federal – As atribuições das Guardas Municipais estão traçadas no Capítulo III da Constituição Federal (de 05 de outubro de 1988), que trata da segurança pública. O parágrafo 8o do artigo 144 estabelece que os municípios poderão criar Guardas Municipais destinadas à proteção de seus bens, serviços e instalações, conforme dispuser a lei. O artigo define segurança pública como "dever do Estado, direito e responsabilidade de todos, exercida para preservação da ordem pública e da incolumidade das pessoas e patrimônio (...)".

· Constituição Estadual – A criação de Guardas Municipais é também autorizada no parágrafo 1º do artigo 183 da Constituição Estadual do Rio de Janeiro. Esse artigo estabelece que as Guardas devem agir na proteção do patrimônio municipal, colaborando na segurança pública junto a órgãos estaduais: Polícia Civil, Polícia Militar e Corpo de Bombeiros.

· Lei Orgânica do Município – Na esfera municipal, o artigo 30 da Lei Orgânica do Município do Rio de Janeiro fundamenta-se na Constituição Federal e determina a instituição de Guardas Municipais especializadas, que não façam uso de armas. Esta lei estabelece as funções institucionais da Guarda Municipal do Rio de Janeiro:

a. Proteger seus bens, serviços e instalações;

b. Organizar, dirigir e fiscalizar o tráfego de veículos em seu território;

c. Assegurar o direito da comunidade de desfrutar ou utilizar os bens públicos, obedecidas às prescrições legais;

d. Proteger o meio ambiente e o patrimônio histórico, cultural e ecológico do município;

e. Oferecer apoio ao turista nacional e estrangeiro.

· Disque-Guarda – O Disque-Guarda é um serviço telefônico gratuito 24 horas, que funciona exclusivamente no município do Rio de Janeiro para informações diversas, sugestões, reclamações, denúncias e auxílio à população em geral. Criado em 2000 e administrado pelo Centro de Controle Operacional da GM-Rio (CCO), o Disque-Guarda recebe cerca de 80 ligações por dia. Algumas delas são resolvidas imediatamente, como pedidos de auxílio ao Corpo de Bombeiros ou à Polícia Militar. Outras solicitações (como pedido de patrulhamento em praça) são encaminhadas à Ouvidoria da Guarda, que analisa cada caso, dando retorno aos contribuintes em um prazo médio de 48 horas.

· Além de operar o Disque-Guarda e controlar as ações dos guardas no dia-a-dia, o Centro de Controle Operacional (ou CCO) dá suporte técnico, administrativo e operacional aos profissionais nas ruas, funcionando como intermediário na busca de soluções para situações de emergência. Entre os casos mais comuns, há os de crianças perdidas, combate a incêndio, partos, socorro a vítimas de acidentes automobilísticos, assaltos e até veículos que estejam estacionados irregularmente, obstruindo a passagem.

· Da mesa de rádio com quatro canais e com rádios de comunicação (tipo HT), os guardas do CCO agem rápido, acionando outros órgãos quando necessário como Polícia Militar, Corpo de Bombeiros e Defesa Civil. Com 70

Sistema Nac. de Seg. Pública e Crime Organizado (SSP&CR)

guardas trabalhando em quatro turnos de seis horas, o CCO conta com uma média de 12 GMs por turma, controlando ainda os efetivos de inspetorias e grupamentos especiais nas ruas, assim como o movimento das viaturas da GM-Rio, a todo instante deslocadas para as diversas missões em toda a cidade.
(www2.rio.rj.gov.br/gmrio)

COMO ACIONAR OS ÓRGÃOS DO SSP.
Polícia Militar – 190
Polícia Civil – 197
Bombeiros – 193
Guarda Municipal RJ – 2536-2400

POLÍCIA JUDICIÁRIA

O artigo 4º do C.P.P. define que a **Polícia Judiciária** será exercida pelas **Autoridades Policiais** no território de suas respectivas circunscrições e terá por fim a apuração das **Infrações Penais** e de sua **autoria**. Inquestionavelmente é exclusivo da **Polícia Judiciária** a apuração das **infrações penais**, através de instrumento específico formal – **o Inquérito Policial**. Nele se realiza a **função investigatória**, **"múnus"** indelegável das **Polícias Civis, Estaduais e Federal**. É o exercício daquilo que se convencionou chamar de **investigativo**, procedimento preliminar e preparatório da ação penal pública incondicionada.

BOLETIM DE OCORRÊNCIA POLICIAL

Determina o Art. 6º do CPP que a autoridade policial, logo que tiver conhecimento da prática da infração penal, deverá, entre outras, tomar as providências do item V.
O Capítulo a que se refere o artigo supra trata do interrogatório do acusado (arts. 185 a 196). Da oitiva do indiciado (Interrogatório do Acusado) resultará um Boletim de Ocorrência, cuja fórmula é a seguinte:

Modelo

ESTADO DE RIO DE JANEIRO
SECRETARIA DA SEGURANÇA PÚBLICA
POLÍCIA CIVIL
3ª DELEGACIA ESPECIALIZADA NO ATENDIMENTO A MULHER

BO nº 214/2004
Delegada: Plácida Lucius
Agente plantonista: Caio Graco

Natureza da ocorrência: lesão corporal   Data: 08/02/2009
Local: Rua Olinda, 123, Bairro Nova América, Campo Grande/RJ
Hora da comunicação: 18:00 hs.   Hora do fato: 16:00 hs.

INDICIADO: Mário Malandrus
Doc. Ident. nº: não consta
Pai: Milton Malandrus
Mãe: Josefa Malandrus
Cor: branco   Idade: 38 anos   Est. Civil: divorciado   Prof.: não consta
Nac.: brasileira   Nat.: Natal/RN
Residência: Rua Olinda, 123, Bairro Nova América, Rio de Janeiro/RJ
Local de trabalho: não consta

VÍTIMA/ COMUNICANTE: Maria das Dores
Doc. Ident. nº: 4.556.97 SSP/RN
Pai: Rodolfo das Dores
Mãe: Dulcinéia das Dores
Cor: branca   Idade: 40 anos   Est. Civil: viúva   Prof.: doméstica
Nac.: brasileira   Nat.: Natal/RN
Residência: Rua Olinda, 123, Bairro Nova América, Rio de Janeiro/RJ
Local de trabalho: não consta

Sistema Nac. de Seg. Pública e Crime Organizado (SSP&CR)

TESTEMUNHAS:
1) Rosângela Maria, residente na Rua Olinda 125, Bairro Nova América, RG 152.633 SSP/RJ, fone: 323-2112
2) Rui Luis, residente na Rua do Pontal, 455, Centro, Campo Grande/RJ, RG 1.222.33 SSP/PR, fone:220-5584

HISTÓRICO: relata a vítima que nesta data, o autor, que é seu companheiro por cinco anos, totalmente embriagado, agrediu-a com socos e pontapés após a mesma ter se negado a dar-lhe um beijo.
Declarou ainda, que esta foi a primeira vez que o acusado agiu dessa forma. Nada mais.

EXAMES REQUISITADOS: corpo de delito no Instituto Médico Legal.

Elaborado por Caio Graco(Mat. 001.008/89) – Agente de Polícia de plantão

Rio de Janeiro/RJ, 08 de fevereiro de 2009.

....
(vítima/comunicante)   (Delegado de Polícia)

OBSERVAÇÃO:
a. Em caso de mais de um indiciado ou vítima, usar o verso, obedecendo a mesma seqüência de dados desta face.
b. No caso de mais de 5 testemunhas proceder da mesma forma.

160 Segurança é Prevenção

PROCESSO PENAL

Disposições preliminares
Art. 1º O processo penal reger-se-á, em todo o território brasileiro, por este Código, ressalvados:

I. Os tratados, as convenções e regras de direito internacional;

II. As prerrogativas constitucionais do Presidente da República, dos ministros de Estado, nos crimes conexos com os do Presidente da República, e dos ministros do Supremo Tribunal Federal, nos crimes de responsabilidade (Constituição, arts. 86, 89, § 2o, e 100);

III. Os processos da competência da Justiça Militar;

IV. Os processos da competência do tribunal especial (Constituição, art. 122, no 17);

V. Os processos por crimes de imprensa.

Inquérito Policial
Art. 4º A Polícia Judiciária será exercida pelas autoridades policiais no território de suas respectivas circunscrições e terá por fim a apuração das infrações penais e da sua autoria. (Redação dada pela Lei nº 9.043, de 9.5.1995)

Parágrafo único. A competência definida neste artigo não excluirá a de autoridades administrativas, a quem por lei seja cometida a mesma função.

Art. 5º – Nos crimes de ação pública o inquérito policial será iniciado:

I. De ofício;

II. Mediante requisição da autoridade judiciária ou do Ministério Público, ou a requerimento do ofendido ou de quem tiver qualidade para representá-lo.

§ 1º – O requerimento a que se refere o nº II conterá sempre que possível:

a. A narração do fato, com todas as circunstâncias;

b. A individualização do indiciado ou seus sinais característicos e as razões de convicção ou de presunção de ser ele o autor da infração, ou os motivos de impossibilidade de o fazer;

c. A nomeação das testemunhas, com indicação de sua profissão e residência.

§ 3º – Qualquer pessoa do povo que tiver conhecimento da existência de infração penal em que caiba ação pública poderá, verbalmente ou por escrito, comunicá-la à autoridade policial, e esta, verificada a procedência das informações, mandará instaurar inquérito.

Sistema Nac. de Seg. Pública e Crime Organizado (SSP&CR)

§ 4º – O inquérito, nos crimes em que a ação pública depender de representação, não poderá sem ela ser iniciado.

INQUÉRITO POLICIAL

Representação
Art. 6º – Logo que tiver conhecimento da prática da infração penal, a autoridade policial deverá:

I. Dirigir-se ao local, providenciando para que não se alterem o estado e conservação das coisas, até a chegada dos peritos criminais;

II. Apreender os objetos que tiverem relação com o fato, após liberados pelos peritos criminais;

III. Colher todas as provas que servirem para o esclarecimento do fato e suas circunstâncias;

IV. Ouvir o ofendido;

V. Ouvir o indiciado, com observância, no que for aplicável, do disposto no Capítulo III do Título VII, deste Livro, devendo o respectivo termo ser assinado por 2 (duas) testemunhas que lhe tenham ouvido a leitura;

VI. Proceder a reconhecimento de pessoas e coisas e a acareações;

VII. Determinar, se for caso, que se proceda a exame de corpo de delito e a quaisquer outras perícias;

VIII. Ordenar a identificação do indiciado pelo processo datiloscópico, se possível, e fazer juntar aos autos sua folha de antecedentes;

IX. Averiguar a vida pregressa do indiciado, sob o ponto de vista individual, familiar e social, sua condição econômica, sua atitude e estado de ânimo antes e depois do crime e durante ele, e quaisquer outros elementos que contribuírem para a apreciação do seu temperamento e caráter;

Art. 11 – Os instrumentos do crime, bem como os objetos que interessarem à prova, acompanharão os autos do inquérito.

Inquérito Policial Instrumentos do Crime

Art. 13 – Incumbirá ainda à autoridade policial:

I. Fornecer às autoridades judiciárias as informações necessárias à instrução e julgamento dos processos;

II. Realizar as diligências requisitadas pelo Juiz ou pelo Ministério Público;

III. Cumprir os mandados de prisão expedidos pelas autoridades judiciárias;

IV. Representar acerca da prisão preventiva.

Art. 20 – A autoridade assegurará no inquérito o sigilo necessário à elucidação do fato ou exigido pelo interesse da sociedade.

Art. 5º, LX, Direitos e Deveres Individuais e Coletivos – Direitos e Garantias Fundamentais – Constituição Federal – CF – 1988.

Parágrafo único – Nos atestados de antecedentes que lhes forem solicitados, a autoridade policial não poderá mencionar quaisquer anotações referentes a instauração de inquérito contra os requerentes, salvo no caso de existir condenação anterior.

Abertura de Inquérito Policial

Observemos os Arts. 5º e 6º do CPP.

• Mesmo que a comunicação do crime seja anônima, deve a autoridade policial instaurar inquérito para apuração do fato.

- O indiciado não pode recusar-se a atender, sem justificativa, à convocação da autoridade policial, para que seja qualificado e interrogado, em caso contrário, sua condução coercitiva pode ser determinada pela autoridade policial.

• O mesmo aplica-se às testemunhas e à própria vítima.

• Comparecendo espontaneamente, o indiciado poderá ou não responder às perguntas que lhe fizer a autoridade. Seu silêncio, contudo, advertir-lhe-á a autoridade, poderá reverter em prejuízo da própria defesa.

• Ao defensor do indiciado, nesta fase, cabe apenas vigiar pela legalidade do interrogatório e aferir a consonância do termo deste com as declarações do indiciado.

• A leitura a que se refere o item V do Art. 6º será feita em voz alta, perante as testemunhas, que assinarão, também, o auto.

• Basicamente, o auto de qualificação e de interrogatório do indiciado contém os seguintes elementos de perquirição: nome, nacionalidade, local de nascimento, estado civil, idade, filiação, residência, meio de vida ou profissão, local de trabalho, se sabe ler e escrever e, finalmente, a tomada a termo das declarações do indiciado.

• A autoridade policial solicitará, também, as seguintes informações sobre a vida pregressa do indiciado: nome, se é filho legítimo ou não, se tem ou não tutor e se vive na companhia deste, se freqüentou escolas e grau de instrução, se ingere, habitualmente, bebidas alcoólicas ou substâncias tóxi-

Sistema Nac. de Seg. Pública e Crime Organizado (SSP&CR)

cas, se esteve internado em razão de doença mental, se é casado ou amancebado e se a vida conjugal é harmoniosa, se tem filhos legítimos ou não, se trabalha e quanto ganha, ou, se for desocupado, justificar, se praticou o delito sob efeito de substância tóxica, se foi processado anteriormente e se está arrependido.

Observemos o Art. 10 do CPP.

Tal dispositivo busca impedir que a tramitação do inquérito se prolongue indefinidamente, com grave dano para os direitos individuais. Se a prisão do indiciado resultar de flagrante ou for preventiva, o inquérito deverá estar concluído no prazo improrrogável de dez dias, em caso contrário, cabe o hábeas corpus, porém, se o indiciado estiver solto, mediante fiança ou sem esta, o inquérito deverá estar concluído dentro de trinta dias, podendo a autoridade policial, diante da eventual complexidade do caso, requerer ao juiz a dilação do prazo.

164 Segurança é Prevenção

UNIDADE 03
CRIME ORGANIZADO

"Onde há muito amor há sempre milagres."
Willa Silbert Cather

Estratégias de Ensino: aula expositiva dialogada com auxílio de recursos audiovisuais.
Recursos: 01 professor e caderno didático.　　　**Carga Horária:** 04 h/a.

> **OBJETIVO DA INSTRUÇÃO**
> Ampliar conhecimentos para identificar grupos criminosos e seu modus operandi, para que o vigilante evite ser alvo de cooptação por parte de organização criminosa e colabore com a polícia.

Introdução

Acredito que o crime organizado no Brasil tenha surgido no decorrer da década de 1970. Vários fatores concorreram para que os bandos se transformassem em verdadeiras organizações criminosas. Todos nós aprendemos na escola que, devido ao êxodo rural, principalmente na década de 1960, acentuou-se significativamente a urbanização do país. A população do campo migrou para a cidade grande, principalmente Rio e São Paulo. No ano em que o Brasil conquistava o tricampeonato de futebol, 56% da população brasileira vivia nas grandes cidades. No ano de 1980, já eram 68% e, hoje, já estamos na marca dos 80%. Toda essa peregrinação, em busca de melhores condições de vida. Eram pessoas humildes, pobres e sem muita perspectiva, meus pais são exemplos vivos. A grande maioria sem estudo e qualificação profissional. Parte desse povo, ao longo dos anos 70, conseguiu, de certa forma, uma colocação no mercado de trabalho. Entretanto, com a crise do petróleo no final da década e a estagnação econômica dos anos 80, grande parte dessa gente foi literalmente excluída. Observem que o desemprego era uma realidade, eram poucas as oportunidades de trabalho, a inflação era assustadora e, como agravante, o êxodo rural continuava. É claro que não poderíamos esperar outra coisa senão o aumento impressionante das favelas e regiões periféricas e, conseqüentemente, em razão do **"não exercício da autoridade"**, o nascimento, o crescimento e o desenvolvimento aterrorizante do crime organizado.

Sistema Nac. de Seg. Pública e Crime Organizado (SSP&CR)

CRIME ORGANIZADO

Conceito

Luiz Flávio Gomes, doutor em Direito Penal pela Faculdade de Direito da Universidade Complutense de Madri, mestre em Direito Penal pela USP, explica que a única lei que regia o crime organizado no Brasil, até pouco tempo, era a **Lei 9.034/95**. Segundo o Doutor Luis Flávio Gomes, em abril de 2001 ingressou no nosso ordenamento jurídico um novo texto legislativo **(Lei 10.217/01)**, que modificou os artigos 1º e 2º do diploma legal acima citado, além de contemplar dois novos institutos investigativos: **interceptação ambiental e infiltração policial.**

O mestre em Direito Penal pela USP afirma que **"não existe em nenhuma parte do nosso ordenamento jurídico a definição de organização criminosa"**, assim, continua, "cuida-se, portanto, de um conceito vago, totalmente aberto, absolutamente poroso". Finaliza sua afirmativa da seguinte forma: "Só nos resta concluir que, nesse ponto, a lei (9.034/95) passou a ser letra morta". "Organização criminosa é, portanto, hoje, no ordenamento jurídico brasileiro, uma alma (uma enunciação abstrata) em busca de um corpo (de um conteúdo normativo, que atenda o princípio da legalidade)".

Na nossa visão, o conceito de crime organizado agora envolve:

a. A quadrilha ou bando (288) que, claramente (com a Lei 10.217/01), recebeu o rótulo de crime organizado, embora seja fenômeno completamente distinto do verdadeiro crime organizado;

b. As associações criminosas já tipificadas no nosso ordenamento jurídico (art. 14 da Lei de Tóxicos, art. 2º da Lei 2.889/56 v.g.) assim como todas as que porventura vierem a sê-lo e;

c. todos os ilícitos delas decorrentes ("delas" significa: da quadrilha ou bando assim como das associações criminosas definidas em lei).

Características:

Pluralidade de agentes, planejamento empresarial, cadeia de comando, compartimentação, código de honra, controle territorial, estabilidade, fins lucrativos.

Maria das Graças Rua é doutora em Ciência Política pelo Instituto Universitário de Pesquisas do Rio de Janeiro (IUPERJ). Acredita que **o crime organizado se distingue pelas seguintes características:**

- Possui divisão de trabalho e ordenamento hierárquico;
- Orienta-se segundo uma lógica de empreendimento capitalista, rein-

166 Segurança é Prevenção

vestindo seus ganhos tanto em atividades criminosas como em negócios lícitos – daí a importância da **"lavagem de dinheiro"**;

· Constitui-se como rede de relações que se estendem além do espaço local, e até das fronteiras de um país – e por isso é chamado **"crime sem fronteiras"**;

· Captura, controla e utiliza para seus fins, setores do próprio Estado, o que torna errôneo considerá-lo **"um Estado paralelo"** ou **"um Estado dentro do Estado"**.

Delinqüência Organizada Transnacional

A doutora. Maria das Graças Rua diz ainda que "a natureza transnacional do crime organizado aponta para a necessidade de regimes internacionais, que estimulem e viabilizem a cooperação entre entidades judiciais e agências policiais dos diversos países. Além disso, mostra a necessidade de cooperação entre as distintas instâncias de governo e entre diferentes entidades judiciais e agências policiais do próprio país. Para tanto, é indispensável superar disputas interburocráticas, e, em seguida, vencer o vácuo da informação".

A doutora em Ciência Política pelo Instituto Universitário de Pesquisas do Rio de Janeiro faz uma observação da maior importância: diz que "no Brasil, algumas das grandes dificuldades no combate ao crime organizado são exatamente a desarticulação das polícias (federal, rodoviária federal, militares e civis), dos institutos de criminalística, das agências de fiscalização e ausência de sistemas integrados de informação, essenciais para o desenvolvimento de inteligência policial."

Associação Ilícita, controle de área e vantagem financeira.

É bom lembrar que o crime organizado não está somente ligado ao tráfico de armas e drogas. Uma de suas principais atividades em território nacional é o desvio de dinheiro público e, nesse caso, os que se juntam para fazê-lo são em geral aqueles que deveriam cuidar para que isso não acontecesse. O caso mais recente foi revelado pela Polícia Federal na chamada Operação Sanguessuga, que descobriu a venda de ambulâncias superfaturadas do Oiapoque ao Chuí...

Sofisticação

ADRIANO OLIVEIRA, doutorando em Ciência Política na Universidade Federal de Pernambuco, fez a seguinte pergunta numa página da internet **"Crime organizado: é possível definir?"** O próprio Doutor Adriano respondeu: "virou moda no Brasil falar em crime organizado. Os atores estatais envolvidos no combate à criminalidade definem como crime organizado qualquer bando ou quadrilha que tem uma ação criminal eficaz. Caso ocorra um assalto a banco e o lucro dos assaltantes seja considerado alto, as manchetes dos jornais dirão que foi uma ação do crime organizado. Os atentados a postos da Polícia Militar em São Paulo, em novembro de 2003, foram denominados como ações do crime organizado. O Comando Vermelho é taxado de organização criminosa, o PCC também. Fernandinho Beira-Mar, para muitos policiais, é um dos grandes líderes do crime organizado no Brasil. Mas, afinal, o que é crime organizado?

Quando o ex - Ministro da Justiça, Márcio Tomaz Bastos, ao criar, no âmbito do seu ministério, um órgão para o combate a lavagem de dinheiro, declarou ser necessária a definição de crime organizado. Corroboro com o ministro. A definição é importante uma vez que, no Brasil, os órgãos do Sistema de Justiça não sabem onde combater o crime organizado – embora pareçam evidentes os âmbitos da sua atuação. Além disso, o Ministério Público, por exemplo, não tem como enquadrar juridicamente os atos que porventura tenham sido praticados por organizações criminosas".

Potencial Ofensivo

O Dr. Adriano Oliveira diz que "a construção do conceito do que é crime organizado não é fácil. Aspectos econômicos e institucionais devem ser levados em consideração. Inicialmente, é de vital importância tentar descobrir quais são as características – que estão no âmbito econômico e institucional – que permitem que um grupo de indivíduos que pratica atos ilícitos possa ser classificado como organização criminosa. Dentre essas características devem ser observados o modus operandi dos atores na operacionalização dos atos criminosos, as estruturas de sustentação e ramificações do grupo, as divisões de funções no interior do grupo e o seu tempo de existência".

Alcance

Além disso, continua o Doutor Adriano Oliveira, "as organizações criminosas devem ser analisadas também por meio de suas dimensões de atuação. Ou seja, existem organizações que atuam apenas em nível local, sem conexão com outros grupos no âmbito nacional ou internacional. Por outro lado, existem organizações que são nacionais ou transnacionais, as quais criam uma cadeia de interação nas esferas local, nacional e internacional. Os poderes econômico e político devem ser analisados também por meio das dimensões".

Corrupção e Infiltração
O Doutor Adriano Oliveira diz: "para consolidar a minha definição de crime organizado, trago como exemplo algumas operações feitas pela Polícia Federal. Dentre estas destaco a Operação Anaconda, desenvolvida por agentes da Polícia Federal de Brasília, no estado de São Paulo. Após anos de trabalho, a Polícia Federal conseguiu prender oito pessoas, dentre estas um juiz federal, um policial e um delegado federal e uma auditora da Receita Federal. Os atores criminais presos pela operação atuavam na intermediação de venda de sentenças e soltura de criminosos – como contrabandistas e traficantes de drogas.

Dano Social, (desvio de dinheiro público)
Uma outra operação importante foi a Planador, que possibilitou a prisão de doleiros e 12 polícias federais em agosto de 2003. Os atores criminais estão sendo acusados de facilitar contrabando, falsificação de passaportes e lavagem de dinheiro – neste último, o dinheiro era proveniente da Previdência Social. A Polícia Federal deve ter encontrado dimensões diferenciadas – inclusive, é claro, variações de poder – em cada organização criminal investigada.

Intimidação e Ameaça
O Doutor Adriano Oliveira relembra alguns fatos e deixa uma interrogação no ar: "é importante trazer à tona as diversas operações policiais contra o Comando Vermelho no Rio de Janeiro – se é que ele existe". Dentre estas, destaco a Operação Mosaico, realizada pela Polícia Federal, na década de 90. Nesta operação foi tornado público que bicheiros estavam atrelados a traficantes de drogas dos morros cariocas. Além disso, muitos deputados federais e estaduais e vereadores recebiam apoio dos traficantes e bicheiros nas suas campanhas eleitorais. Em troca, o poder político, por meio (e isso

era um dos meios) de interferência nas forças policiais, protegia as ações dos traficantes.

CRIME ORGANIZADO
Modalidades:
- Assalto a banco
- Espionagem industrial
- Roubo de cargas
- Contrabando
- Falsificação de produtos
- Tráfico de drogas
- Lavagem de dinheiro
- Sonegação fiscal
- Seqüestro

Capítulo 19

Prevenção e Combate a Incêndio (PCI)

O mais perto da perfeição que uma pessoa chega é quando está preeenchendo um formulário de pedido de emprego"
Stanley J.Randall

OBJETIVOS DA DISCIPLINA:

1. Dotar o aluno de noções e técnicas básicas de prevenção e combate a incêndios de pequenas proporções, bem como capacitá-lo a adotar providências adequadas em caso de sinistros, principalmente para orientar a evacuação de prédios.

Carga horária: 06 horas-aula   **Avaliação:** VF (01 h/a)

UNIDADE 01
PREVENÇÃO DE INCÊNDIOS

O pessimista se queixa do vento, o otimista espera
que ele mude e o realista ajusta as velas
William George Ward

Estratégias de Ensino: aula expositiva dialogada com auxílio de recursos audiovisuais e exercício prático.
Recursos: 01 professor e caderno didático   **Carga Horária:** 03 h/a.

OBJETIVO DA INSTRUÇÃO
Dotar o aluno de noções e técnicas básicas de prevenção e combate a incêndios de pequenas proporções, bem como capacitá-lo a adotar providências adequadas em caso de sinistros, principalmente para orientar a evacuação de prédios.

PREVENÇÃO DE INCÊNDIOS

Considerações preliminares.
Um Profissional de Segurança Privada, principalmente quando faz parte da Brigada de Emergência e Combate a Incêndio, precisa redobrar sua atenção. Percepção é uma palavra chave, portanto, à menor possibilidade desse conflito/problema, as medidas preventivas devem ser adotadas imediatamente. Obviamente, sempre usando o "bom senso", ao perceber um princípio de incêndio, acione imediatamente o alarme e aja de acordo com o plano de evacuação. O Corpo de Bombeiros deve ser acionado imediatamente através do telefone 193.

Conceito de fogo e incêndio
• Incêndio é quando o fogo foge do controle do homem.
• No incêndio, o fogo transforma-se num agente com alto poder destrutivo, fora do controle do homem.

Triângulo do fogo/Tetraedro do fogo
Fogo – É uma reação química provocada pela união de três elementos essenciais:

Prevenção e Combate a Incêndio (PCI)

- Combustível
- Comburente
- Calor

O triângulo do fogo é uma forma didática, criada para melhor ilustrar a reação química da combustão onde cada ponta do triângulo representa um elemento participante desta reação.

De acordo com a revista eletrônica do curso de Geografia do Campus Avançado de Jataí-GO, para que o fogo possa expandir-se, é necessário co-existir simultaneamente quatro elementos do tetraedro do fogo, que são eles:

- Combustível;
- Comburente ou oxidante que reage com o primeiro;
- Energia de ativação, necessária para iniciar a reação entre ambos;
- Reação em cadeia que, uma vez iniciada, se propaga.

Considera-se este conceito, uma vez que haja a mistura entre o combustível e o comburente e que esta mistura receba certa energia para iniciar a reação.

Meios de Propagação

É importante que estejamos conscientes de que a possibilidade de um foco de incêndio extinguir ou evoluir para um grande incêndio depende, basicamente, dos seguintes fatores:

1. Quantidade, volume e espaçamento dos materiais combustíveis no local;
2. Tamanho e situação das fontes de combustão;
3. Área e locação das janelas;
4. Velocidade e direção do vento;
5. A forma e dimensão do local.

Formação de Incêndios e Sinistros Conexos
Classes de Incêndios

É importante entendermos que quase todos os materiais são combustíveis, no entanto, devido à diferença na sua composição, queimam de formas diferentes e exigem maneiras diversas de extinção do fogo. Assim, convencionou-se dividir os incêndios em quatro classes:

"A" – De superfície e profundidade planos: papéis, madeiras, fibras, lixo, etc.

"B" – De superfície: gasolina, óleos, querosene, graxa, tintas, gases, etc.

"C" – Equipamentos elétricos energizados.

"D" – Materiais pirofóricos: motores de carro.

Métodos Preventivos

Segurança, para nós que atuamos no segmento segurança privada é, simplesmente, prevenção. Vale ressaltar que as causas de um incêndio são as mais variadas, entre elas podemos citar: descargas elétricas, sobrecarga nas instalações elétricas dos edifícios, falhas humanas (por negligência, imprudência, imperícia ou mesmo irresponsabilidade), etc.

Como já comentamos anteriormente, é necessário que algumas medidas sejam tomadas para que possamos salvar vidas e bens patrimoniais, portanto:

• Não permita brincadeiras com fogo! Parece bobagem, mas uma simples "guimba" de cigarro mal apagado, jogada de forma negligente numa lixeira, pode causar um terrível desastre.

• Esteja sempre atento e oriente as pessoas para que apaguem o cigarro antes de deixá-lo em um cinzeiro ou jogá-lo em uma caixa de areia. A questão da conscientização é fundamental, educação é a palavra chave.

• Da mesma forma oriente as pessoas com relação aos palitos de fósforo. Habitue-se a cobrar e a orientar as pessoas para que apaguem os palitos de fósforo antes de jogá-los fora. Como sabemos, segurança é prevenção.

• Oriente com relação às placas de sinalização e não permita que as pessoas fumem em locais proibidos, mal ventilados ou ambientes sujeitos à alta concentração de vapores inflamáveis tais como vapores de colas e de materiais de limpeza.

• Procure sempre orientar as pessoas no sentido de não apoiar velas sobre caixas de fósforo tampouco sobre materiais combustíveis.

• Verifique a existência dos detectores de temperatura e fumaça, acionadores de pânico, placas de saída de emergência e sinais sonoros e visuais que devem ser distribuídos de acordo com as necessidades de cada ambiente.

Prevenção e Combate a Incêndio (PCI) 175

• Não permita que a casa de força, a casa de máquinas dos elevadores e a casa de bombas do prédio sejam utilizadas como depósito de materiais e objetos. São locais super importantes e bastante perigosos, que devem estar sempre desimpedidos.

• O uso de centrais de incêndio e detectores é fundamental para prevenir situações de pânico.

• Sabemos que uma das principais causas de incêndio é a sobrecarga na instalação elétrica. No caso de sobrecarga, ou seja, a corrente elétrica acima do que a fiação suporta, os fios sofrem superaquecimento. Neste caso, o risco de um incêndio é enorme. Por isso, oriente e aconselhe para que as pessoas não liguem mais de um aparelho por tomada, pois esta é uma das causas de sobrecarga na instalação elétrica.

• Esteja sempre atento às ligações provisórias. Devemos, como profissionais de segurança, orientar sempre. Não é necessário que sejamos eletricistas profissionais, basta bom senso e discernimento, não é mesmo? Portanto, tome sempre muito cuidado com as instalações elétricas. Fios descascados quando encostam um no outro, provocam curto-circuito.

• Quando, nas instalações elétricas, nos depararmos com problemas que vão além da nossa competência, devemos acionar um eletricista qualificado. Por exemplo:

- Disjuntores que desarmam constantemente;
- Freqüente queima de fusíveis;
- Aquecimento da fiação e/ou disjuntores;
- Quadros de distribuição com dispositivos de proteção antigos devem ser substituídos. O custo benefício é enorme;
- Fiações expostas. O risco é muito alto, a fiação deve estar sempre embutida em eletrodutos;
- Lâmpadas incandescentes instaladas próximas a materiais combustíveis, devem ser substituídas;
- Instalações e equipamentos elétricos devem possuir aterramento adequado.

ATENÇÃO – Toda a instalação elétrica tem que estar de acordo com a Norma Brasileira NBR 5410 da ABNT (Associação Brasileira de Normas Técnicas)

• Nós, como profissionais de segurança, devemos nos preocupar inclusive com a habilitação das pessoas que realizam consertos ou modificações nas instalações de gás. Devemos sempre checar os documentos que as habilitam, assim como as referências.

• É importante que estejamos atentos aos possíveis vazamentos nos botijões de gás, trocando-os imediatamente caso constatemos alguma irregularidade.

• Não devemos aceitar botijões que estiverem visualmente em péssimo estado.

• Para verificarmos possíveis vazamentos, devemos utilizar apenas água e sabão. Jamais devemos improvisar maneiras de eliminar vazamentos, como por exemplo, cera. É fundamental que os botijões estejam sempre em locais ventilados.

• Ao percebermos cheiro de gás, nunca devemos ligar ou desligar a luz, tampouco aparelhos elétricos. As pessoas devem ser afastadas do ambiente, imediatamente e o local deve ser ventilado. O registro de gás deve ser fechado para restringir o combustível e o risco de incêndio. Não há perigo de explosão do botijão ao fecharmos o registro. Se possível, devemos levar o botijão para um local aberto e ventilado.

• No caso de um incêndio com botijão de gás no local, se possível, usando logicamente o bom senso, devemos tentar retira-lo antes que o fogo possa atingí-lo. Em todas essas situações, devemos acionar o Corpo de Bombeiros – telefone 193.

• É importante que nos preocupemos em manter sempre desobstruídos os corredores, escadas e saídas de emergência. Devemos orientar as pessoas para que não coloquem vasos, latas ou sacos de lixo nesses locais. Não devemos permitir que as pessoas utilizem estes locais como depósito, mesmo que provisoriamente.

Prevenção e Combate a Incêndio (PCI)

Papel dos Bombeiros e das Brigadas de Incêndio.

• A Brigada de Emergência e Combate a Incêndio é uma equipe formada por profissionais bem treinados com conhecimento básico sobre prevenção de incêndio, evacuação de área, pronto socorro às vítimas de acidentes ou mal súbito devidamente dimensionada de acordo com as normas e diretrizes existentes na empresa, indústria, condomínios, estabelecimentos comerciais, financeiros, etc., e também de acordo com a população existente neste local ou edificação.

• Nas situações emergenciais, atua diretamente até a chegada do Corpo de Bombeiros. Em seguida, passa a auxiliá-los de acordo com a necessidade e solicitação dos mesmos.

• No dia-a-dia, cabe a esta equipe a vistoria periódica nos equipamentos de prevenção e combate a incêndios, assim como o treinamento de evacuação de área ou abandono de prédio pelos funcionários, moradores, usuários, clientes internos e externos.

• A relação das pessoas idosas, deficientes físicos e crianças, enfim, pessoas com dificuldade de locomoção permanente ou temporária deve ser atualizada constantemente, assim como as linhas de ação e os procedimentos necessários para a retirada dessas pessoas em situações emergenciais devem ser previamente definidos.

• A Brigada de Emergência e Combate a Incêndio deve garantir a saída dos ocupantes do prédio de acordo com o "Plano de Evacuação".

• É fundamental que a Equipe de Emergência verifique a existência de possíveis retardatários nos elevadores, salas e sanitários.

• O equilíbrio emocional é imprescindível; manter-se calmo e raciocinar nos momentos críticos e difíceis é importante para impedirmos o pânico.

• A equipe de emergência deve utilizar o sistema de alto falantes como facilitador na ajuda e orientação das pessoas.

178

Segurança é Prevenção

• É imprescindível a utilização de alarme de detecção de fumaça, pois esse equipamento, através do monitoramento dos sensores, possibilita a detecção do início de incêndio, e, no início, é bem mais fácil.

COMBATE A INCÊNDIO DE PEQUENAS PROPORÇÕES

É importante que tenhamos consciência de que a nossa função é preventiva. Combatemos princípios de incêndio. O pior doente é aquele que considera a saúde a sua enfermidade, portanto, é necessário reconhecermos as nossas limitações. Nós não temos a menor condição de combater um incêndio, não fomos treinados para tal e tampouco estamos preparados. Essa missão não é nossa, pertence ao Corpo de Bombeiros.

Métodos de extinção

Há três meios de extinguir o fogo:

1. Abafamento

Consiste em eliminar o comburente (oxigênio) da queima, fazendo com que ela enfraqueça até apagar-se. Se colocarmos uma vela acesa dentro de um recipiente de vidro e fecharmos, observaremos que, gradativamente, a chama vai enfraquecendo até extinguir-se por completo. Isto porque a chama consumiu todo o oxigênio existente naquele local. Extintores de CO_2 são eficazes para provocar o abafamento.

2. Retirada do Material (isolamento)

Há duas opções de ação na retirada de material:

a. Retirar o material que está queimando, a fim de evitar que o fogo se propague;

b. Retirar o material que está próximo ao fogo, efetuando um isolamento para que as chamas não tomem grandes proporções.

3. Resfriamento

O resfriamento consiste em tirar o calor do material. Para isso, usa-se um agente extintor que reduza a temperatura do material em chamas. O agente mais usado para combater incêndios por resfriamento é a água.

Prevenção e Combate a Incêndio (PCI)

Extintores de incêndios
Tipos

ÁGUA PRESSURIZADA
Classe "A" – Excelente eficiência.
Classe "D" – Poderá ser usada em último caso, caso não haja o PQS.

GÁS CARBÔNICO
Classe "B" – Boa eficiência.
Classe "C" – Ótima eficiência.

ESPUMA
Classe "B" – Ótima eficiência.

PÓ QUÍMICO SECO
Classe "B" – Ótima eficiência.
Classe "C" – Boa eficiência, contudo, pode causar danos em equipamentos.
Classe "D".

Extintor de água pressurizada
É indicado para aplicações em incêndio "CLASSE A".

Por ser condutor de eletricidade, a água e a espuma não podem ser utilizadas em incêndios de equipamentos elétricos energizados (ligados na tomada). A água e a espuma podem provocar curto-circuito.

O extintor de água pressurizada não é indicado para combate a incêndio em álcool ou similar. Nesse caso, o agente extintor indicado é o Pó Químico.

Extintores de Espuma
A espuma é um agente indicado para aplicação em incêndios "CLASSE A e CLASSE B". Os extintores têm prazo máximo de utilização de cinco anos, dentro da validade da carga e/ou do recipiente.

Instruções para uso do Extintor de Espuma
1. Leve o aparelho até o local do fogo;
2. Inverta a posição do extintor (FUNDO PARA CIMA);
3. Dirija o jato contra a base do fogo.
Obs: Se o jato de espuma não sair, revire-o uma ou duas vezes, para reativar a mistura.

Gás Carbônico

O gás carbônico, também conhecido como dióxido de carbono ou CO2, é mal condutor de eletricidade e, por isso, indicado em incêndios "CLASSE C". Cria ao redor do corpo em chamas uma atmosfera pobre em oxigênio, impedindo a continuação da combustão. É indicado também para combater incêndios da "CLASSE B", de pequenas proporções.

Instruções para o uso do Extintor de CO2

1. Retire o pino de segurança que trava o gatilho;

2. Aperte o gatilho e dirija o jato à base do fogo.

Pó Químico Seco (PQS)

O Extintor de Pó Químico Seco é recomendado para incêndio em líquidos inflamáveis ("CLASSE B"), inclusive aqueles que se queimam quando aquecidos acima de 120° C, e para incêndios em equipamentos elétricos ("CLASSE C").

O extintor de Pó Químico Seco pode ser pressurizável.

Instruções para uso do Extintor de Pó Químico Seco Pressurizável

1. Puxe a trava de segurança para trás ou gire o registro do cilindro (ou garrafa) para a esquerda, quando o extintor for de Pó Químico com pressão injetável;

2. Aperte o gatilho;

3. Dirija o jato contra a base do fogo procurando cobrir toda a área atingida com movimentação rápida.

Evacuação de locais

• A Brigada de Emergência e Combate a Incêndio, precisa raciocinar e agir com competência exatamente nesses momentos, quando, por instinto de sobrevivência, devido ao pânico, as pessoas perdem o controle emocional.

• As ordens que partem destes profissionais precisam ser claras, precisas e concisas.

• Apesar da sensação de desordem, devido ao descontrole emocional, é necessário que se mantenha a calma para que as orientações sejam ouvidas e cumpridas.

• As pessoas devem ser orientadas para que se encaminhem, sem correria, para a saída indicada e desçam, jamais subam, pela escada de emergência.

• É necessário que orientemos as pessoas para que não utilizem os elevadores.

Prevenção e Combate a Incêndio (PCI) 181

- Se porventura houver necessidade de atravessar uma região em chamas, devemos disponibilizar, orientar e usar toda a criatividade para que as pessoas envolvam o corpo com algum tecido molhado não-sintético.
- Este procedimento protegerá e evitará queimaduras, intoxicação e desidratação.
- É necessário que também orientemos com relação a proteção dos olhos e respiração, pois são extremamente sensíveis.
- Vale lembrar que a fumaça provocada pelo fogo é um inimigo cruel e nos atinge primeiro. Portanto devemos orientar de forma insistente para que usem máscara de proteção ou, no mínimo, uma toalha molhada no rosto.

Os sistemas de som e interfonia devem ser explorados ao máximo no plano de evacuação e devem ser verificados e mantidos em funcionamento de acordo com as recomendações do fabricante.

Sistemas e equipamentos de prevenção
Destinam-se a detectar o início do fogo e resfriá-lo.
Os tipos são:
- Detector de fumaça;
- Detector de temperatura;
- Detector de fogo;
- Chuveiro automático: redes de pequenos chuveiros no teto dos ambientes;
- Dilúvio: gera um nevoeiro d'água;
- Cortina d'água: rede de pequenos chuveiros afixados no teto, alinhados para, quando acionados, formar uma cortina d'água;
- Resfriamento: rede de pequenos chuveiros instalados ao redor e no topo de tanques de gás, petróleo, gasolina e álcool. Geralmente são usados em áreas industriais;
- Halon: a partir de posições tomadas pelo Ministério da Saúde, o Corpo de Bombeiros tem recomendado a não utilização desse sistema, uma vez que seu agente é composto de CFC, destruidor da camada de ozônio.

Um completo sistema contra fogo é baseado em detectores de temperatura e fumaça, acionadores de pânico, placas de saída de emergência e sinais sonoros e visuais que são distribuídos de acordo com as necessidades de cada ambiente.

ALARME DE INCÊNDIO

• Os alarmes de incêndio podem ser manuais ou automáticos.

• Os alarmes são acionados automaticamente pelos detectores de fumaça, de calor ou de temperatura.

• O alarme deve ser audível em todos os setores da área abrangida pelo sistema de segurança.

• Periodicamente precisamos testa-los, seguindo as instruções do fabricante.

O trabalho dos profissionais de segurança privada precisa ser em conjunto com as equipes da Brigada de Emergência e Combate a Incêndio, que precede à chegada do Corpo de Bombeiros. A população da edificação deve ser constantemente treinada para que possa enfrentar uma situação emergencial, seja adotando as medidas preventivas para evitar o incêndio, seja adotando as primeiras providências no sentido de controlar o incêndio, ou mesmo abandonando o edifício de maneira rápida, eficiente e eficaz.

Prevenção e Combate a Incêndio (PCI)

UNIDADE 02
EXERCÍCIOS PRÁTICOS

"Pouco se aprende com a vitória,...
Mas muito com a derrota."
Provérbio Japonês

Estratégias de Ensino: aula de exercício prático.
Recursos: 01 professor com equipamentos e cenário adequado.
Carga Horária: 03 h/a

> **OBJETIVO DA INSTRUÇÃO**
> **CAPACITAR** o aluno, através de exercícios simulados, a desempenhar técnicas de prevenção e combate a incêndios.

EXERCÍCIOS PRÁTICOS
• Exercícios simulados para desempenhar técnicas de prevenção e combate a incêndios
• Manuseio de extintores
• Exercícios práticos para prevenir e combater incêndios.

184　Segurança é Prevenção

UNIDADE 03
CONDUTA NA PRESTAÇÃO DE PRIMEIROS SOCORROS

"Quem estuda e não pratica o que aprendeu, é como
o homem que lavra e não semeia"
Provérbio Árabe

Estratégias de Ensino: aula expositiva dialogada com auxílio de recursos audiovisuais e exercício prático.
Recursos: 01 professor e caderno didático　　**Carga Horária:** 06 h/a.

OBJETIVO DA INSTRUÇÃO
CAPACITAR o aluno a prestar assistência inicial em caso de emergência, através de assimilação de conhecimento de primeiros socorros

---

ANÁLISE PRIMÁRIA E SECUNDÁRIA DA VÍTIMA
Primeiros socorros são as linhas de ação que, no caso de vítimas de acidentes ou mal súbito, se aplicadas imediatamente, poderão evitar o agravamento do quadro e as suas respectivas complicações, evitando inclusive a morte por asfixia, hemorragia ou choque. Até que possa receber assistência de um médico, perito no assunto, os preciosos momentos pelos quais passam pessoas gravemente traumatizadas, queimadas, em estado de choque ou qualquer outra emergência de saúde, são decisivos. Nesses momentos, o profissional de segurança, consciente de que não é um médico, mas talvez o único em condições psicológicas de prestar o atendimento inicial, deve usar todo o conhecimento adquirido na sua formação e com iniciativa, bom senso e discernimento, deverá proporcionar todos os cuidados básicos à vítima, com o máximo de velocidade, eficiência e eficácia.

CONDUTA NA PRESTAÇÃO DE PRIMEIROS SOCORROS
Raciocinar e agir com competência nos momentos mais críticos, nos momentos mais difíceis está dentro das principais características de um profissional de segurança privada. É importante que, com equilíbrio emocional, iniciemos o socorro com a avaliação das condições de segurança do local

Prevenção e Combate a Incêndio (PCI)   185

do acidente. Isso feito, para que sejamos eficientes e eficazes na prestação do primeiro socorro, é necessário que façamos uma rápida avaliação do acidentado. Em primeiro lugar, verificamos se o mesmo está totalmente consciente. Em segundo se o acidentado está inconsciente, mas respirando. Em terceiro, se o acidentado não está respirando, mas se tem pulso; e, finalmente, se não tem pulso. É também fundamental que tenhamos em mente as principais medidas que devem ser adotadas no caso de vítimas de acidentes ou mal súbito. Entre as primeiras medidas destacaremos as quatro mais importantes: 1- Remoção do acidentado; 2- Posição correta; 3-Respiração; 4-Identificação das lesões.

TRANSPORTE DE FERIDOS
Remoção do acidentado
É importante frisar que só devemos remover o acidentado se este estiver correndo risco de morte, se a remoção for imprescindível para a realização da reanimação cardiopulmonar ou, ainda, se houver uma hemorragia grave e o socorro de emergência demorar a chegar. Acidentados em estado grave, ou com alguma suspeita fundamentada devem ser removidos por profissionais habilitados. Entretanto, com bastante freqüência e, muitas vezes de forma improvisada, por necessidade, por falta de meios ou mesmo por falta de opção, as vítimas de acidentes são transportadas por leigos. Neste caso, todo o cuidado para não complicar o quadro já existente deve ser tomado. Portanto, em primeiro lugar, mantenha a calma. Nos acidentes de trânsito, quando o acidentado estiver preso às ferragens de um veículo, ou nos desabamentos, sob escombros, é importantíssimo que acionemos o Corpo de Bombeiros (193) no mais curto espaço de tempo, embora, como profissionais de segurança que somos, devamos avaliar as condições de segurança do local do acidente, para que não haja desdobramento dos riscos. Enquanto aguardamos, devemos nos preocupar em facilitar sua respiração, estancar possíveis hemorragias e tranqüilizá-lo trabalhando o seu lado psicológico, dando-lhe o máximo de conforto possível. O socorrista deve ser proativo, ou seja, deve fazer com que as coisas aconteçam, enfim, deve fazer tudo o que estiver ao seu alcance, mas nunca deve ultrapassar os limites do seu conhecimento. No caso dos acidentados, vítimas de incêndio, aspiração de fumaça, etc., a remoção deve ser imediata, pois apesar do risco existente no transporte, é fundamental para evitar a sua morte.

186 Segurança é Prevenção

Posição correta

Quando o acidentado estiver consciente, a posição ideal é o decúbito dorsal, ou seja, abdômen para cima e o corpo estendido no sentido horizontal. Nas lesões de tórax, de membros superiores e face é permitido que fiquem sentados, ou com a cabeça elevada, desde que não sofram desmaios. Vale ressaltar que a posição sentada, devido à ação da gravidade, favorece o desmaio e o choque. Quando o acidentado apresentar fraturas na mandíbula, nos ossos da face ou lesões na boca, é aconselhável que o coloquemos em decúbito ventral, ou seja, de bruços.

Quando o acidentado estiver inconsciente, mas sob controle, enquanto aguarda o socorro médico, devemos colocá-lo numa posição tecnicamente correta e confortável denominada posição de repouso ou recuperação. A posição permite a saída de qualquer líquido que, de alguma forma, venha a prejudicar sua respiração, reduzindo a possibilidade do acidentado aspirá-lo para os pulmões. Antes, porém, devemos afrouxar suas roupas e cintos, retirando óculos, próteses, relógio, cordões e qualquer outro objeto que possa causar desconforto.

Estando o acidentado em decúbito dorsal (deitado de costas), esticaremos bem as suas pernas e inclinaremos sua cabeça para trás, erguendo, conseqüentemente, o seu queixo para cima. Como o objetivo é colocá-lo em decúbito lateral, devemos primeiro escolher o lado e nos posicionarmos, feito isto, dobraremos o braço correspondente ao lado escolhido, formando um ângulo reto, com a palma da mão voltada para cima. O outro braço do acidentado deverá ser colocado flexionado sobre o peito, com a palma da mão espalmada na lateral da sua face oposta. A mão do acidentado deverá ser mantida nesta posição pelo socorrista que, com a outra mão, empunhará com firmeza a coxa do acidentado (coxa oposta ao socorrista). Deverá puxá-la com decisão, de uma só vez, para o seu lado com apenas um movimento. A perna que está por cima deverá ser flexionada com o objetivo de dar conforto e equilíbrio ao acidentado. A face do acidentado estará apoiada sobre a sua própria mão, portanto, acomode-a, preocupando-se com a inclinação da cabeça para trás, para facilitar a entrada de ar. Enquanto aguardamos o socorro médico, é necessário que estejamos atentos à respiração e a pulsação, para agirmos prontamente, caso haja alguma necessidade.

Respiração

É importantíssimo observarmos a respiração do acidentado, principalmente quando estiver inconsciente. Primeiro, aproxime bem o rosto da boca do acidentado, e durante cinco segundos, observe o tórax e tente ouvir e sentir a respiração. Para verificar a pulsação, o melhor método é no pescoço (artérias carótidas). Para isso coloque dois dedos no pomo de Adão e deslize-os para trás, levemente contornando a laringe até encontrar uma cavidade, pressione durante cinco segundos. No caso de uma parada respiratória ou cardiorespiratória, precisamos proceder com a máxima urgência, a RCP (Reanimação Cardiopulmonar), manobra que alterna a respiração artificial com a compressão cardíaca. Vale lembrar que o risco de morte por asfixia é enorme, assim, todo o cuidado é pouco. A sensibilidade do socorrista para perceber possíveis problemas respiratórios é de suma importância para o êxito do socorro prestado a vítima. Respiração difícil, forçada, barulhenta ou mesmo imperceptível deve levantar uma imediata suspeita de problemas respiratórios. Evidentemente, como vimos anteriormente, as "posições corretas" ajudarão sensivelmente, no caso de uma obstrução respiratória, portanto, devemos limpar a boca do acidentado, deixando-a livre de qualquer coisa que possa prejudicar sua respiração, tais como sangue, vômito e secreções diversas. É claro que alguns cuidados precisam ser tomados para que consigamos efetuar uma boa limpeza. Entre o maxilar e a mandíbula devemos colocar um objeto firme e macio, de forma que consigamos eliminar tudo que esteja comprometendo a respiração do acidentado. Após a limpeza e desobstrução das vias aéreas, com todo o cuidado, devemos posicionar a cabeça do acidentado um pouco para trás, de forma que a respiração seja facilitada devido a própria anatomia.

Identificação das lesões

As lesões mais importantes que podemos detectar através dos sinais e sintomas apresentados pelo acidentado, e que podem causar a sua morte são: as fraturas de crânio e coluna vertebral, pois podem comprometer o sistema nervoso central, os ferimentos com hemorragia, a asfixia, a anemia aguda e o estado de choque. Portanto, devemos identificá-las o quanto antes para que tenhamos mais chances de êxito na prestação dos primeiros socorros. É fundamental que o socorrista sempre suspeite de lesão de medula espinhal ou fratura de coluna vertebral, assim, quando o acidentado estiver inconsciente e, principalmente, quando apresentar sangramento pelo ouvido ou nariz, deverá ser tratado como se de fato estivesse com a

188 Segurança é Prevenção

referida lesão, quando o acidentado relata paralisia ou dormência nos membros inferiores, os procedimentos devem seguir os mesmos critérios. No caso de ferimentos com hemorragia, é fácil identificarmos, pois as próprias vestes nos ajudam em razão das manchas de sangue. Simplesmente rasgamos o tecido próximo ao local manchado para localizarmos o ferimento. No caso da asfixia, podemos identificá-la rapidamente pela cianose pois, devido à falta de oxigênio, a face e os lábios do acidentado ficam roxos e, conseqüentemente, a inconsciência logo se instala. É importante fazermos perguntas para verificar o grau de consciência do acidentado. Observamos "quadro de asfixia", com bastante freqüência, nos traumatismos de crânio, face, tórax e também nas queimaduras generalizadas. O choque e a anemia aguda apresentam quadros bastante semelhantes: o acidentado, normalmente ansioso e pálido, relata sentir muita sede, não consegue enxergar corretamente e seu pulso é fraco; relata também falta de ar e seu suor é frio e intenso. É importante que tenhamos consciência que estas lesões podem causar a morte do acidentado, entretanto, existem outras lesões que não causam morte imediata, mas podem ter graves conseqüências para o acidentado se não forem atendidas corretamente num primeiro momento.

ACIDENTES TRAUMÁTICOS E HEMORRÁGICOS

As fraturas de membros superiores e inferiores são evidenciadas pela deformação local, dificuldade de movimentos e dor ao menor toque. No caso de luxação, o acidentado fica incapacitado de executar qualquer movimento com o membro luxado pois a articulação encontra-se deformada e a dor é intensa, devido ao rompimento dos ligamentos, vasos, cápsula articular, etc. No caso de entorse, o acidentado apresenta bastante dificuldade para movimentar a articulação comprometida pois, apesar de não ser tão grave como a luxação, o edema é grande e o quadro álgico é intenso.

Descrição das lesões e medidas de emergência

As lesões podem ser produzidas, basicamente, por quatro agentes causadores, a saber: mecânico, físico, químico e biológico. Os traumatismos causados por cada agente possuem características próprias: mecânico (PAF – projétil de armas de fogo, martelo, faca, etc.), físico (eletricidade, calor, irradiação atômica), químico (ácidos, solventes, cloro, soda cáustica, etc.) ou, ainda, biológico (picada de animal venenoso, ingestão de planta tóxica).

Contusão

É o traumatismo produzido por uma lesão dolorosa, mas sem ruptura da pele, do tipo mancha escura (equimose) ou inchação (hematoma).

Medidas de emergência

Normalmente nas primeiras 24 ou 72 horas, dependendo da contusão, devemos aplicar gêlo; após este período, iniciamos um tratamento com calor. O repouso durante o tratamento é fundamental. Logicamente, o médico definirá as linhas de ação que deverão ser tomadas pelo acidentado.

Tipos de ferimentos

Abrasão – A pele é raspada numa superfície áspera.

Incisão – Ferimento na pele por material cortante.

Laceração – Ruptura irregular da pele, geralmente levantando-a ou arrancando pedaços.

Perfuração – Ferimentos causados por pregos, facas, agulhas, etc.

PAF – Ferimentos por Projétil de Armas de Fogo.

Ferida

É o traumatismo produzido por uma lesão com ruptura da pele. As feridas superficiais são as escoriações ou arranhões que afetam apenas a epiderme. As feridas profundas são aquelas que provocam hemorragia, às vezes mortal, quando o coração ou outro órgão importante é atingido. Existem ainda as feridas punctiformes (produzidas por prego), as feridas lineares (navalha) ou feridas irregulares (ferida do couro cabeludo, por queda).

Medidas de emergência

Todo e qualquer ferimento deve ser tratado com o máximo de atenção, pois, certamente, pode funcionar como uma porta de entrada para infecções. A contaminação através dos ferimentos pode ocorrer mais facilmente do que nós imaginamos. Pequenos corpos estranhos (espinhos, farpas de madeira, etc.) servem de veículo para infecções, inclusive o tétano. Os ferimentos mais susceptíveis as infecções e ao tétano são aqueles sujos de terra, fragmentos de roupa, etc., que devem ser lavados com água fervida se o socorro médico demorar. Pequenos ferimentos nos dedos, ou na mão, podem acarretar paralisia definitiva pois os nervos e os tendões são bastante superficiais. Se nos depararmos com um ferimento onde um corpo estranho, do tipo faca ou haste metálica, esteja cravado profundamente, é preferível não retirá-lo, pois poderemos causar a morte da vítima provocando uma grave hemorragia. Quando o corpo estranho estiver prejudicando a respiração, como no caso dos traumatismos da boca e nariz, devemos removê-lo. O uso do bom

190   Segurança é Prevenção

senso e do discernimento é fundamental para que tenhamos sucesso na prestação do socorro. Ferimentos profundos no tórax são sempre bastante graves, pois os pulmões ficam comprometidos, principalmente se o ferimento atingir suas membranas (pleuras). O ar penetra através do ferimento, causando um colapso do pulmão (pneumotórax). Enquanto aguardamos o socorro médico devemos, primeiro, tampar o ferimento com as mãos, imediatamente. Feito isto, o acidentado deverá ser colocado numa posição confortável, levemente inclinado para o lado do ferimento, para um melhor funcionamento do pulmão. O ferimento deverá ser coberto com uma gaze ou um pano bem limpo. Devemos, então, envolvê-lo com filmes plásticos. No caso dos ferimentos no abdômen, com hemorragia e exposição de órgãos internos, a situação é realmente muito grave, entretanto o mais comum são os ferimentos com sangramento interno, mais complicado de avaliarmos. Enquanto aguardamos o socorro, devemos manter o acidentado com os membros inferiores flexionados, em seguida colocamos uma gaze ou um pano bem limpo sobre o ferimento, prendendo-o bem com esparadrapo. Caso haja exposição de órgãos, não devemos tocá-los. Os órgãos devem ser cobertos por um filme plástico (de cozinha), ou mesmo por uma gaze esterilizada, molhada com soro fisiológico, com o objetivo de impedir que sequem. Se porventura o acidentado tossir, devemos pressionar o local do ferimento com firmeza, com o objetivo de impedir que os órgãos sejam expulsos para fora do abdômen. Devemos prevenir o choque, adotando as medidas preventivas.

Feridas venenosas

Picadas de escorpião, lacraia, certas espécies de aranha, mordedura de cobras, setas envenenadas, etc. provocam graves lesões devido à inoculação de veneno nos tecidos, causando sérias reações inflamatórias no local ou envenenamento, que podem causar inclusive a morte do indivíduo.

Medidas de emergência

No caso das feridas venenosas de membros superiores e inferiores, o tratamento resume-se na colocação de um garrote ou torniquete acima da lesão, extrair o veneno por sucção e, se houver condições, retirar o ferrão (no caso de inseto), aplicar soro antivenenoso, quando indicado, soltar o garrote aos poucos e fazer um curativo local com anti-séptico e gaze esterilizada. Encaminhar a vítima o quanto antes aos cuidados de um profissional especializado.

Prevenção e Combate a Incêndio (PCI)

Esmagamento
É comum, nos acidentes que envolvem veículos e nos desmoronamentos, depararmos com lesões gravíssimas denominadas esmagamento. O membro atingido pode, inclusive, se separar do corpo (amputação) ou mesmo sofrer uma trituração, levando o acidentado a um quadro de choque em razão de uma hemorragia com fratura exposta. É também bastante comum, nos depararmos com pequenos esmagamentos, nesses casos apenas os dedos, os pés e as mãos são afetados, assim a resposta orgânica do acidentado é menos complicada.

Medidas de emergência
O socorrista deve fazer a hemostasia (conter a hemorragia), evitando assim a anemia aguda e, conseqüentemente, o choque. Não podemos esquecer que o acidentado estará sujeito às infecções, sejam elas gangrenosas ou tetânicas.

Estado de Choque
Quando existir uma falha no funcionamento do sistema circulatório que, certamente, afetará a distribuição do sangue oxigenado ou, quando em razão de uma hemorragia ou uma diarréia grave, houver uma perda no volume do fluido que circula no organismo, poderemos nos deparar com um estado de choque. É evidente, também, que após um grave traumatismo, com hemorragia acentuada, queimadura generalizada, o estado psicológico do acidentado seja abalado, o que poderá levá-lo a um estado depressivo que denominamos estado de choque. O estado de choque pode ser diagnosticado através dos seguintes sinais e sintomas: 1- Face pálida, lábios cianóticos (arroxeados) ou descorados, normalmente estes sinais são freqüentes nos casos de hemorragia. 2- Sudorese, suor frio e viscoso na face e no tronco. 3- Tremores de extremidade, pele fria, principalmente nas extremidades dos membros superiores e inferiores (mãos e pés). 4- Debilidade generalizada, prostração acentuada e voz fraca. 5- Dispnéia, disfunção respiratória (falta de ar) respiração rápida e ansiedade. 6- taquicardia, pulso fraco e rápido. 7- Sede, principalmente se houver hemorragia. 8- Consciência presente, embora debilitada em razão do estado emocional.

Medidas de emergência
É fundamental que o acidentado seja aquecido. Para isso devemos usar cobertores, roupas secas e, logicamente, remover toda e qualquer peça

192   Segurança é Prevenção

que porventura esteja molhada para não provocarmos o resfriamento do acidentado. Caso esteja consciente e sem vômitos, se tivermos condições, poderemos oferecer-lhe chá ou café quente, devemos simultaneamente trabalhar o seu lado psicológico, deixando-o tranqüilo, calmo e consciente de que o socorro médico está a caminho, convencendo-o sempre a ficar imóvel. Mesmo no caso dos queimados, observa-se um resfriamento das extremidades do paciente, o que leva à necessidade de aquecê-lo. O aquecimento do acidentado, no entanto, não deve provocar sudorese.

Hemorragia

Quando a perda sangüínea, em razão de uma hemorragia, através de um ferimento ou pelos orifícios naturais (como as narinas) ultrapassar 500g no adulto, teremos grandes chances de nos depararmos com um quadro de anemia aguda, cujos sinais e sintomas se assemelham aos do choque: face pálida, relato de sede pelo acidentado, visão embaçada e escura, pulso fraco, lábios cianóticos, dispnéia, falta de ar e desmaios. A hemorragia venosa caracteriza-se pelo sangue escuro, que brota lentamente, mas de forma contínua. A hemorragia arterial caracteriza-se pelo sangue vermelho vivo, expulso em jatos fortes e de forma intermitente.

Medidas de emergência

Enquanto encaminhamos o acidentado para o hospital ou aguardamos o atendimento médico de emergência, devemos pressionar o ferimento, com um pano bem limpo, por aproximadamente 10 (dez) minutos, tempo aproximado para a formação do coágulo. Se for possível devemos manter o membro ferido acima da altura do coração. É importante lembrar que se o sangue ensopar o pano, não devemos retirá-lo, mas sim colocar um outro pano por cima e continuar a pressão. Caso não haja pano, devemos fazer a pressão com as mãos sobre o ferimento, se não for possível, devemos apertar dos lados, fechando-os com os dedos. Se, ainda assim, não conseguirmos estancar a hemorragia, devemos fazer uma pressão indireta (pressão nas artérias). O famoso, mas antigo e "ultrapassado" processo do garrote/torniquete deve ser evitado, contudo, após todas as tentativas se, de todas as formas, não conseguirmos estancar a hemorragia, sabedores que segurança é prevenção, utilizaremos o "ultrapassado" processo em questão, que consiste em envolvermos um cinto, gravata ou algo parecido a aproximadamente quatro dedos acima do ferimento e, com o auxílio de uma alavanca, pressionaremos gradativamente o local próximo ao ferimento, até que haja

Prevenção e Combate a Incêndio (PCI) 193

a hemostasia. Todo o cuidado deve ser tomado, pois se exagerarmos no aperto, poderemos causar sérios danos aos nervos e até mesmo, gangrena. Iniciativa, bom senso e discernimento são as principais características de um profissional de segurança privada e devem ser utilizadas, principalmente nos momentos mais críticos. Na hemorragia pelas narinas, basta comprimir com o dedo, externamente, a asa do nariz.

Queimadura

Queimaduras são lesões produzidas pelo calor, sobre a superfície do corpo. A queimadura pode ser localizada ou generalizada, depende apenas do grau de extensão. As queimaduras estão entre os acidentes que ocorrem com maior freqüência e que também causam as mais graves lesões. Mesmo quando superficiais, podem acarretar complicações se a área atingida for muito extensa. A queimadura também é classificada de acordo com a profundidade, assim, temos as queimaduras de primeiro, segundo e terceiro graus. Quando as queimaduras atingem trinta por cento da superfície do corpo, principalmente do tronco, com agravante nas crianças, fica-se sujeito ao choque e mesmo à morte. As queimaduras de primeiro grau, também chamadas de eritema, são as mais simples. São aquelas queimaduras leves e superficiais, que alcançam somente a epiderme. São aquelas lesões produzida pelo calor que deixam a pele vermelha e ardida. Um bom exemplo são as lesões produzidas pelo sol, quando ficamos expostos sem protetor solar. As queimaduras de segundo grau, também chamadas flictena, não são tão simples, pois formam bolhas que podem infeccionar. São as que alcançam toda a epiderme e, parcialmente, a derme, costumam ser dolorosas e causam sempre preocupação devido à possibilidade de infecção quando as mesmas se rompem. Nas queimaduras de terceiro grau, ou escara, observamos a destruição da pele e tecidos subjacentes. A lesão transforma-se aos poucos numa ulceração sangrante e, depois, em grande cicatriz. O tratamento local da queimadura grave é menos importante que prevenir complicações que podem ser fatais, entre elas o choque e as infecções generalizadas.

Medidas de emergência

Como já vimos anteriormente, acionar a ambulância, pedir socorro aos profissionais especializados através do 193, é a medida mais importante, entretanto, enquanto aguarda o socorro médico, prevenir o choque deve ser realmente a maior preocupação por parte do socorrista, principalmente se a queimadura for generalizada. Sabemos que segurança é prevenção, por-

194   Segurança é Prevenção

tanto deve-se considerar a hipótese de choque antes mesmo que se instale, assim, todas as medidas preventivas devem ser adotadas imediatamente, tais como: deixá-lo em repouso absoluto, tranqüiliza-lo durante todo o atendimento, protegê-lo contra o resfriamento, aquecendo-o, fazer com que ingira bebidas quentes, etc. Inicialmente, deve-se procurar aliviar o quadro álgico, fazer a reposição dos líquidos perdidos e evitar infecções. Vale ressaltar que, mesmo que afastemos a fonte causadora da queimadura, o calor residual continua provocando lesões, assim, com o objetivo de eliminar completamente esse calor, a área comprometida deve ser esfriada com água numa temperatura inferior a da pele, o que também alivia a dor. Quando observarmos na superfície queimada, resíduos de terra, fragmentos de tecido, madeira, etc,. carbonizados, devemos fazer uma assepsia local. Nesse caso, emprega-se sabão líquido e água ou soro fisiológico mornos. É importante que tenhamos sempre em mente que os produtos anti-sépticos não devem ser usados, pois agravam a destruição dos tecidos, mesmo quando associados a substâncias anestésicas. Quando a área da queimadura for reduzida, devemos cobri-la com um tecido suave e neutro, como gaze. Se, ao contrário, for extensa, o melhor é deixá-la ao ar livre. A crença popular é um fato, o povo sempre tem uma receita caseira. O emprego local de substâncias popularmente tidas como eficazes para tratar queimaduras, como: rodelas de cebola, casca de batata, fuligem, pó de café etc. deve ser evitado, por aumentar a possibilidade de contaminação das lesões e facilitar as infecções.

Entorse.
É uma lesão decorrente de um movimento incorreto e brusco, muitas vezes exagerado, de uma articulação, como, por exemplo, uma torção forte no tornozelo. As entorses são mais simples e não devem ser confundidas com a luxação, em que a extremidade do osso se afasta de seu lugar. É uma lesão muito dolorosa mas, de certa forma, simples, que resulta num edema da articulação, impossibilitando o movimento.

Medidas de emergência
A utilização de gelo nas primeiras 72 horas e a imobilização da articulação devem ser os primeiros socorros, entretanto, cabe ao médico ortopedista o diagnóstico.

Luxação.
O deslocamento permanente de uma extremidade óssea que forma a ar-

Prevenção e Combate a Incêndio (PCI)

ticulação, ou melhor, o desencaixe do osso da sua articulação, denomina-se luxação. O acidentado fica incapacitado de executar qualquer movimento com o membro luxado, pois a articulação encontra-se deformada e a dor é intensa devido ao rompimento dos ligamentos, vasos, cápsula articular, etc. Em certos casos, a luxação se repete a um simples movimento (luxação reincidente). As luxações reincidentes mais comuns são as da mandíbula e do ombro.

Medidas de emergência

O primeiro socorro consiste na imobilização da parte afetada e encaminhamento imediato aos profissionais competentes (ortopedistas). Normalmente a indicação é cirúrgica.

Fratura.

A ruptura súbita e violenta de um osso denomina-se fratura entretanto, no nosso caso, por sermos apenas profissionais de segurança e, neste caso, apenas socorrista, fica muito difícil afirmarmos um diagnóstico. As luxações, as entorses, as distensões ou contusões podem ser facilmente confundidas com a fratura. Como causas de fraturas citam-se, principalmente, as quedas e os atropelamentos. As pessoas idosas, normalmente, apresentam ossos mais frágeis devido à osteoporose e, no caso de fratura, é sempre preocupante. No caso das crianças e adolescentes, com ossos ainda em formação, observamos normalmente as fraturas do tipo "galho verde" simples e de menor gravidade. As fraturas se localizam principalmente nos seguintes pontos: (1) membros superiores e inferiores, tanto mais graves quanto mais próximas do tronco, (2) bacia, em geral grave, acompanhada de choque, com possíveis lesões da bexiga e do reto, com hemorragia interna, (3) crânio, fratura das mais graves por afetar o encéfalo, protegido pela calota craniana, e produzir eventualmente lesões cerebrais, responsáveis pelo choque, paralisia dos membros, coma e morte do paciente. A fratura de crânio é freqüente nos casos de acidentes automobilísticos. (4) coluna, fraturas que ocorrem, em geral, nas quedas, atropelamentos e nos mergulhos em local raso. As fraturas podem ser: Simples, quando há quebra ou trinca no osso por ação direta sem lesão externa. Exposta, quando o osso fraturado fica exposto. Cominutiva, quando há vários fragmentos ósseos na fratura. Fratura em galho verde, quando os ossos trincam, mas não se separam por serem flexíveis, por estarem num processo de formação.

Medidas de emergência

Com exceção das fraturas expostas, apenas o exame de raios-X pode determinar, com precisão, se houve fratura ou não, assim, se houver dúvida, devemos proceder como se existisse. Fraturas ou lesões podem ser agravadas quando não atentamos para esta observação e, caso haja uma fratura na coluna vertebral, as conseqüências podem ser desastrosas. Na prestação dos primeiros socorros, devemos sempre desconfiar de lesão na coluna vertebral, neste caso o prognóstico é mais grave quando o acidentado relata não sentir ou ter dormência nos membros inferiores. No caso das lesões de coluna cervical, fraturas de pescoço, quase sempre são fatais. Segurança é prevenção, assim, é necessário que tenhamos um cuidado especial no sentido de não praticar manobras que possam agravar as lesões de medula. A não ser que o acidentado esteja correndo risco de morte, não devemos removê-lo antes que o membro fraturado seja imobilizado. No caso de fratura nos membros superiores, devemos prender o braço no peito com a ajuda de uma tipóia, no caso de fratura de membros inferiores, devemos prender a perna fraturada na outra perna, utilizando tiras de tecido, enfaixando bem as juntas sem, contudo prejudicar a circulação. Se o acidentado estiver inconsciente, devemos iniciar o primeiro socorro pelo aparelho respiratório pois, caso haja uma obstrução das vias aéreas, o acidentado poderá morrer por asfixia. Devemos colocar a cabeça do acidentado para o lado e limpar sua boca com o dedo protegido por um lenço, observando e controlando sua respiração.

Desmaio

Também chamado lipotimia, delíquio ou síncope, ou seja, perda súbita e passageira da consciência, com suspensão aparente das funções vitais respiratórias e circulatórias. É a perda brusca da consciência por um período bastante curtoF:\Configurações locais\Temp\51159. Ocorre quando, por algum motivo, a pressão sangüínea cai e, conseqüentemente, o oxigênio chega aos centros encefálicos em quantidade insuficiente. Na maioria das vezes, o desmaio ocorre quando o indivíduo está de pé e, devido à falta de oxigênio, por um mecanismo de defesa do próprio corpo, ele cai.

Medidas de emergência

Como medida preventiva, o indivíduo com queixa de tonteira, enjôo, visão turva, palidez, sudorese e bocejos repetidos deve ser colocado numa posição confortável, de preferência deitado, para que possa recuperar-se. Os membros inferiores devem ficar um pouco mais elevados para facilitar a oxigenação cerebral.

Prevenção e Combate a Incêndio (PCI)

Convulsões.

Quando, de forma involuntária e violenta, os músculos se contraem, definimos como crise convulsiva. As crises acompanhadas de perda da consciência correspondem às epilépticas. Durante a crise os músculos apresentam contrações espasmódicas, que duram pouco tempo.

Medidas de emergência

O socorro consiste em evitar que o indivíduo se machuque no decorrer da crise espasmódica, afastando todos os objetos que, de alguma forma, podem oferecer risco. É importante que o protejamos durante a crise, entretanto não devemos tentar contê-lo, pois as contrações são involuntárias. Tomando todo o cuidado para não ser mordido, o socorrista deve colocar um objeto firme e macio entre as arcadas dentárias do paciente, para evitar que morda a língua. A crise é de curta duração portanto, assim que cessar, devemos colocar sua cabeça numa posição de drenagem, virada para um dos lados, para que o mesmo não seja asfixiado pelo próprio vômito. Depois de prestado o primeiro socorro, encaminhá-lo aos cuidados médicos.

Ataque cardíaco.

Na maioria das vezes as crises cardíacas começam com dor intensa ou sensação de compressão no tórax, uma espécie de aperto no peito, especialmente atrás do esterno. A dor pode propagar-se para o braço esquerdo, ou ambos os braços. Outros sinais e sintomas que caracterizam o infarto do miocárdio são: dificuldade na respiração, sensação de angustia, enjôo e sudorese.

Medidas de emergência

Segurança é prevenção, assim, devemos solicitar imediatamente uma ambulância, não deixando de informar o quadro suspeito de crise cardíaca. A vítima deve ser colocada numa posição confortável, completamente imóvel e o socorrista deverá mantê-la informada de que o socorro está a caminho, deixando-a o mais tranqüila possível.

Choques elétricos

Choques elétricos, assim como as descargas atmosféricas, ocasionam mortes, motivo pelo qual é sempre bom estar alerta para as precauções que se deve tomar, no manuseio de aparelhos elétricos e no atendimento a acidentados.

Medidas de emergência

De um modo geral, o choque elétrico não mata instantaneamente. Mesmo que a respiração tenha sido interrompida, a vida do acidentado pode ser salva, se forem tomadas as medidas certas de atendimento e sem perda de tempo.

Observe as seguintes regras básicas:
- Desligar a rede elétrica, quando possível, ou afastar o acidentado da fiação energizada;
- Não tocar no acidentado com as mãos desprotegidas;, proteja-se com material seco e isolante (toalhas, sacos, câmaras de ar, etc.), antes de livrá-lo da rede elétrica;
- Assim que o acidentado estiver livre da rede elétrica, não perca tempo em removê-lo para um local onde possa ser deitado, ligeiramente inclinado, para o primeiro atendimento;
- Manter o pescoço do acidentado distendido e não flectido para frente
- Não deixar o queixo do acidentado caído, e mantenha-o com a língua livre a fim de evitar a obstrução de suas vias respiratórias;
- Remova todo e qualquer objeto da boca do acidentado (alimentos, chicletes, cigarros, etc.);
- Não dar qualquer tipo de bebida para o acidentado enquanto este estiver desacordado;
- Desaperte as roupas do acidentado, livrando-o de próteses, chapéus, botinas e gravatas, etc. ;
- Inicie a respiração artificial, imediatamente. Cada segundo é fundamental para o salvamento do acidentado;
- Movimentar o acidentado o mínimo possível;
- Chame o serviço médico mais próximo.

RCP – REANIMAÇÃO CARDIOPULMONAR.

Também chamada de massagem cardíaca, é uma manobra que alterna a respiração artificial com a massagem cardíaca. A reanimação cardiopulmonar pode ser aplicada por uma ou duas pessoas mas, sempre que possível, devemos solicitar ajuda nesta tarefa. A RCP deve ser aplicada quando o socorrista perceber que o acidentado não tem pulso e não está respirando. Neste caso, deverá ser aplicada imediatamente e só deve ser interrompida quando o socorrista perceber que o acidentado recomeçou a respirar normalmente ou, é claro, quando o atendimento médico emergencial chegar.

Prevenção e Combate a Incêndio (PCI) 199

Linhas de ação na aplicação da RCP para um socorrista.
• Acione ou determine que alguém chame uma ambulância.

• Desobstrua as vias aéreas. Vale lembrar que a respiração "boca a boca" não está necessariamente atrelada à massagem cardíaca, pois, o acidentado pode não está respirando, mas, seu coração está em ordem. Estando o acidentado em decúbito dorsal, com uma das mãos na nuca e a outra na testa, com cautela puxe a cabeça do acidentado para trás, em seguida, mantendo o apoio na nuca, com a outra mão levante com cuidado o queixo do acidentado para cima, pressionando levemente, mas com firmeza, o nariz do acidentado com o dedo polegar para cima e para trás. Isso faz com que a língua levante e libere a passagem do ar para os pulmões.Remova tudo que esteja obstruindo as vias aéreas, como próteses, restos de alimentos, vômitos, etc. Se não resolver, vire-o de lado e aplique-lhe de quatro a cinco palmadas fortes sobre as omoplatas, ou aplique uma pressão abdominal, colocando as mãos espalmadas na região do mediastino, logo abaixo das costelas, pressionando para baixo com firmeza, de quatro a cinco vezes. Remova e limpe o que estava obstruindo as vias aéreas. O que devemos priorizar, a respiração "boca a boca" ou a "massagem cardíaca"? Até 2010, a recomendação era para priorizar a "abertura das vias aéreas", "boca a boca" e "compressão torácica"(ABC); entretanto, concluiu-se que a desobstrução é difícil para profissionais, imaginem para os leigos; havia um atraso desnecessário no início da massagem cardíaca, comprometendo muitas vezes a vida do acidentado; por isso, a ordem foi invertida para CAB. A atual recomendação é que se faça a massagem cardíaca imediatamente; depois nos preocupamos com a respiração. Se houver uma outra pessoa ajudando, não exite em atuar simultaneamente na desobstrução; mas, caso esteja sozinho, a prioridade é a massagem cardíaca.

Não devemos perder mais de dez segundos procurando sinais vitais; muitas vezes o acidentado não dá sinais de vida e o nosso tempo é curto, temos aproximadamente 06 minutos; se vacilarmos, é óbito. Caso não ache sinais vitais, mãos à obra.

• Pressione as narinas do acidentado com os dedos polegar e indicador.

• Inspire profundamente e cole os seus lábios em volta da boca do acidentado, sem permitir que o ar escape, sopre o ar dos seus pulmões dentro da

200 Segurança é Prevenção

boca do acidentado, até perceber que o peito do acidentado está inflando. Cada sopro deve demorar dois segundos. Devemos fazer inicialmente duas respirações artificiais.

• Coloque as mãos espalmadas no peito do acidentado, no apêndice xifóide, próximo a região do mediastino, no limite em que as costelas se encontram com o osso esterno, entrelace os dedos e sem dobrar os cotovelos, pressione forte e verticalmente o osso esterno por sessenta vezes por minuto, de forma que o tórax abaixe aproximadamente de quatro a cinco centímetros.

• Novamente, volte às técnicas da respiração artificial e faça mais duas respirações.

• Volte a pressionar o peito do acidentado por mais sessenta vezes, mantendo a alternância com a respiração artificial, até que o acidentado recomece a respirar normalmente.

• Não interrompa a seqüência para verificar se a pulsação foi restabelecida, continue até que os sinais fiquem bastante visíveis.

• Quando os sinais de restabelecimento da circulação ficarem visíveis, mas o acidentado continuar sem respirar, mantenha a respiração artificial, observando o pulso a cada dez respirações.

• Se notar que a pulsação parou novamente, reinicie todo o processo. Caso volte ao normal, coloque o acidentado na posição de repouso, até que a ambulância chegue.

Observação: *Quando o músculo cardíaco não faz as contrações corretamente, é devido a fibrilação ventricular, que geralmente é a causa da parada cardíaca. Tal situação pode ser revertida pelo uso do desfibrilador, um aparelho que através de cargas elétricas controladas estimula o funcionamento do músculo cardíaco. Evidentemente é necessário que haja um treinamento para a utilização do desfibrilador.*

Linhas de ação na aplicação da RCP para dois socorristas.

• Enquanto um faz a respiração artificial, o outro faz a compressão cardíaca, logicamente alternando e com a seguinte freqüência: Uma respiração artificial para cinco compressões cardíacas.

Prevenção e Combate a Incêndio (PCI)   201

• Da mesma forma não pare ao menor indício de restabelecimento, continue até a chegada do socorro médico.

Portanto vale enfatizar a seqüência básica da reanimação cardiopulmonar: Primeiro é necessário que as vias aéreas sejam desobstruídas, segundo, para que haja a oxigenação necessária, devemos proceder à respiração artificial, insuflando o ar dos nossos pulmões nos pulmões do acidentado, e finalmente, havendo parada cardíaca é possível forçar o fluxo sanguíneo do coração para todo o corpo, através da compressão do músculo cardíaco.

Posição de repouso ou recuperação
• Quando o acidentado estiver inconsciente, mas sob controle, enquanto aguarda o socorro médico, devemos colocá-lo numa posição tecnicamente correta e confortável denominada posição de repouso ou recuperação. A posição permite a saída de qualquer líquido que, de alguma forma, venha prejudicar sua respiração, reduzindo a possibilidade do acidentado aspira-lo para os pulmões. Antes, porém, devemos afrouxar suas roupas e cintos, retirando óculos, próteses, relógio, cordões e qualquer outro objeto que possa causar desconforto.

• Estando o acidentado em decúbito dorsal (deitado de costas), esticaremos bem as suas pernas e inclinaremos sua cabeça para trás, erguendo conseqüentemente o seu queixo para cima. Como o objetivo é colocá-lo em decúbito lateral devemos, primeiro, escolher o lado e nos posicionarmos neste lado, feito isto, dobraremos o braço correspondente ao lado escolhido formando um ângulo reto, com a palma da mão voltada para cima.

• O outro braço do acidentado deverá ser colocado flexionado sobre o peito, com a palma da mão espalmada na lateral da sua face oposta.

• A mão do acidentado deverá ser mantida nesta posição pelo socorrista, que com a outra mão, empunhará com firmeza a coxa do acidentado oposta ao seu lado.
• Deverá puxá-la com decisão, de uma só vez, para o seu lado com apenas um movimento.

• A perna que está por cima deverá ser flexionada com o objetivo de dar conforto e equilíbrio ao acidentado.

202 Segurança é Prevenção

• A face do acidentado estará apoiada sobre a sua própria mão, portanto acomode-a, preocupando-se com a inclinação da cabeça para trás, para facilitar a entrada de ar.

• Enquanto aguardamos o socorro médico, é necessário que estejamos atentos à respiração e a pulsação, para agirmos prontamente caso haja alguma necessidade.

Capítulo 20

Educação Física (EF)

"Zelar pela saúde do corpo não é medo da morte.
É cuidar bem dessa obra do Criador,
que é o templo da alma".
Anônimo

Carga horária: 12 horas-aula   **Avaliação:** VF (02 h/a)

OBJETIVOS DA DISCIPLINA:

1. Ampliar conhecimentos para construir uma mentalidade de prática continuada de atividade física em busca de saúde, bem estar físico, psicológico e social.

2. Exercitar/desenvolver qualidades físicas que favoreçam o aumento da capacidade física geral e específica, sempre que possível em situações compatíveis com o contexto físico, mental e social da atividade do vigilante.

3. Desenvolver força e resistência muscular por meio de exercícios em circuito (facultativo), corridas e exercícios livres, que permitam ao praticante a manutenção de seu condicionamento independente de espaço específico ou uso de aparelhos.

4. Fortalecer atitudes de comportamento grupal, exercitando a empatia, a cooperação, a solução compartilhada de problemas e equilíbrio frente ao desgaste emocional decorrente do desgaste físico.

EDUCAÇÃO FÍSICA (ED)

Estratégias de Ensino: aula prática com treinamento progressivo da atividade de corrida, exercícios aquáticos ou circuito.

Recursos: 01 professor e monitores, pista de atletismo, ginásio poli esportivo e materiais de circuito (ambientes facultativos).

Carga Horária: 12 h/a.

OBJETIVOS DA INSTRUÇÃO

Ao término das unidades, o aluno deverá ser capaz de:

Mensurar pulsação como orientação à prática regular de corridas.

Realizar atividades de coordenação e aquisição de habilidades.

Desenvolver estratégias para melhorar capacidade aeróbica.

Desenvolver estratégias para melhorar a resistência muscular localizada.

Interagir entre grupos.

- Verificações diagnósticas
- Exercícios educativos de corrida
- Corridas Lineares
- Exercícios localizados em circuitos
- Orientações básicas de montagem de treinamento físico

ATIVIDADE FÍSICA

Sun Tzu começa o seu famoso livro "A Arte da Guerra" com a seguinte afirmativa: **"A Arte da Guerra é de importância vital para o Estado. É uma questão de vida ou morte, um caminho tanto para a segurança como para a ruína, assim em nenhuma circunstância deve ser negligenciada..."** Talvez seja muita pretensão de minha parte, entretanto, gostaria de iniciar este capítulo parafraseando a afirmativa, da seguinte forma: **"a arte da atividade física é de importância vital para o profissional de Segurança. É uma questão de vida ou morte, um caminho tanto para a aquisição de saúde física, mental e sucesso profissional como para a ruína e mediocridade profissional, assim em nenhuma circunstância deve ser negligenciada...".**

Nosso principal objetivo é **conscientizar e motivar nossos alunos à prática constante da atividade física.** Não temos tempo hábil para dar

Educação Física

condição física a ninguém durante o curso. É fazê-los perceber que, no nosso segmento, **ter uma excelente condição física é, e será cada vez mais, uma exigência do mercado.**

Como professor de Educação Física e fisioterapeuta, falando em nome de toda a equipe de instrução, sinto-me honrado de poder compartilhar com meus alunos uma filosofia e um trabalho criados por uma equipe de profissionais ao longo de aproximadamente vinte e cinco anos. Este capítulo, Atividade Física, é o resultado das mais diversas experiências vividas na caserna, mais especificamente na Brigada de Infantaria Pára-quedista, somadas a uma base científica das Universidades Castelo Branco e Gama Filho com aplicação direta no segmento segurança privada.

Acredito, realmente, que um profissional de segurança precisa, com simplicidade, compreender:

- A eterna incompatibilidade entre condição física deficiente e alto nível técnico profissional; ou

- Desmotivação e Sucesso; ou ainda;

- **A desmotivante condição física deficiente e o sucesso de um alto nível técnico profissional.**

Quando os alunos iniciam o curso, o primeiro passo é mostrar-lhes a importância do **entusiasmo** para que tenham **sucesso**. É fundamental que entendam rápido que é o entusiasmo que nos conduz ao sucesso, e não o contrário. Não adianta ficar esperando o sucesso para depois se entusiasmar, isto certamente não acontecerá.

Percebemos ao longo de todos estes anos, com todos os nossos instrutores, particularmente entre os pára-quedistas, uma curiosa e interessante ligação entre **saúde física, mental, espiritual e emocional**, considerando principalmente aqueles que realmente deram continuidade ao programa de treinamento físico, iniciado na área de estágio pára-quedista e exaustivamente cobrado após a honrosa e eterna brevetação.

Aqueles que, de fato, entenderam, se conscientizaram e, principalmente, deram continuidade ao exercício físico, apesar de todas as dificuldades, demonstram possuir **mais auto-estima, uma maior capacidade de realizar** e principalmente **são mais pró-ativos**, isto é, conseguem fazer com que as coisas de fato aconteçam.

Não estou falando do espírito pára-quedista, presente na maioria desses audazes guerreiros. Muitos, infelizmente, apesar do espírito "vaidoso e orgulhoso", não conseguiram renunciar ao **vício do cigarro**, ao **exagero da**

206 Segurança é Prevenção

bebida e, principalmente, não conseguiram dominar a tão famigerada caveira, **"A caveira quer descanso"**, e conseqüentemente caíram no **sedentarismo**.

Posso afirmar que uma das maiores alegrias da equipe de instrutores é fazer com que estes eternos heróis, pára-quedistas ou não, consigam redescobrir o quanto são fortes. Consigam redescobrir o potencial que possuem no seu interior, enfim, que percebam que o entusiasmo é o caminho, é Deus dentro de cada um de nós, é o Espírito Santo possibilitando infinitas conquistas, independentemente do tempo que, supostamente, foi perdido. É com entusiasmo que cito o extraordinário professor Nuno Cobra, autor do magnífico método que leva o seu nome, assim vou fazer algumas colocações que considero da maior importância para os profissionais de segurança, aconselhando-os a ler o **Livro Nuno Cobra "A Semente da Vitória", da Editora SENAC, São Paulo.**

O professor Nuno Cobra começa o Capítulo III da seguinte forma: **"Cérebro burro!!! É uma conclusão a que cheguei, por perceber que podemos manobrar o nosso cérebro como quisermos. Simplesmente por descobrir que ele é vulnerável a todo tipo de interferências externas, como educação, cultura, sociedade, família, etc. , a nos impor tipos e mais tipos de comportamentos que nem sempre espelham nossa dinâmica realidade."**

E é verdade: o cérebro é poderosíssimo, mas é apenas um impressionante processador de dados, que fica escondido do mundo exterior dentro da calota craniana.

Todas as informações chegam a ele através dos órgãos dos sentidos; melhor dizendo, é programado pelos órgãos dos sentidos.

Assim, somos levados a acreditar que os órgãos dos sentidos são os mais importantes; entretanto, não são. O professor nos mostra que são as "emoções" que de fato controlam todas as informações, e nos dá alguns exemplos que, os trazendo para o nosso segmento, seriam mais ou menos assim:

Um profissional de segurança está dormindo no aconchego do seu lar, e acorda com o toque do telefone do seu chefe convocando-o para uma missão importante e diz: **"que droga! Já começou a me torrar o saco logo cedo! Já vi que o meu dia vai ser péssimo!"**.

Pode também ser um amigo convidando-o para um exercício físico matinal: **"que saco! Não sei onde eu estava com a cabeça quando concordei com essa maluquice. Meu dia vai ser um inferno!"**.

O cérebro recebe as péssimas informações dos órgãos dos sentidos e produz hormônios de péssima qualidade, substâncias venenosas que são

Educação Física

lançadas diretamente na corrente sanguínea, deixando a pessoa angustiada, deprimida e estressada.

Um outro profissional de segurança convocado nas mesmas condições para uma importante missão, diz: **"obrigado meu Deus! É sinal que sou importante para o meu chefe! Tenho certeza que tudo dará certo! Meu dia será ótimo!"**.

E sendo convidado para um exercício matinal, reage da seguinte forma: **"vou mudar meus hábitos e minha alimentação! Vou melhorar minha condição física a cada dia!"**.

Da mesma forma, o cérebro recebe as informações cheias de entusiasmo e produz hormônios de altíssima qualidade que, lançados na corrente sanguínea, provocam aquela sensação de bem com a vida.

Como diz o professor, parece engraçado, mas um "burro poderoso" pode causar sérios problemas se não for administrado com muita inteligência. Sabemos da existência das doenças de fundo psicossomático, ou seja, se nos preocupamos e acreditamos que há algo de errado com a nossa saúde, isso acaba se tornando uma verdade para o nosso cérebro, que produzirá todos os sinais e sintomas de uma patologia virtual e acabamos ficando realmente doentes.

Conclui o professor Nuno Cobra: **"mas, se esse 'cérebro burro' pode somatizar o que não existe, pode também curar o que existe. Aliás, o que seria o milagre, a cura, senão essa absurda força capaz de fazer com que o cérebro humano produza substâncias que levam à cura de certas doenças, por mecanismos ainda desconhecidos?"**.

Portanto, precisamos realmente nos convencer de que a emoção é, de fato, a rainha da vida. Quando estamos felizes, contentes, enfim, de bem com a vida, nosso cérebro produz hormônios de ótima qualidade. Estes hormônios, quando lançados na corrente sanguínea, nos deixam ainda mais felizes, mais contentes. Todavia, quando estamos tristes, angustiados e estressados, nosso cérebro produz hormônios de péssima qualidade que, lançados na corrente sanguínea, provocam ainda mais angústia e depressão.

Portanto, é fundamental que estejamos sempre entusiasmados. Entusiasmo é o caminho, significa "Deus dentro de nós", é o Espírito Santo possibilitando infinitas conquistas, independentemente do tempo que, supostamente, foi perdido.

Da mesma forma que precisamos nos preocupar com a "alimentação física", com a qualidade dos nutrientes que ingerimos, é importante que nos preocupemos também com a "alimentação mental".

208 Segurança é Prevenção

Lao-Tse dizia que **"aquele que conquista uma vitória sobre outro homem é forte; quem conquista uma vitória sobre si mesmo é poderoso".** É fundamental que travemos estas constantes batalhas com nós mesmos, para que consigamos, através da exaustão, da insistência e da persistência, desenvolver a habilidade de eliminar os pensamentos negativos que destroem a auto-estima.

Nosso objetivo é fazer com que você, que está lendo este capítulo, entenda que é através da atividade física que você irá, gradativamente, perceber a incrível força invisível que existe no seu interior, que se traduzirá num efeito visível. Entretanto, como diz minha mãe, "não devemos colocar a carroça na frente dos burros". É necessário que saibamos degustar cada pedaço deste processo evolutivo, altamente gratificante. Contudo, muito cuidado! Quando contrariamos as regras básicas, o resultado é desastroso.

Existem na verdade, quatro tipos de idades: A **cronológica**, a **mental**, a **aparente** e a mais importante, a **fisiológica**.

- Bastante conhecida por todos nós, a idade cronológica traduz-se pelo número de anos de vida que possuímos.

- A idade mental traduz-se pela maturidade ou imaturidade do ser humano, independe da idade cronológica.

- A idade aparente, como o próprio nome diz, traduz-se através da imagem mais ou menos jovem, independe tanto da idade cronológica como da mental.

- A idade fisiológica é, normalmente, um resumo da vida que levamos, ou melhor, da forma como administramos a nossa vida.

Existem pessoas que têm uma idade cronológica avançada mas têm uma idade fisiológica baixa. Isso em razão de uma vida regrada, até com excesso de trabalho, não importa, mas equilibrada, com repouso adequado, com alimentação saudável e com constância de treinamento físico.

Outras até têm uma idade cronológica baixa mas, se a vida é colocada em segundo plano, de nada adianta. Na maioria das vezes, essas pessoas até, de forma incoerente, se orgulham em dizer que **é preciso vivê-la intensamente**. Acontece que viver a vida intensamente, alimentando-se mal, desprezando noites de sono e alimentando-se dos vícios do cigarro e do álcool é, sem dúvida, uma espécie de "suicídio culposo". Uma destruição do maior patrimônio do ser humano, "a vida".

Portanto, em razão dessa individualidade biológica, usando a iniciativa, o bom senso e o discernimento, precisamos tomar uma simples atitude, "começar a mudança".

Educação Física

O professor Nuno Cobra, com simplicidade, explica que, se nunca praticamos qualquer tipo de esporte, devemos começar uma atividade física simplesmente caminhando, como se estivéssemos num shopping, mas sem aquelas famosas paradinhas para ver as lojas e vitrines. É fundamental e extremamente necessário que seja contínua. Podemos iniciar com uma caminhada de 20 minutos. Ande 10 minutos e retorne. Pronto, você acabou de caminhar 20 minutos.

Lembre-se que não devemos colocar a carroça na frente dos burros. Se a nossa mente quiser ir adiante, aprenda a dizer não! É imprescindível que você entenda que é necessário o equilíbrio, a adaptação do corpo ainda debilitado e a euforia da nossa mente disposta a atropelar tudo e todos. Portanto, muito cuidado! Mas acredite, essa motivação é contagiante.

O tempo é implacável, é verdade, mas também é soberano. As transformações orgânicas acontecem a olhos vistos. É como se estivesse nascendo um novo ser, e realmente está!!! O bom senso e o discernimento certamente irão ajudar.

No dia seguinte podemos repetir a dose, no outro também, e no outro, idem, certamente sem qualquer problema.

Os problemas acontecerão se, na euforia do prazer da atividade física, desrespeitarmos as regras básicas.

Mais uma vez usando o bom senso e o discernimento, gradativamente, aumentaremos o tempo de caminhada. Com o tempo começamos a aumentar o ritmo, sempre tentando perceber os movimentos musculares e articulares.

É necessário que estejamos sempre atentos à oxigenação orgânica, ou seja, o ar conscientemente inspirado que chega aos pulmões, descolando os alvéolos pulmonares e sendo, conseqüentemente, distribuído para todo o corpo, principalmente para o cérebro, promovendo além do desenvolvimento físico, o desenvolvimento mental, espiritual e emocional. Até que um dia, com um bom par de tênis, uma boa condição cardiopulmonar, musculatura e articulações fortes e adaptadas, seremos capazes de, sem loucura, literalmente com os pés no chão, realizarmos aquela saudável e prazerosa corridinha.

Os mesmos procedimentos podem ser utilizados para o desenvolvimento dos membros superiores, utilizando para isso barras fixas, cordas e muita criatividade.

Muito bem, mas vale ressaltar que não adianta absolutamente nada corrermos cinco, dez mil metros, se não tivermos na corrente sanguínea as

210 Segurança é Prevenção

substancias vitais para a renovação celular. Nosso organismo precisa absorver os nutrientes necessários à sua sobrevivência. Nossa alimentação é péssima e a forma como nos alimentamos também.

O professor *Nuno Cobra*, no seu livro **"A Semente da Vitória"**, dá as seguintes dicas para uma alimentação saudável: **"o café da manhã deve ser poderoso, com frutas, iogurte, grãos e fibras. O almoço deve ter a adição de carnes brancas grelhadas – quando digo grelhada, significa feita na grelha e não na chapa, como fazem muitos restaurantes. Também estejam certos de que no seu grelhado não passeará o famoso pincel que mora nos restaurantes, utilizado para lambuzar a inocente carne – diferentes tipos de legumes e muuuuiiiita salada temperadinha com pouco sal e azeite extra virgem de oliva – ou, se preferir, um limãozinho. Quando me refiro às carnes, quero dizer pouca carne. Não nos cabe dizer se comer carne é bom ou ruim, mas aceitarmos que possuímos um intestino de 8 metros próprio para folhas, raízes, grãos, diferente do intestino de 80 centímetros dos carnívoros".**

Finalmente, não poderíamos deixar de enfatizar a importância do repouso, da recuperação de todo o desgaste físico diário. Desde pequeno ouço meus pais falarem que o sono é um alimento. E é a maior verdade. O ideal é que consigamos dormir no mínimo oito horas ininterruptamente, é apenas uma questão de treinamento, de condicionamento. É durante o sono profundo que nosso organismo produz hormônios de altíssima qualidade que regulam o organismo.

Se nós não nos preocuparmos com o repouso, com a recuperação orgânica, de nada adianta todo o empenho, toda a dedicação, todo o esforço físico, certamente ficaremos doentes, debilitados fisicamente. A atividade física passa a ser um grande problema e não uma enorme solução. Para que possamos aproveitar todos os benefícios que a atividade física nos oferece, é necessário que não contrariemos este mecanismo de defesa natural chamado **"sono"**.

Capítulo 21

Defesa Pessoal (DP)

"Cuidado com o homem que sabe a resposta
antes de compreender a pergunta"
C. M. Manasco

Carga horária: 20 horas-aula   **Avaliação:** VF (04 h/a)

OBJETIVOS DA DISCIPLINA:

1. Ampliar conhecimentos para defesa própria e de terceiros durante o trabalho do vigilante e mesmo na vida cotidiana.

2. Exercitar/desenvolver habilidades para domínio de pessoas, visando à realização de ações na área de vigilância com o uso adequado de força e de novas habilidades motoras, potencializando aquelas pré-adquiridas.

3. Fortalecer atitudes para valorizar o comportamento grupal, exercitando a empatia, a cooperação, a solução compartilhada de problemas e a abnegação, bem como desenvolver a coragem, decisão e iniciativa perante situações de perigo.

UNIDADE 01
DEFESA PESSOAL

É graça divina começar bem. Graça maior é persistir na caminhada certa.
Mas, a graça das graças, é não desistir nunca.
(D.Helder Câmara)

Estratégias de Ensino: exercícios de aquecimento, educativos para melhoria da coordenação motora, agilidade, força e flexibilidade e exercícios educativos específicos.

Recursos: 01 professor e monitores, um dojô, apitos, sacos de pancadas, luvas de foco, aparadores de chutes e cronômetro.

Carga Horária: 04 h/a.

OBJETIVOS DA INSTRUÇÃO

Ao término das unidades, o aluno deverá ser capaz de:

- **EXECUTAR** técnicas de artes marciais eficientemente, de acordo com seus princípios teóricos e mecânicos.

- **EXERCITAR** a coordenação motora, flexibilidade, força e velocidade.

- **EXERCITAR**, através de técnicas de amortecimento de quedas, mecanismos de proteção do corpo no treinamento e situação real do trabalho do vigilante.

- **EXERCITAR** movimentos condicionados específicos e preparatórios para o treinamento de técnicas de artes marciais.

Na home page da JUDOBRASIL, www.judobrasil.com.br, encontramos as técnicas de Judô.

As técnicas ("wazas") são divididas em dois grandes grupos:
- Nage-waza (67 técnicas de projeção)
- Katame-waza (29 técnicas de solo)

Por sua vez, tanto o Nage-waza quanto o Katame-waza são divididos em sub-grupos, a saber:

Nage-waza
- Te-waza (15 técnicas "de mão")
- Koshi-waza (11 técnicas "de quadril")
- Ashi-waza (21 técnicas "de perna e/ou pé")
- Sutemi-waza (20 técnicas "de sacrifício")

Katame-waza
- Osae-komi-waza (7 técnicas de imobilização)
- Shime-waza (12 técnicas de estrangulamento)
- Kansetsu-waza (10 "chaves de articulação")

Nage-waza: grupos, história & didática

Te-waza	Koshi-waza	Ashi-waza	Sutemi-waza	
			Ma-sutemi (frontais)	Yoko-sutemi (laterais)
Seoi-nage	Uki-goshi	De-ashi-harai	Tomoe-nage	Yoko-otoshi
Tai-otoshi	O-goshi	Hiza-guruma	Sumi-gaeshi	Tani-otoshi
Kata-guruma	Koshi-guruma	Sasae-tsuri-komi-ashi	Ura-nage	Hane-maki-komi
Sukui-nage	Tsuri-komi-goshi	O-soto-gari	Hiki-komi-gaeshi	Soto-maki-komi
Uki-otoshi	Harai-goshi	O-uchi-gari	Tawara-gaeshi	Uki-waza
Sumi-otoshi	Tsuri-goshi	Ko-soto-gari		Yoko-wakare
Obi-otoshi	Hane-goshi	Ko-uchi-gari		Yoko-guruma
Seoi-otoshi	Utsuri-goshi	Okuri-ashi-harai		Yoko-gake
Yama-arashi	Ushiro-goshi	Uchi-mata		Daki-wakare
Morote-gari	<u>Daki-age</u>*	Ko-soto-gake		Uchi-maki-komi
Kuchiki-taoshi	Sode-tsuri-komi-goshi	Ashi-guruma		<u>Kani-basami</u>*
Kibisu-gaeshi		Harai-tsuri-komi-ashi		O-soto-maki-komi
Uchi-mata-sukashi		O-guruma		Uchi-mata-maki-komi
Ko-uchi-gaeshi		O-soto-guruma		Harai-maki-komi
Ippon-seoi-nage		O-soto-otoshi		<u>Kawazu-gake</u>*
		Tsubame-gaeshi		
		O-soto-gaeshi		
		O-uchi-gaeshi		
		Hane-goshi-gaeshi		
		Harai-goshi-gaeshi		
		Uchi-mata-gaeshi		

*Técnicas não permitidas em competições

DEFESA PESSOAL

a. Ukemi Waza (Técnicas de Amortecimento de Quedas)

É a "Arte de cair". No entanto, existe toda uma estratégia por trás desse "cair" que só aqueles que se dedicam por inteiro, aprendem também por inteiro.

- **Amortecimento de queda lateral**

- **Amortecimento de queda para trás**

- **Amortecimento de queda para frente**

- **Rolamento para frente**

- **Rolamento para trás**

b. Nague Waza (Técnicas de Projeção)

- O Soto Gari 	- O Goshi

- Koshi Guruma

Defesa Pessoal (DP)

- Kote Gaeshi

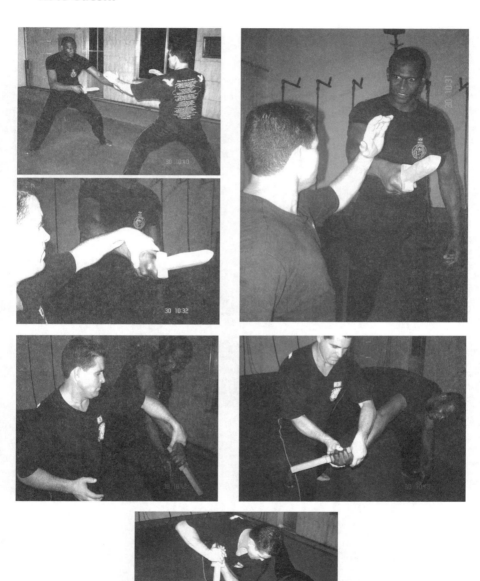

c. Atemi Waza (Técnicas de Socos, Chutes e Defesas)
Tsuki Waza (Técnicas de Socos)

- **Jab/dirreto**

- **Cruzado**

- **Upper**

- **Cotoveladas**

- Vômer

- Mediastino

d. Keri Waza (Técnicas de Chutes)

- **Chute Frontal**
(Região Genital e Mediastino)

- **Lateral (Traquéia)**

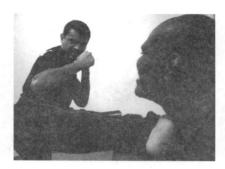

- **Circular**

- **Coluna Cervical**

- **Joelhada (Vômer; Malar; Mandíbula; Mediastino)**

Defesa Pessoal (DP)   221

e. Uke Waza (Técnicas de Defesa)

- Shuto Uke

- Nagashi Uke

f. Hadaka Jime (Técnicas de Estrangulamento)

- Hadaka Jime 1

- Hadaka Jime 2 (Mata Leão)

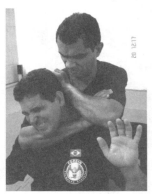

g. Técnicas de Chaves de Braço e Punho

- Kote Hineri (Sankio) Posição Deitada
- Kote Osae (Nikio)
- Ude Garami

- Chave de Braço 1

- Chave de Braço 2

- Chave de Braço 3

- Chave de Braço 4

 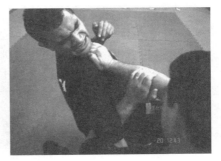

- Chaves de Punho

224 Segurança é Prevenção

UNIDADE 02
DEFESA PESSOAL

Fácil é ditar regras. Difícil é segui-las...
(Carlos Drummond de Andrade)

Estratégias de Ensino: exercícios de defesa, de ataques armados e desarmados com utilização de técnicas de defesa pessoal.
Recursos: 01 professor e monitores, um dojô, apitos, cronômetro, simulacros de armas de fogo, facas e bastões.
Carga Horária: 08 h/a.

OBJETIVO DA INSTRUÇÃO

- **DEMONSTRAR** técnicas de Defesa Pessoal, com base nas técnicas de artes marciais enfocadas no módulo anterior.

- **EXERCITAR** através de técnicas de amortecimento de quedas, mecanismos de proteção do corpo durante o treinamento e situação real.

- **EXERCITAR** a coordenação motora e a flexibilidade.

DEFESA PESSOAL

- Defesa de Soco ao Rosto

- Defesa de Chute Frontal   - Defesa de Chute Lateral

- Defesa de Pegada Pelas Costas

- Defesa de Gravata Lateral

- Defesa de Gravata Pelas Costas

- Defesa de Faca por Baixo 1

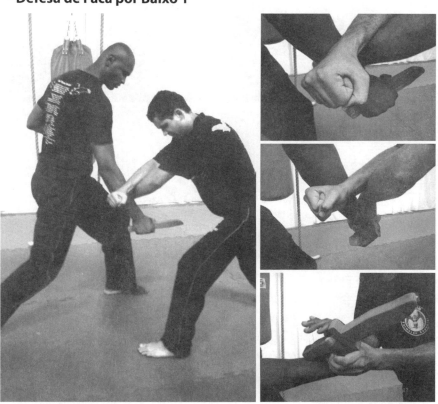

- Defesa de Faca por Baixo 2

- Armas de Fogo

Defesa Pessoal (DP) 229

- Arma de Fogo - Técnicas de Traumatização, Chave de Braço e Punho

- Arma de Fogo apontada ao peito

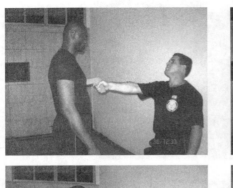

Defesa Pessoal (DP)

UNIDADE 03
DOMÍNIO TÁTICO /DEFESA PESSOAL

O mundo se detém para deixar passar
o homem que sabe aonde vai.
(David Starr Jordan)

Estratégias de Ensino: exercícios de defesa pessoal, domínio tático e algemas.

Recursos: 01 professor e monitores, um dojô, apitos, cronômetro, coldre, simulacros de armas de fogo e algemas.

Carga Horária: 08 h/a.

OBJETIVOS DA INSTRUÇÃO

- **DEMONSTRAR** técnicas de Defesa Pessoal e Domínio Tático, com base nas Técnicas de Artes Marciais enfocadas nos módulos anteriores.

- **EXERCITAR** através de técnicas de amortecimento de quedas, mecanismos de proteção do corpo durante o treinamento e situação real.

- **EXERCITAR** a coordenação motora, flexibilidade, força e velocidade.

- **DESENVOLVER** sentimento de grupo e cooperação em situação de estresse ou perigo.

- **DESENVOLVER** o trabalho coordenado e em equipe.

DOMÍNIO TÁTICO

- Impedimento e retenção de saque de arma

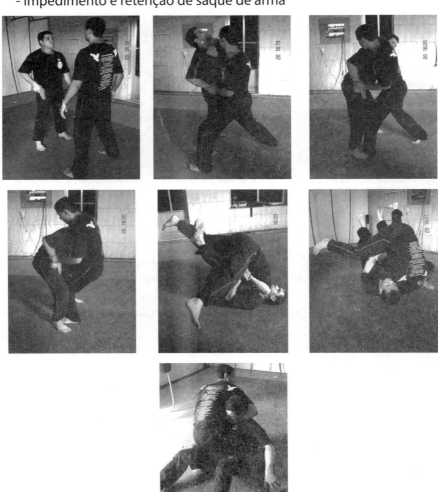

Defesa Pessoal (DP)   233

Domínio 1 - Utilizando Técnicas de Estrangulamento

- Trabalho em duplas e trios

Hadaka Jime 1   **Hadaka Jime 2 (Mata Leão)**   **Ude Garami (Condução)**

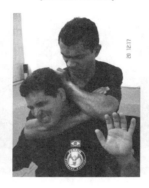

Domínio 2 - Técnica de Projeção + Chave de Punho (Kote Hineri)

- Trabalho Individual
- Trabalho em Grupo

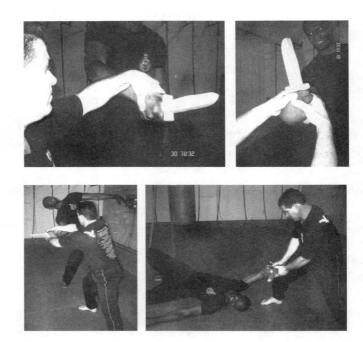

Domínio 3 - Condução (Ude Garami + Hadaka Jime)

- Algema 1 (deitado) - Kote Hineri

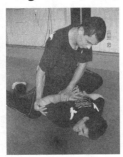

- Algema 2 (de pé) - Kote Hineri

Capítulo 22

Armamento e Tiro (AT)

*"Cuidado com o homem que sabe a resposta
antes de compreender a pergunta"*
C. M. Manasco

Carga horária: *24 horas-aula*   **Avaliação:** *VF (02 h/a)*

OBJETIVOS DA DISCIPLINA:

1. Discutir e analisar o uso legal e progressivo da força pelo vigilante, com amparo de sua responsabilidade ética para com a comunidade, nos mecanismos disponíveis para a proteção de sua integridade física, psíquica e a de terceiros, na sua instituição, e nos Princípios Básicos sobre o Uso da Força e Armas de Fogo.

2. Avaliar as vantagens na utilização dos recursos não-letais na atividade de Segurança Privada, para que o vigilante disponha de meios adequados para aplicar a força de maneira proporcional contra uma ameaça, protegendo a sua incolumidade física bem como a de terceiros.

3. Habilitar o aluno a manejar e usar com eficiência o armamento empregado na atividade de vigilância, como último recurso para defesa própria ou de terceiros.

4. Fortalecer atitudes para adotar as regras de segurança necessárias em cada situação e ter conduta adequada no que concerne ao porte de arma em serviço.

UNIDADE 01
SOBREVIVÊNCIA DO VIGILANTE

"Aquele que não gosta de si próprio geralmente tem razão."
Anônimo

Estratégias de ensino: aula expositiva-dialogada-demonstrativa-prática.
Recursos: 01 professor e monitores, caderno didático, sala de aula, multimídia.
Carga horária: 04 h/a.
Ao término das unidades, o aluno deverá ser capaz de:
- **DISCUTIR E ANALISAR** o uso legal e progressivo da força pelo vigilante.
- **ELENCAR** as qualidades necessárias ao bom desempenho do trabalho de vigilância.
- **IDENTIFICAR** a arma de fogo a ser utilizada, as regras de segurança e de conduta no estande e cuidados no porte.
- **ELENCAR** regras de segurança, limpeza e conservação.

SOBREVIVÊNCIA DO VIGILANTE

Arma de fogo como último recurso para defesa pessoal ou de terceiros.

Existe em segurança privada uma afirmativa no mínimo polêmica quando analisada por leigos. Trata-se da seguinte afirmativa: **"Quando um profissional de segurança é obrigado a sacar sua arma para reagir a um assalto, é porque é fraco, incompetente. Entretanto, se não sacar sua arma, se não reagir, merece na maioria das vezes, uma justa causa".** É claro que se não houver uma perfeita sintonia e entendimento dos Conceitos Básicos de Segurança Privada, fica difícil aceitar "tamanha incoerência"; contudo, é algo simples de se entender, de extrema importância para o segmento, para os clientes e para a sociedade. Assim, é inconcebível um profissional de segurança desconhecer algo tão importante. Há 2500 anos, Sun Tzu aplicava as mesmas estratégias com resultados extraordinários. São quatro as estratégias de segurança: **Posicionamento Superior, Diplomacia, Uso da Força da Lei como Ameaça e Ataque. (Leia "Estratégias em Segurança Privada, Página 29)**

Toda missão é importante

A principal atribuição e missão de um profissional de segurança é administrar conflitos e problemas, nunca criá-los. Percebam que nesta afirmativa estão inclusos todos os conflitos e problemas, isto é, os grandes, os médios e também os pequenos problemas. Muitas vezes, por questões emocionais, problemas aparentemente pequenos, de fácil solução, mas, mal administrados, tornam-se encrencas enormes. Por isso, equilíbrio emocional e qualidade comportamental são necessidades estratégicas neste segmento. Há bem pouco tempo, o perfil e as características que o mercado exigia eram outras. Hoje, iniciativa, bom senso e discernimento são características imprescindíveis àqueles que têm por objetivo alçar vôos mais altos neste mercado, isto porque nós fazemos parte de um contexto, fazemos parte de uma engrenagem; não podemos falhar. Portanto, **não dar a devida importância às "pequenas" missões do dia-a-dia, é um erro que pode comprometer toda a máquina.**

Trabalho em equipe

É realmente muito difícil trabalhar em "equipe". É necessário que todos estejam imbuídos e conscientes dos riscos existentes neste segmento. Somente uma equipe bem treinada, consegue raciocinar e agir com competência nos momentos mais críticos, nos momentos mais difíceis. Somente aqueles que já passaram por situações de alta periculosidade, reconhecem a importância de um bom planejamento, avaliação, análise de riscos e, sobretudo do trabalho em equipe. As estatísticas nos mostram que as empresas de sucesso preocupam-se mais com o desenvolvimento de equipes. **Quando os vigilantes fazem parte de um mesmo contexto, quando comungam o mesmo pensamento, a mesma filosofia, como se fossem uma única pessoa, é porque de fato trabalham em equipe.** Acreditem, não é fácil mas é possível. A sensação de segurança aumenta significativamente e os riscos de uma ação criminosa são automaticamente reduzidos.

Conduta individual

Agir com iniciativa, bom senso e discernimento, usando sempre empatia nas situações mais delicadas significa entender o real significado da palavra qualidade. É fundamental para quem trabalha com o público, procurar sempre tentar sentir o que se sentiria caso estivesse no lugar ou nas mesmas circunstâncias daquelas pessoas, onde muitas apresentam problemas emocionais gravíssimos. Acreditamos que esta é a melhor conduta individual.

`É necessário entendermos a eterna incompatibilidade entre individualidade e individualismo; a individualidade é o alicerce da nossa personalidade, é o que nos dá estrutura, nos dá base. Somos seres humanos, temos a nossa individualidade biológica, ou seja, agimos, pensamos e raciocinamos de forma e maneira diferente, temos a nossa individualidade, e isso é muito bom. Já o individualismo, é uma espécie de doença espiritual, o individualista tem uma personalidade doente. O individualista é egocêntrico, "primeiro eu, depois eu... só depois... eu novamente", só olha para o próprio umbigo, "dane-se o aquecimento global, a sociedade, a família". É necessário que preservemos a nossa individualidade, é necessário que não nos deixemos ser envolvidos pelas circunstâncias. Se não vigiarmos, perderemos o nosso alicerce, nossa base, nossa estrutura. Certamente desestabilizamos nossa individualidade, fazendo o que a mídia determina, fazendo o que o grupo dita, a moda impõe; custe o que custar. Acho que vale a pena refletirmos à respeito.

Armamento utilizado: Revólver Cal 38

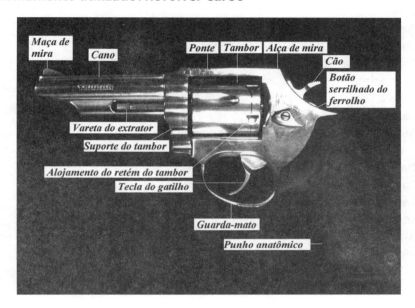

CLASSIFICAÇÃO
   Quanto ao tipo: de porte.
   Quanto ao emprego: individual.
   Quanto ao funcionamento: de repetição.
   Quanto à refrigeração: a ar.
   Quanto à alma: raiada.

DADOS NUMÉRICOS GENÉRICOS
   Calibre: 0,38 polegadas.
   Peso: aproximadamente 1(um) kg.
   Comprimento do cano: 2, 3, 4, 5, 6 e 6,5 polegadas.
   Velocidade do projétil na boca do cano: 230 m/s.
   Alcance útil: ou seja, com precisão de acerto, é de pouco mais de 100 metros.
   Alcance máximo letal: isto é, aquele no qual ainda pode causar morte ou sérios danos físicos a um ser humano: aproximadamente 375 metros.
   Fabricação: nacional (Taúrus e Rossi).

242 Segurança é Prevenção

DESTACAMOS A FICHA TÉCNICA DO REVÓLVER TAURUS MOD. 82S
Calibre: 0,38";
Peso: 1010 g.
Comprimento do cano: *4";*
Capacidade: *06 cartuchos;*
Comprimento total: *23,5 Cm.*
Altura total: *12,5 Cm.*
Raiamento: *5 à direita;*
Alcance de utilização: *aproximadamente 100m.*

ALIMENTAÇÃO E CARREGAMENTO
Carregador: metálico tipo tambor giratório.
Capacidade: 5, 6, 7 e 8 cartuchos.
Sentido: anti-horário.
Aparelho de Pontaria:
- Alça de mira tipo entalhe.
- Maça de mira tipo rampa serrilhada.

Noções Básicas de Balística.

Munição Transfixante.
A Balística Forense é uma disciplina integrante da Criminalística, que estuda as armas de fogo, sua munição e os efeitos dos tiros por elas produzidos, sempre que tiverem uma relação com infrações penais, visando a esclarecer e a provar sua ocorrência.

Segundo o Dr. Jorge Paulete Vanrell, MD, DSc (PhD), LLB, BscEd da U N I R P, Centro de Estudos de Rio Preto, Curso de Direito, Disciplina de Medicina Legal. **PROJÉTEIS DE ALTA ENERGIA:** com velocidades de 500 m/s a 1.200 m/s, na saída do cano.

Arma	Velocidade de Saída	Alcance	Calibre
Revólver c/munição THV	922,35 m/s	100 m	.357 MAG
AR-10 (Assault Rifle-10)	880,00 m/s	3.000 m	.308 NATO (7,62 mm)
AR-10 (Assault Rifle-15)	991,00 m/s	3.500 m	.223 NATO (5,56 mm)
FN-FAL (Fabrique Nationale - Fuzil Automatique Léger)	835,00 m/s	3.000 m	.308 NATO (7,62 mm)
SIG-Sauer 550	1.100,00 m/s	4.000 m	.220 NATO (5,50 mm)
AK-47 (Assault Kalasnikov)	710,00 m/s	3.000 m	7,62 mm x 39 mm

Armamento e Tiro (AT)   243

Ferimento de entrada do projétil: é variável, podendo ser congruente com o diâmetro (calibre) do projétil ou assumir um diâmetro muito maior, uma forma estrelada. Em geral, resultam de disparos (tiros) à distância, originários de armas de fogo curtas (revólveres ou pistolas com munição THV = "Très Haute Vitesse", para defesa) ou longas (fuzis), originariamente de uso apenas bélico, para ataque.

No quadro abaixo são apresentadas algumas das velocidades disponíveis, no momento:

Na home page da Companhia Brasileira de Cartuchos, www.cbc.com.br, existem várias perguntas super interessantes e curiosas. Destaquei algumas, por serem pertinentes ao assunto em questão.

O que é Poder de Parada?
"Stopping Power" significa "Poder de Parada", isto é, a capacidade que um projétil possui para incapacitar um atacante impedindo que ele continue seu ato agressivo. A incapacitação não significa, necessariamente, a morte do agressor.

Quais os riscos de uma munição recarregada?
Munição recarregada por pessoas adequadamente treinadas e que saibam respeitar as regras e limites de segurança não apresentam nenhum risco. Todavia, quando a recarga é efetuada sem observar esses princípios, os riscos de acidentes – até mortais – são muito grandes, pois as pressões no momento dos disparos são enormes (cerca de 20.000 libras/pol^2 em um .38 Special e o dobro em .357 Magnum). Lembre-se que os pneus de seu carro trabalham com pressões da ordem de 26 libras/pol^2.

Quais as desvantagens de uma munição com projétil de chumbo contra uma de projétil encamisado?
Os projéteis de chumbo apresentam duas qualidades: baixo custo e menor desgaste dos canos das armas. Por outro lado, os projéteis encamisados podem ser impelidos a velocidades superiores daquelas dos de chumbo, permitindo desenvolver maior energia e seu projétil permite maior versatilidade e o desenvolvimento de tipos específicos como os perfurantes, expansivos, etc. De um modo geral, armas semi-automáticas e automáticas funcionam melhor quando se utiliza projéteis encamisados, pois a alimentação da arma é mais confiável.

Qual a distância máxima de uma "bala perdida" no calibre.38?

A distância máxima que um projétil pode alcançar não é de utilidade prática, pois nessa distância ele não possui energia suficiente para causar danos físicos. No caso de um projétil de .38 Special, seu alcance máximo letal, isto é, aquele no qual ainda pode causar morte ou sérios danos físicos a um ser humano é de aproximadamente 375 metros. Todavia, seu alcance útil, ou seja, com precisão de acerto, é de pouco mais de 100 metros.

Qual a diferença entre o desempenho de uma ponta ogival e ponta oca?

Os projéteis de ponta ogival possuem desempenho balístico externo superior àqueles com ponta oca (alcançam maior distância). Quanto ao desempenho terminal, os ogivais são predominantemente perfurantes enquanto que os com ponta oca possuem característica expansiva.

O que é bala Dum-Dum?

Bala "Dum-Dum" é um nome histórico pelo qual ficaram conhecidos projéteis expansivos desenvolvidos pelo exército da Inglaterra quando em combate na Índia. Esse desenvolvimento ocorreu em um arsenal militar britânico localizado em Dum-Dum (na Índia, e daí o nome pelo qual ficaram conhecidos), pois os tipos de projéteis que eram utilizados na época, não eram suficientemente potentes para tirar de ação os oponentes.

Nomenclatura e função das principais peças.

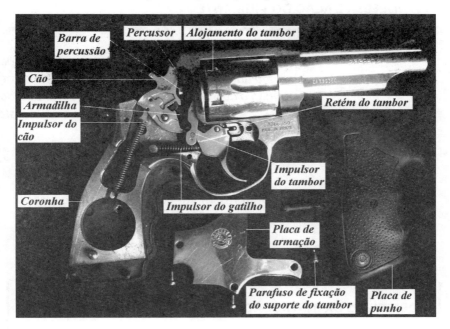

Limpeza e conservação.

Seguindo Normas Técnicas da Companhia Brasileira de Cartuchos:
- As armas devem ser limpas logo após a realização do tiro.
- É importante que aprendamos a fazer a desmontagem básica da arma para que possamos limpá-la melhor.
- Devemos utilizar vareta de limpeza com escova de latão de diâmetro adequado para o calibre da arma e pedaços limpos de pano e, sempre que possível, devemos limpar o cano no sentido da câmara para a boca.
- É importante usarmos solventes adequados para retirar os resíduos do cano e de outras partes da arma.
- Após a limpeza, todas as partes móveis da arma, devem ser levemente lubrificadas com óleo apropriado.
- Jamais devemos deixar óleo dentro do cano, tampouco devemos lubrificar o tambor do revólver ou o carregador de uma pistola quando estes já estiverem municiados ou alimentados.
- É importante sabermos que a lubrificação excessiva do cano da arma pode gerar falha ou nega da munição.

246 Segurança é Prevenção

UNIDADE 02
AUTODEFESA E AÇÃO DO VIGILANTE

Muito mais eficiente que a pena é a certeza da punição.
De nada adianta discursos ideológicos sobre o crime,
quando o delinqüente sabe que jamais será punido.
Heleno Fragoso-Criminalista

Estratégias de ensino: aula expositiva-dialogada-demonstrativa-prática.

Recursos: 01 professor e monitores, multimídia, sala de aula e estande, equipamentos de defesa pessoal, munição de manejo e armas.

Carga horária: 05 h/a.

OBJETIVOS DA INSTRUÇÃO

DISCUTIR E ANALISAR o uso legal e progressivo da força pelo vigilante.

IDENTIFICAR as Armas Não-Letais a serem utilizadas na vigilância patrimonial, regras de segurança e de conduta no estande e cuidados no manuseio, no transporte e armazenamento.

AUTODEFESA E AÇÃO DO VIGILANTE

Arma Não-Letal como recurso valioso para defesa pessoal ou de terceiros, permite a neutralização da ação delituosa, sem a necessidade do contato físico.

Em Segurança Privada existem situações onde as "Estratégias" utilizadas pelo vigilante, ou melhor, o Posicionamento Superior (Presença Física), a Diplomacia (Verbalização) e o Uso da Força da Lei como Ameaça, não são suficientes para Administrarmos determinados Conflitos/Problemas; e o uso do revólver (Ataque) uma insanidade, um excesso, uma loucura. Não cabe neste momento avaliarmos a competência do "Vigilante", mas o resultado obtido em razão de uma reação enérgica (Ataque). A opinião pública e a mídia com certeza absoluta não perdoariam uma reação descomedida. Assim, o Uso de Equipamentos Não Letais pelo Vigilante torna-se uma necessidade, pois preenche este vácuo existente.

Armamento e Munição Não-Letais utilizados
- Spray ou Espargidor de Pimenta.
- Munições de Impacto Controlado eficientes na intimidação contra indivíduos isolados ou em grupos, através do efeito impactante dos "projeteis de borracha". As munições são fabricadas nos calibres 12, 37, 38.1 e 40mm.
  - Gás Lacrimogêneo.
  - Granadas de Efeito Moral.
  - Bastões de Choque.
  - Armamentos desenvolvidos para lançamento de munições não-letais nos Cal 12 e 38,1mm.
  - Granadas Fumígenas projetadas para lançamento manual ou por disparo de iniciação elétrica à distância.
  - Granadas Lacrimogêneas projetadas para lançamento manual ou por disparo de iniciação elétrica à distância.
  - Granadas Explosivas Indoor especiais para utilização em ambiente fechado, tendo como característica principal, o seu corpo fabricado inteiramente em borracha e o retardo de 1,5 segundo (próprio para ações de adentramento).
  - GL 305 Granada Lacrimogênea.
  - GL 306 Granada Identificadora.
  - GL 307 Granada Luz e Som.
  - GL 308 Granada Pimenta.
  - MB 900 Granada Ofensiva.

248 Segurança é Prevenção

Na Home Page da "Condor Tecnologias Não Letais", existem perguntas e respostas importantíssimas dentro do assunto em questão. Destaquei algumas que são pertinentes:

Qual é o conceito que define Armas e Munições Não-Letais?

"Sistemas de armas e munições não-letais são aqueles especialmente projetados para emprego primário na incapacitação de pessoas, tendo como objetivo não causar fatalidades ou lesões permanentes, e neutralizar materiais sem causar danos ao patrimônio e ao meio ambiente".

Fonte: Departamento de Defesa Norte Americano.

Conduta individual.

- No Brasil, uma pessoa física pode adquirir armas e munições Não-Letais?

Não, por força de lei federal, somente entidades jurídicas Militares e Civis (forças armadas, polícias, guardas municipais, empresas de segurança privada e outros) recebem autorização para adquirir e utilizar esse tipo de material.

- O Spray ou Espargidor de Agente PIMENTA pode ser comprado por qualquer pessoa?

O Spray ou Espargidor de agente PIMENTA também é considerado arma Não-letal e, portanto está sujeito à mesma legislação que restringe a sua aquisição por pessoa física.

- Que lei federal regulamenta essa matéria?

DECRETO Nº 3.665, de 20 de Novembro de 2000 que dá nova redação ao Regulamento para a Fiscalização de Produtos Controlados (R-105) cujo texto está disponível na página da Presidência da República.

- Empresas de Segurança Privada podem adquirir Armas e Munições Não-Letais?

Sim, Por serem controladas diretamente pelo Departamento de Polícia Federal, as empresas devem solicitar primeiro autorização à Delegacia de Controle de Segurança Privada da PF, que após obtida a respectiva autorização se reportará ao **SFPC – Serviço de Fiscalização de Produtos Controlados**, do Exército, na Região Militar a que estiver jurisdicionado.

Armamento e Tiro (AT)

REGRAS DE SEGURANÇA E MANEJO DAS ARMAS E MUNIÇÕES NÃO-LETAIS:
Conceito de emprego

- Pode-se utilizar munições Não-Letais de emissão de fumaça ou de emissão de gás lacrimogêneo ou outro tipo de gás incapacitante em ambiente fechado?

Não, por ser difícil determinar a relação entre a dosagem do agente ativo, a cubagem do ambiente, o perfil fisiológico da pessoa e tempo a que a mesma ficará exposta, essas munições só devem ser utilizadas em ambiente aberto. É claro que a direção do vento deve ser analisada.

Qual o efeito do agente incapacitante PIMENTA no ser humano?

Grande desconforto causado por sensações de queimação na pele, fechamento involuntário das pálpebras e irritação nas vias aéreas, podendo seus efeitos perdurar por até 40 minutos, quando utilizado em consonância com a orientação do fabricante.

Qual o efeito do agente lacrimogêneo CS no ser humano?

Grande desconforto causado por lacrimejamento, irritação da pele e mucosas, podendo seus efeitos perdurar por até 20 minutos, quando utilizado em consonância com a orientação do fabricante.

Qual a distância recomendada para utilização de Balas de Borracha?

A distância mínima recomendada é de 20 metros, tendo como alvo a região abaixo da linha da cintura.

Qual o critério usado pela CONDOR para determinação dessa distância?

Através de dados de deformação de massa balística, comparados com parâmetros internacionais de não letalidade.

A munição Cartucho Plástico Cal 12 com Projétil Detonante com e sem Carga Lacrimogênea podem ser disparados diretamente contra pessoas ou contra obstáculos rígidos à curta distância?

Não. Os projéteis somente podem ser lançados de maneira que descrevam uma trajetória em forma de arco para atingirem uma área distante em média 100 metros do lançamento e caírem próxima das pessoas e nunca serem lançados diretamente contra o corpo das mesmas, a curta distância, sob o risco de o projétil causar uma lesão grave e até mesmo letal. Da mesma forma, no que se refere ao tiro direto contra obstáculos à curta distancia,

250   Segurança é Prevenção

o impacto do projétil pode provocar o rompimento da sua coluna de retardo interromper a cadeia de fogo e provocar nega de funcionamento.

Pistola Stinger
É uma arma de paralisação. A pistola apresenta uma série de vantagens entre as quais a possibilidade de gravar o alvo, monitor de localização, permite o disparo de até 4 dardos e atinge maior distância - até 10 metros. Não se trata de um mero dispositivo de choque, mas de uma arma não-letal que têm como resultado a paralisação imediata, seguida de queda, já que impede temporariamente o controle muscular do individuo atingido, sem causar danos permanentes à saúde.

POSTURA DE OPERAÇÃO COM ARMAS E MUNIÇÕES.

- Incidentes de tiro (pane e solução).
Há um incidente de tiro quando se produz uma interrupção do tiro, sem danos para o material ou pessoal, por motivo independente da vontade do atirador. No caso de acidente, as causas, efeitos e responsabilidades devem ser apuradas e imputadas na forma da lei. Na maioria dos casos, os incidentes de tiro são sanados por ações imediatas, agrupadas em série, segundo o incidente e as condições em que se deu.

Em razão da Portaria 358/2009-DG/DPF, os Vigilantes poderão se qualificar nos Cursos de:

Extensão em Equipamentos Não Letais-I (CENL- I)

1. Requisito
Ter concluído o Curso de Formação de Vigilante – CFV.

2. Objetivo
Dotar o aluno de conhecimentos gerais e técnicas relativas ao emprego do espargidor de agente químico lacrimogêneo em solução (líquido), de espuma ou gel, da arma de choque, bem como o emprego e uso da força de maneira escalonada, com o auxílio de armas não letais, no desempenho das atividades de vigilância patrimonial e segurança pessoal.

3.2. Carga horária
A carga horária total do curso será de 14 horas-aula.

Armamento e Tiro (AT)

3.3. Grade curricular

Uso Progressivo da Força (UPF)
Tem por objetivo dotar o aluno de conhecimentos gerais relativos ao emprego e uso da força de maneira escalonada, com o auxílio de armas menos que letais, bem como a legislação pertinente.

Equipamentos Não Letais 1 (ENL1)
Tem por objetivo dotar o aluno de conhecimentos gerais, relativos ao emprego do espargidor de agentes químicos e arma de choque, bem como os efeitos sobre o organismo e os procedimentos de primeiros socorros.

Extensão em Equipamentos Não Letais-II (CENL- II)

1. Requisito
Ter concluído o Curso de Extensão em Equipamentos Não Letais-I.

2. Objetivo
Dotar o aluno de conhecimentos gerais e técnicas relativas ao emprego de Munições Não Letais de calibre 12, granadas de mão fumígenas e lacrimogêneas e máscara contra gases, bem como o emprego e uso da força de maneira escalonada, com o auxílio de armas não letais, no desempenho das atividades de Transporte de Valores e Escolta Armada.

3.2. Carga horária
A carga horária total do curso será de 20 horas-aula.

3.3. Grade curricular

Revisão e Atualização das Disciplinas Básicas (RADB)
Tem por objetivo revisar assuntos das disciplinas do Curso de Extensão em Equipamentos Não Letais I, recordar e atualizar conhecimentos básicos sobre o Uso Progressivo da Força, recordar e praticar técnicas de uso e manejo de espargidores de agentes químicos e armas de choque.

Equipamentos Não Letais 2 (ENL2)
Tem por objetivo dotar o aluno de conhecimentos gerais e técnicas relativas ao emprego de Munições Não Letais de Calibre 12, granadas fumígenas e lacrimogêneas e máscara contra gases.

UNIDADE 03
REGRAS DE SEGURANÇA E MANEJO DO REVÓLVER NO ESTANDE

*Se quiser por à prova o caráter
de um homem, dê-lhe poder.
(Abrahan Lincoln)*

Estratégias de ensino: aula expositiva-dialogada-demonstrativa-prática.
Recursos: 01 professor e monitores, multimídia, sala de aula e estande, munição de manejo.
Carga horária: 05 h/a.

> **OBJETIVO DA INSTRUÇÃO**
> **CAPACITAR** o aluno a utilizar arma de fogo nas diversas posições de tiro, através de projeção de slides, manuseio de arma e do tiro em seco, bem como resolver incidentes de tiro (pane e solução).

REGRAS DE SEGURANÇA E MANEJO DO REVÓLVER NO ESTANDE
Conceito de cobertura e abrigo
Abrigo é resguardo, amparo, proteção; refúgio.

Cobertura é tudo aquilo que cobre, é o ato de cobrir; resumindo, "ver sem ser visto".

Assim, podemos estar cobertos, mas não necessariamente estar abrigados. Como profissionais de segurança, precisamos entender que numa situação de confronto é importante que estejamos abrigados e não simplesmente cobertos. Estrategicamente, precisamos estar "cobertos e abrigados". Assim, é fundamental que tenhamos noções básicas de balística, exatamente para não cometermos erros infantis, tais como achar que está protegido de tiros de SIG-Sauer 550 atrás de um simples carro de passeio. Percebam que neste caso, estaríamos cobertos e não abrigados. Raciocinar e agir com competência nos momentos mais críticos, nos momentos mais difíceis, só é possível se buscarmos constantemente a sabedoria; sobretudo, com muita humildade.

Conduta no estande
O instrutor deve proporcionar um ambiente seguro e disciplinado, indispensável ao bom andamento da instrução.

1. O instrutor/monitor recebe a apresentação da turma, com as faltas e atrasos porventura existentes.

2. O instrutor/monitor realiza a inspeção das armas, munições e acessórios necessários para a segurança da instrução.

3. O instrutor/monitor faz uma explanação sobre o exercício de tiro.

4. O instrutor/monitor faz a leitura das *Normas de Segurança no Estande.*

- Durante todo o período de permanência no estande, as armas estarão em segurança, isto é, abertas e desmuniciadas.

- As armas somente serão municiadas e carregadas mediante ordem.

- É proibido fumar.

- As séries somente trocarão funções mediante ordem do instrutor responsável.

- Quem observar ato atentatório à segurança, comandará: Suspender fogo!

- As armas da linha de fogo deverão estar sempre voltadas para os alvos.

- Todos devem obedecer prontamente às ordens do instrutor responsável.

- **Todos deverão estar com o pavilhão auditivo devidamente protegido do som.**
- **Na Linha de tiro, todos os atiradores e auxiliares, deverão estar com os respectivos abafadores e óculos de proteção.**

5. O instrutor/monitor organiza as séries.
- **Primeira série aos seus lugares!**
- **Primeira série, identificar os alvos!**
- **Instrutor/monitor, distribuir munição!**
- **Primeira série, municiar as armas!**
- **Carregar as armas!**
- **Atiradores prontos?**
- **Fogo!**
- **Série de tiro terminada!**
- **Armas abertas!**
- **Desmuniciar!**
- **Linha de fogo em segurança?**
- **Ordem à série, trocar funções!**
- **Ordem à série, identificar os alvos!**
- ...

MANEJO COM O REVÓLVER:

1. ABERTA: caracteriza-se pelo posicionamento do tambor fora do seu alojamento. Normalmente passamos o armamento aberto para evitarmos risco de acidentes e facilitarmos a inspeção do companheiro que recebe o armamento. Para municiarmos o revólver o mesmo terá que estar aberto.

2. FECHADA: caracteriza-se pelo tambor no alojamento, porém solto. Muitos profissionais de segurança não atentam para a importância de saber fechar e, principalmente, trancar o armamento, conhecimento fundamental para profissionais de segurança privada.

3. TRANCADA: caracteriza-se pelo tambor no alojamento, retido pelos seus reténs, o que ocasionará o alinhamento de uma das câmaras com o cano. Saber fechar e trancar o revólver é imprescindível para o profissional de segurança privada, pois, em situação real, terá pouquíssimo tempo para reação e caso não domine este conhecimento poderá pagar um preço muito alto: a vida.

4. MUNICIAR: ato de colocar munição no carregador. No caso do revólver, este deverá está aberto e o municiamento se dará no sentido contrário ao giro do tambor, ou seja, normalmente o tambor gira no sentido anti-horário. O municiamento deve ser no sentido horário, devendo colocar as munições à direita do cano.

5. ALIMENTAR: ato de colocar o carregador municiado no armamento. No caso do revólver, é o ato de fechar e trancar o armamento, colocando o cartucho a ser utilizado à direita do cano.

6. CARREGAR: ato de conduzir a munição com a câmara de explosão para o alinhamento com o cano, ou seja, momento que acionamos a tecla do gatilho, que poderá ser na ação simples ou dupla, deixando a arma em condições de disparo.

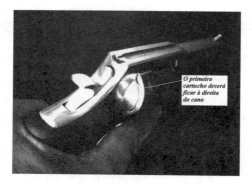

7. EXTRAÇÃO: ato de retirada dos estojos ou cartuchos das câmaras de explosão, através do acionamento da vareta do extrator.

FUNCIONAMENTO DO REVÓLVER:

1. AÇÃO SIMPLES: caracteriza-se pela ação do atirador em trazer o **CÃO** à retaguarda, gerando o engatilhamento e, posteriormente, o acionamento do **GATILHO** para o disparo.

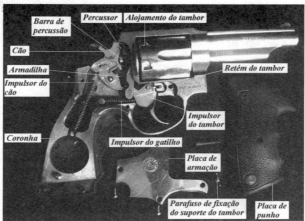

Ação do mecanismo: a força do atirador puxando o cão faz com que o mesmo gire sobre seu eixo, e, a sua base, próxima ao dente de engatilhamento, inicie a elevação do gatilho.

- O gatilho também gira sobre seu eixo fazendo o retém do tambor clicar e o impulsor do tambor subir.
- O retém do tambor clica, ou seja, desce liberando o tambor para que este seja impulsionado por seu impulsor e efetue um giro (normalmente no Brasil o tambor gira no sentido anti-horário). Em seguida, o retém do tambor sobe, retendo-o.
- O giro do tambor proporciona o carregamento do cartucho ou seja, este alinha-se com o cano. A câmara de explosão que estava à direita do cano alinha-se com o mesmo. Este momento coincide com o encaixe do gatilho com o dente de engatilhamento do cão, caracterizando desta forma o engatilhamento e o término da 1ª fase da ação simples.
- A 2ª fase da ação simples caracteriza-se simplesmente pelo ato do atirador acionar o gatilho proporcionando o disparo, ou seja, pela liberação do mecanismo de engatilhamento.
- Com o disparo o cão é liberado pelo gatilho e projetado com velocidade para frente devido à distensão da mola do impulsor do cão.
- Mantendo o gatilho pressionado o atirador permite que o percussor atinja com força a espoleta caracterizando a percussão.

- A espoleta joga uma centelha no interior do estojo gerando a queima da pólvora definida tecnicamente como "deflagração do cartucho". Os gases gerados pela queima da pólvora impulsionam o projétil para frente imprimindo-lhe velocidade em toda a extensão do cano, indo o projétil atingir o alvo para o qual o cano estava direcionado.

- Ao percorrer o interior do cano o projétil sofre influência das raias adquirindo um movimento giratório sobre seu próprio eixo, proporcionando maior precisão e alcance.

2. AÇÃO DUPLA: Caracteriza-se pela ação do atirador acionando diretamente a tecla do GATILHO, sem que haja a necessidade do engatilhamento e sim o disparo propriamente dito.

Ação do mecanismo: a força do músculo flexor do dedo indicador, normalmente usado pelo atirador, sobre a tecla do gatilho proporciona um giro do gatilho sobre seu eixo fazendo com que a parte superior do mesmo acione a armadilha que posicionará o cão para ser elevado pela base do gatilho, iniciando o giro do cão sobre seu eixo.

Armamento e Tiro (AT)   259

- O giro do cão e do gatilho sobre seus respectivos eixos faz com que as demais peças funcionem como definido na ação simples, ou seja, com o recuo do cão este pressiona seu impulsor que comprime sua mola.

- O giro do gatilho sobre seu eixo gera o clique do retém do tambor e a subida do impulsor do tambor, fazendo o tambor girar no sentido anti-horário e carregando a câmara de explosão com o cartucho que estava à direita do cano para o alinhamento com o mesmo.

- Com o disparo (liberação do cão pelo gatilho), a mola do impulsor do cão, que estava comprimida, se distende projetando o impulsor e o cão com velocidade para frente.

- Mantendo o gatilho pressionado o atirador permitirá a percussão e conseqüentemente a deflagração do cartucho como descrito na ação simples.

Ao realizar o tiro na ação simples, o atirador reduz em aproximadamente 2/3 a força do músculo flexor do indicador sobre o gatilho em relação ao mesmo movimento na ação dupla, ou seja, o gatilho fica mais leve, tornando o tiro na ação simples mais preciso do que o tiro realizado na ação dupla.

DISPOSITIVO DE SEGURANÇA
a. Percussão direta.

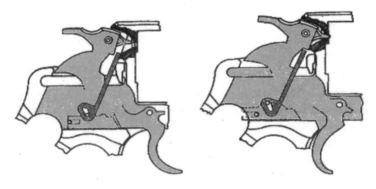

TRAVA DE SEGURANÇA

DISPOSITIVO DE SEGURANÇA
b. Percussão indireta.

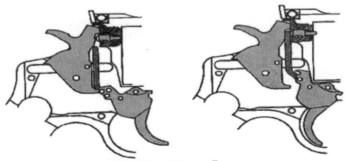

BARRA DE PERCUSSÃO (1981)

MEDIDAS PRELIMINARES PARA O MANUSEIO DO REVÓLVER

1. **Empunhar corretamente o revólver.**
   - Os dedos, mínimo, anelar e médio, juntamente com o polegar, envolvem com firmeza a coronha.
   - O dedo indicador estará estendido na armação, paralelo ao tambor, fora da tecla do gatilho.
2. **Apontar para um local seguro.**
   - Significa eliminar toda e qualquer possibilidade de atingir alguém, no caso de um incidente com o revólver.
   - O revólver deverá estar sempre, por questões de segurança, num ângulo de 45 graus.
   - O cano do revólver deverá estar apontado para um local com areia ou terra, vulgarmente conhecido como "caixão de areia" objetivando reter o projétil caso haja um disparo acidental.

3. Abrir a arma.

- Mantendo a angulação de 45 graus, devemos acionar o botão serrilhado do ferrolho para abrir o revólver.
- Com os dedos médio e anelar da mão auxiliar deslocamos o tambor para a esquerda tirando-o do seu alojamento.

4. Inspecionar câmaras e cano (Desmuniciar).

- Devemos inspecionar as câmaras de explosão, ou seja, verificar se o revólver está municiado e ainda se o cano encontra-se obstruído, observando a luminosidade que passa através do cano e das câmaras de explosão.
- Utilizando uma caneta introduzida pela boca do cano.
- Alguns profissionais utilizam o método em que se coloca o polegar na culatra sobre o orifício de projeção do percussor e, olhando pela boca do cano, observa-se a unha deste polegar através de toda extensão do cano.

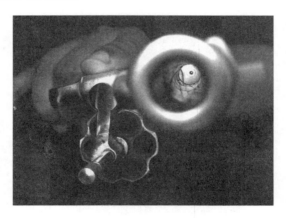

5. Inspecionar o mecanismo de funcionamento do revólver.
- Vareta do extrator (deve estar justa).

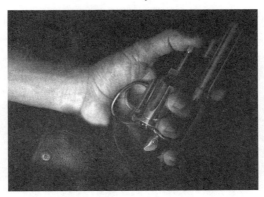

- Retém do tambor (clica quando o cão é acionado).
- Impulsor do tambor (sobe quando o cão é acionado).
- Percussor / percutor (aflora quando o gatilho é acionado).
- Trava de segurança / barra de percussão (impede a percussão quando o gatilho não está acionado).

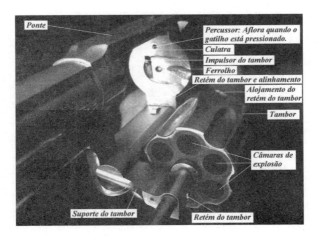

6. Municiar / alimentar e carregar o revólver.
- Mão auxiliar.
- Giro no sentido anti-horário.
- Fechamento e trancamento.

Ao passar a arma.
- Empunhar corretamente.
- Apontar para um local seguro.
- Abrir a arma.
- Cano para baixo e punho para frente.

Incidentes de tiro (pane e solução)

Há um incidente de tiro quando se produz uma interrupção do tiro, sem danos para o material ou pessoal, por motivo independente da vontade do atirador. No caso de acidente, as causas, efeitos e responsabilidades devem ser apuradas e imputadas na forma da lei. Na maioria dos casos, os incidentes de tiro são sanados por ações imediatas, agrupadas em série, segundo o incidente e as condições em que se deu.

Ação imediata:
1. Mantenha a arma em segurança (45°).
2. Abra a arma, acionando o botão serrilhado do ferrolho.
3. Inspecione câmaras e cano (desmunicie).
4. Inspecione o mecanismo de funcionamento do revólver.

Caso não seja possível sanar o problema, encaminhe para o armeiro, em segurança.
• Treinamento em seco com os dois olhos abertos.
• prática de saque e coldreamento da arma.

VISADA E EMPUNHADURA:
- Com os dois olhos abertos,
- Empunhadura de mão dupla.

Justificativa: estudos apontam que confrontos armados ocorrem em distâncias de 3 a 6 metros.

Fotografia

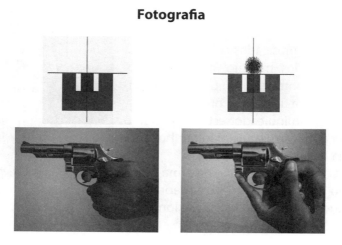

FUNDAMENTOS DO TIRO

Fases do tiro

1. Empunhadura

- É a primeira fase do tiro.
- Estaremos sempre em "boa base", ou seja, os pés estarão paralelos e afastados um pouco mais que a largura dos ombros.
- A cintura pélvica estará encaixada e a musculatura abdominal (reto, obliquo e transverso do abdômen) contraída.
- Definiremos como braço/mão principal, a que empunha a arma; e como braço/mão auxiliar, a que está sem a arma; portanto, o braço auxiliar estará estendido ao longo do corpo.

- É necessário que tenhamos mãos fortes, músculos flexores dos dedos fortes, enfim, uma boa empunhadura, para que o nosso tiro seja eficiente.
- Exercícios diários para o fortalecimento dos flexores dos dedos e músculos do antebraço são fundamentais. Barra fixa, pista de cordas e tira prosa são alguns exercícios que devem ser praticados constantemente.
- Os dedos, mínimo, anelar e médio, juntamente com o polegar, envolvem com firmeza a coronha.
- O dedo indicador estará estendido na armação, paralelo ao tambor, fora da tecla do gatilho.
- O ideal é que o cano da arma esteja no prolongamento do antebraço, e que o punho não esteja flexionado.

Armamento e Tiro (AT)

• No caso do coldre comum, para que a empunhadura seja confortável, o vigilante deverá relaxar o braço principal e ajustar o coldre de forma que a coronha da arma fique exatamente na altura das mãos do vigilante, observando e respeitando o tônus muscular.
• Através de uma simples empunhadura o criminoso é capaz de avaliar e analisar o potencial de reação do vigilante.
Para bom entendedor...

2. Posicionamento
• É a segunda fase do tiro.
• O posicionamento varia de acordo com o estilo escolhido pelo profissional de segurança.
• O princípio é o mesmo das artes marciais, ou seja, uma base forte, enraizada, como se estivesse de fato plantado no solo.
• Vale sempre lembrar que não é o estilo, não é a posição escolhida que melhorará o tiro. As técnicas Especiais de Tiro servem para que o combatente seja mais eficiente e eficaz no combate.
É imprescindível que esta afirmativa seja entendida por inteiro.
• No caso do PCR (Posição de Combate Rápido) ou AF (Arco e Fecha), o posicionamento é a própria "boa base".
• No caso do PK (Posição Kibadashi), ou melhor, Posição do Cavalo, partindo da "boa base", o vigilante afastará a perna auxiliar, aproximadamente o dobro da "boa base", contudo, deverá flexionar os joelhos, mantendo os pés paralelos. Simultaneamente, o tronco será flexionado ficando paralelo ao solo. O objetivo é reduzir a silhueta e melhorar o equilíbrio reduzindo o centro de gravidade, dificultando conseqüentemente a tomada da linha de mira e linha de visada por parte do oponente.
• É óbvio que exercícios regulares para o aumento de amplitude articular e fortalecimento de membros inferiores, principalmente resistência muscular localizada, são fundamentais para que tenhamos uma boa performance.
• No caso do QUELL, partindo da "boa base", a perna auxiliar deslizará com firmeza para frente, os joelhos estarão semiflexionados, o tronco ereto e oitavado.
• No caso da posição DJ (De Joelhos), a perna auxiliar deslizará com firmeza para frente e o pé da perna principal se acomodará o suficiente para que o joelho desta fique apoiado no solo.
• O tronco permanecerá ereto e oitavado.

3. Elevação
- É a terceira fase do tiro.
- A elevação se caracteriza pelos movimentos que vão desde o saque, até o apontar a arma para o alvo, obviamente respeitando as técnicas próprias de cada estilo.
- No caso do PCR (Posição de Combate Rápido), o giro do tronco ereto para o lado da arma, facilitará o saque, reduzirá significativamente a silhueta e estabilizará ainda mais a base. Vale ressaltar que jamais devemos tirar os olhos do alvo; portanto, só o tronco gira.
- A arma será sacada do coldre e deslizará em direção à axila pela lateral do tronco, tendo a preocupação de manter o cano apontado para o solo.
- Próxima à axila, a arma será apontada para o alvo e, dando continuidade ao movimento, como um projétil saindo do cano de uma arma, o braço será estendido energicamente em direção ao alvo.
- O braço auxiliar, semiflexionado, simultaneamente ao movimento descrito, apoiará com firmeza a mão principal, obviamente com a arma; protegendo simultaneamente a lateral do tronco, exposta em razão do giro.

- No caso do PK (Posição Kibadashi), a elevação se dará simultaneamente à flexão do tronco.
- A arma será sacada do coldre e deslizará em direção à axila pela lateral do tronco, tendo a preocupação de manter o cano apontado para o solo.
- Simultaneamente ao movimento descrito, a mão auxiliar de forma simétrica, executará o mesmo movimento, indo de encontro à mão principal na altura do mediastino.
- Neste exato momento, os braços estarão semiflexionados e as

Armamento e Tiro (AT)   269

mãos juntas empunharão com firmeza a coronha. Estando a arma apontada para o alvo, dando continuidade ao movimento, como um projétil saindo do cano de uma arma, os braços serão estendidos energicamente em direção ao objetivo.

• No caso do QUELL, a elevação se dará simultaneamente ao deslizamento da perna auxiliar para frente.
• A arma será sacada do coldre e deslizará em direção às axilas pela lateral do tronco, tendo a preocupação de manter o cano apontado para o solo. Próximo às axilas, a arma será apontada para o alvo e, dando continuidade ao movimento, como um projétil saindo do cano de uma arma, o braço será estendido energicamente, em direção ao alvo.

• O braço auxiliar, semiflexionado, simultaneamente ao movimento descrito, apoiará com firmeza a mão principal; protegendo simultaneamente a lateral do tronco, exposta em razão do giro.

• No caso da posição DJ (De Joelhos), a elevação se dará simultaneamente ao deslizamento da perna auxiliar para frente. A arma será sacada do coldre e deslizará em direção à axila pela lateral do tronco, tendo a preocupação de manter o cano da arma apontado para o solo. Próximo à axila, a arma será apontada para o alvo e, dando continuidade ao movimento, como um projétil saindo do cano de uma arma, o braço será estendido energicamente, em direção ao alvo.

• O braço auxiliar, semiflexionado e com o cotovelo apoiado no joelho da perna auxiliar, simultaneamente ao movimento descrito, apoiará com firmeza a mão principal, permitindo assim um encaixe harmônico dos membros superiores e inferiores, equilibrando e estabilizando a posição.

4. Tomada da linha de mira e linha de visada
• É a quarta fase do tiro.
• Caracteriza-se pelo enquadramento da alça e maçã de mira, cuidadosamente colocada no centro do alvo (Fotografia).
• Definimos linha de mira como uma linha imaginária que saindo da vista do atirador, passa simetricamente pela alça de mira e vai até a maçã de mira.
• Definimos linha de visada como uma linha imaginária que saindo da vista do atirador, passa simetricamente pela alça de mira, vai até a maçã de mira e finaliza sua trajetória no centro do alvo.

5. Respiração
• É a quinta fase do tiro.
• No momento do disparo, naturalmente, o atirador estará em apnéia, ou seja, executará o disparo com a respiração presa. O ideal é que consigamos, na expiração, manter aproximadamente 1/3 de ar nos pulmões. Com o treinamento diário, passa a ser algo natural.

6. Acionamento do gatilho
• É a sexta fase do tiro.
• Talvez seja a fase mais importante. É necessário que tenhamos muita sensibilidade e controle emocional para que, em hipótese alguma, comandemos a tecla do gatilho. O acionamento da tecla do gatilho é puro sentimento; somente com a constância de treinamen-to seremos capazes de entender esta afirmativa. Aconselho

sempre que o aluno, neste caso, aceite na fé; com o tempo ele acaba entendendo e, conseqüentemente aprendendo.

• Nosso tiro não é brincadeira, não se trata de competição e sim de combate. Muitos alunos trazem o vício de querer atirar com a falange distal do dedo indicador ponta do dedo). Sempre aconselho que usem a falange medial e, principalmente, que treinem exaustivamente o controle do gatilho.

• É fundamental ressaltar que não se puxa o gatilho e sim pressiona-se gradativamente mantendo a linha de mira e linha de visada.

7. Retomada da linha de mira e linha de visada

• É a sétima fase do tiro.

• O acionamento da tecla do gatilho libera o percussor que fere a espoleta. Esta pequena explosão é responsável por uma grande explosão em razão da queima da pólvora existente no interior do estojo. São estes gases os responsáveis pelo deslocamento do projétil.

• Em razão da explosão descrita é natural perdermos a fotografia; assim é necessário que no menor espaço de tempo possível, retomemos a linha de mira e a linha de visada para que tenhamos condições de, mais uma vez, acionar a tecla do gatilho.

8. Retorno aos 45°

• É a oitava fase do tiro.

• Tendo finalizado o(s) disparo(s), é importante que continuemos ligados, avaliando toda a situação. É como se estivéssemos "voltando à calma". Gradativamente, mantendo o braço estendido, a arma é colocada e mantida a 45 graus.

TÉCNICAS ESPECIAIS DE TIRO

Tiro em Visão Primária – TVP de Pé

Posição de Combate Rápido - PCR

Posição Quell – PQ

Posição Kibadachi – PK

Posição Kibadachi – PK

Posição Arco e Flexa – AF

Posição de Joelho – DJ

Posição Deitado – PD

BARRICADA: obstáculo que permita abrigo nas posições de pé, joelho ou deitado com disparos à direita ou à esquerda, empunhadura dupla.

Visão Lateral Direita

Visão Lateral Esquerda

Visão Frontal

Visão Frontal

Armamento e Tiro (AT)   277

UNIDADE 04
REVÓLVER CALIBRE 38

Os homens são como os vinhos: a idade azeda os maus e apura os bons.
(Cícero)

Estratégias de ensino: aula expositivo-dialogada-demonstrativa-prática.
Recursos: 01 professor e monitores, estande, revolver cal. 38, munição (30 tiros).
Carga horária: 02 h/a.

> **OBJETIVO DA INSTRUÇÃO**
> **EFETUAR** tiro em visão primária – TVP – nas três posições, a 07 metros,
> 10 tiros em cada posição, com os dois olhos abertos.

REVÓLVER CALIBRE 38
- TVP de pé, a 10 metros, 10 tiros.
- TVP ajoelhado barricado, a 07 metros, 10 tiros.
- TVP deitado barricado, a 07 metros, 10 tiros.

Observação: Consulte o anexo de TET (Técnicas Especiais de Tiro)

UNIDADE 05
REVÓLVER CALIBRE 38

A coragem é a mais alta das qualidades humanas, pois é a qualidade que garante as outras.
(Aristóteles, filósofo)

Estratégias de ensino: aula expositivo-dialogada-demonstrativa-prática.
Recursos: 01 professor e monitores, estande, Revólver calibre 38, munição (12 tiros).
Carga horária: 02 h/a.

> **OBJETIVO DA INSTRUÇÃO**
> **EFETUAR** tiro rápido - TR, partindo da posição de retenção, 5 metros, 12 tiros, com os dois olhos abertos.
> **Observação:** Consulte o anexo de TET (Técnicas Especiais de Tiro)

REVÓLVER CALIBRE 38
- Treino da unidade.
- Treinamento em seco com munição de manejo.
- TR, posição de retenção, a 5 metros, 2 acionamentos em 3" a cada comando – 12 tiros.

UNIDADE 06
REVÓLVER CALIBRE 38

*"É nos momentos de decisão
que seu destino é traçado."*
Anthony Robbins

Estratégias de ensino: aula expositivo-dialogada-demonstrativa-prática.
Recursos: 01 professor e monitores, estande, revolver cal. 38, munição (12 tiros)
Carga horária: 02 h/a.

> **OBJETIVO DA INSTRUÇÃO**
> **EFETUAR** tiro rápido, barricada à direita e à esquerda, partindo da posição de retenção, 5 metros, 12 tiros, com dois olhos abertos.

REVÓLVER CALIBRE 38
• Treino da unidade.
• Treinamento em seco de pé.
• TR, posição de retenção, a 5 metros, barricada à direita e à esquerda, com 2 acionamentos a cada comando, em 3" – 12 tiros.

Observação: Consulte o anexo de TET (Técnicas Especiais de Tiro)

*****BARRICADA:** obstáculo que permita abrigo na posição de pé, com disparos à direita e à esquerda, empunhadura dupla e os dois olhos abertos.

UNIDADE 07
REVÓLVER CALIBRE 38

"Tolo é aquele que afundou
seu navio duas vezes e ainda culpa o mar"
Publilus Syrus

Estratégias de ensino: aula expositivo-dialogada-demonstrativa-prática.
Recursos: 01 professor e monitores, estandes, revólver e munição (12 tiros).
Carga horária: 04 horas-aula.

OBJETIVO DA INSTRUÇÃO
EFETUAR tiro rápido, partindo com a arma coldreada, com saque, de pé, 5 metros, 12 tiros, com dois olhos abertos.

REVÓLVER CALIBRE 38
- Treino da unidade.
- TR, com saque, a 5 metros, com 2 acionamentos a cada comando, em 3" - 12 tiros.

REVÓLVER CAL 38   **VERIFICAÇÃO FINAL**   **10 TIROS**

EFETUAR tiro rápido, sacando a arma do coldre, de pé, a 5 metros, 2 acionamentos a cada comando, em 3" - 10 tiros, com aproveitamento de 60% dos disparos na silhueta do alvo (alvo humanóide).

MUNIÇÃO POR ALUNO: Calibre 38   **QUANTIDADE:** 76 Tiros

Capítulo 23

Vigilância (VIG)

*"A raiva é um vento que apaga
a lâmpada da mente."*
D.C.Luz

Carga horária: 14 horas-aula   **Avaliação:** VF (02 h/a)

OBJETIVOS DA DISCIPLINA:

1. Desenvolver conhecimentos sobre vigilância geral e sobre as áreas de vigilância especializadas, como banco, shopping, hospital, escola, indústria, com o fim de manter a integridade do patrimônio que guarda, executar os serviços que lhe competem e realizar uma vigilância dinâmica, alerta, integrada e interativa.
2. Capacitar o aluno a identificar as técnicas de vigilância em geral e compreender as funções do vigilante, bem como avaliar sua importância num esquema de segurança.
3. Desenvolver conhecimentos sobre o plano de segurança das empresas.
4. Dotar o aluno de conhecimentos específicos que o capacitem ao desempenho das atribuições de promover a segurança física de instalações, em sua área de atuação, adotando medidas de prevenção e repressão de ocorrências delituosas.
5. Identificar emergência, evento crítico e crise.

282 Segurança é Prevenção

UNIDADE 01
TIPOS DE VIGILÂNCIA

Os grandes navegadores devem sua reputação aos
temporais e tempestades.
(Epicuro)

Estratégias de Ensino: aula expositiva dialogada com auxílio de recursos audiovisuais.
Recursos: 01 professor e caderno didático.   **Carga Horária:** 04 h/a.

OBJETIVO DA INSTRUÇÃO
DESENVOLVER CONHECIMENTOS sobre vigilância geral e sobre as áreas de vigilância especializadas, como banco, shopping, hospital, escola, indústria, com o fim de manter a integridade do patrimônio que guarda, executar os serviços que lhe competem e realizar uma vigilância dinâmica, alerta, integrada e interativa.

TIPOS DE VIGILÂNCIA
Conceito de vigilância

É o ato ou efeito de vigiar. A primeira coisa que aprendemos em segurança privada é que segurança é prevenção. Aprendemos a pensar em medidas preventivas, ou seja, não podemos permitir que os problemas aconteçam para depois apresentarmos aquelas soluções geniais, superinteligentes, que na verdade representam uma desculpa pela nossa incompetência. Vigilância é o ato ou efeito de vigiar, mas vigiar o tempo todo, e não apenas em determinados momentos. É preciso que haja uma conscientização, uma preocupação do vigilante com relação a esta palavra que deu origem ao próprio nome. Quando um empresário assina um contrato com uma empresa de segurança privada, com toda a certeza ele deseja, e espera, que o profissional de segurança tenha consciência que está numa guerra diferente, onde a inteligência emocional, a estratégia e a psicologia são armas que devem ser empregadas em conjunto com as técnicas de segurança; assim, o vigilante torna-se um analista, um avaliador de riscos, um profissional curto, objetivo mas extremamente educado, capaz de enxergar o invisível, ouvir o inaudível, ou

Vigilância

283

seja, o que está dentro da mente e do coração das pessoas. É capaz de sentir cheiro de conflitos e problemas e conseqüentemente adotar medidas preventivas, pois sabe e tem consciência de que segurança é prevenção.

Perfil do vigilante

Um profissional de segurança privada precisa ter consciência de que não é, tampouco tem "Poder de Polícia". É, na verdade, um analista, um avaliador de riscos. Sabe que, neste segmento, segurança é simplesmente prevenção, portanto, está sempre tentando projetar conflitos e problemas que, de alguma forma, podem acontecer. Está sempre com sua principal arma, papel e caneta, planejando, dando idéias e colocando-as de forma clara, precisa e concisa no papel. Procura sempre adotar medidas preventivas. Caracteriza-se principalmente por sua percepção, sentimento e (feeling). Utiliza seus olhos para observar e não simplesmente para olhar; utiliza seus ouvidos para ouvir e não simplesmente para escutar; utiliza sua mente para avaliar, analisar, discernir e planejar. Utiliza o coração para perceber, sentir e também ouvir, principalmente, o inaudível, ou seja, o que está dentro do coração e na mente das pessoas. Ser um profissional de segurança privada significa ter condições de raciocinar e agir com competência nos momentos mais críticos, nos momentos mais difíceis. Quando um profissional de Recursos Humanos realiza um processo seletivo para profissionais de segurança privada, alguns aspectos são cuidadosamente analisados, pois existem duas Necessidades Estratégicas em Segurança Privada: *Equilíbrio Emocional e Qualidade Comportamental.* Perceber, no mais curto espaço de tempo, se o candidato é equilibrado emocionalmente e a sua qualidade de comportamento diante situações críticas, difíceis e emergênciais são aspectos fundamentais para o processo seletivo. Ao definir Equilíbrio Emocional, o profissional de recursos humanos foca a Qualidade Comportamental do vigilante. Muitas são as qualidades de comportamento, entretanto, três características são imprescindíveis. A primeira é a iniciativa. Ter iniciativa é ser proativo, ou seja, é fazer acontecer. É necessário que façamos com que as coisas aconteçam. Existem pessoas que ficam esperando que abra uma 'fenda no céu', e desta fenda, como que "amparado pelas asas do Arcanjo do corcel alado, tonitruante em motores...", como diz o texto Eterno Herói da Brigada de Infantaria Pára-quedista, a benção caia docemente nas mãos do indivíduo, e isso, com certeza, não irá acontecer. A segunda característica é o bom senso. Ter bom senso é entender, por exemplo, que não existe nenhuma lei que me proíba ir a praia de paletó e gravata, ou mesmo ir a

284 Segurança é Prevenção

um casamento de bermuda e chinelo de dedo, se eu quiser posso ir, entretanto faria papel de ridículo, demonstraria não ter bom senso. Infelizmente, observamos no nosso segmento muitos candidatos que perdem inúmeras oportunidades neste mercado por falta de bom senso. A terceira característica é o discernimento. Discernir é discriminar, distinguir, conhecer, avaliar bem, apreciar, medir. É fundamental que um profissional de segurança saiba o que é certo e o que é errado, o que deve e o que não deve ser feito, enfim, saiba "Ver distintamente", saiba discernir. Leia página 4 "Necessidades Estratégicas em Segurança Privada".

Conceito de área de guarda (sob responsabilidade do vigilante)

É fundamental que um profissional de segurança tenha consciência de que *não é um policial, não possui "poder de polícia" e que sua principal função é "administrar conflitos e problemas", não criá-los*, entretanto, é imprescindível que tenha convicção de que *tem autoridade* e, principalmente, saiba usá-la com sabedoria. Autoridade é um poder delegado a alguém por alguém, claro que por alguém que tem autoridade. Nos cursos de Gestão de RH, aprendemos que existe uma diferença significativa entre autoridade e poder. Autoridade tem ligação direta com liderança, seria mais ou menos conseguir que as pessoas cumpram determinados objetivos, façam determinadas coisas, não por imposição, mas por estarem de alguma forma "entusiasmadas", fazem por livre e espontânea vontade, de bom grado. Poder está diretamente ligado a imposição, ameaça, força, etc. Em se tratando de segurança privada, vale ressaltar que este "poder" é limitado, ou seja, nossa *"autoridade" é limitada*. Vejamos: se o diretor-presidente de uma fábrica dá autoridade a alguém, esta pessoa terá autoridade dentro da fábrica onde trabalha, talvez até no grupo. Contudo, na fábrica do concorrente, não tem autoridade alguma. Um pai, uma mãe, tem autoridade dentro da sua família, não na família do vizinho. Um vigilante possui autoridade dentro do seu posto de vigilância; caso abandone o posto, caso saia dos limites do posto, perde automaticamente sua autoridade. Estará sujeito às sanções impostas pela lei. Portanto, concluímos, que a nossa autoridade é limitada e, ainda mais importante é que precisa ser exercida, caso não seja, o resultado é bagunça, desrespeito, desmando, confusão. Quando um professor não exerce a autoridade que possui, o resultado é bagunça, baderna, indisciplina. Quando a polícia não exerce a autoridade que possui, observamos o aumento da criminalidade, desordem, desrespeito, desmando, enfim, quando o vigilante, de alguma forma, não exerce a autoridade que recebeu, obser-

Vigilância **285**

vamos no seu posto de serviço inúmeros conflitos e problemas. Podemos concluir que *"nossa autoridade é limitada e caso não a exerçamos, o resultado é sempre desordem, bagunça, desmando, confusão".*

É sempre bom lembrar que o profissional de segurança é responsável pela integridade do patrimônio e das pessoas que encontram-se dentro deste patrimônio, ou melhor, do posto de vigilância.

Vigilância em geral

Faz parte da nossa filosofia a seguinte afirmativa: "É necessário que estejamos sempre esperando o melhor, contudo, preparados para o pior, assim, jamais seremos surpreendidos". Não devemos jamais confiar na possibilidade do inimigo não vir, mas na nossa competência técnica de recebê-lo, tornando nossa posição invulnerável. Os guerreiros antigos colocavam-se primeiro fora da possibilidade de derrota, depois esperavam a oportunidade de derrotar o inimigo. Sun Tzu dizia que **"a garantia de não sermos derrotados está em nossas próprias mãos, porém a oportunidade de derrotar o inimigo é fornecida pelo próprio inimigo"**, assim eu posso saber como proceder, como agir, como fazer, para conquistar a vitória sem, contudo, ter capacidade para tal. Sun Tzu prossegue: **"A garantia contra a derrota implica em táticas defensivas, a capacidade de derrotar o inimigo significa tomar a ofensiva. Manter-se na defensiva indica força insuficiente, atacar, uma superabundância de força"**. Um profissional de segurança privada se posiciona de forma a que todos o vejam diretamente e percebam imediatamente sua presença forte, é como se estivesse sob a luz de um holofote mas, apesar da imagem marcante é profissionalmente discreto. Sensação de Segurança e Força de Presença é mais ou menos igual a um leão, observem que o leão está lá, tranqüilo, na dele, calmo, sereno e sossegado, todavia, é um leão. Todos sabem que é um leão. Ninguém se mete a besta com ele, sabem porque? Porque é um leão. Ele não precisa plantar bananeira, tampouco fazer piruetas ou algo mirabolante. Basta ser o que é, um leão.

Leia página 29 "Posicionamento Superior".

O profissional de segurança, através de todo o conhecimento técnico adquirido no Curso de Formação tem por missão salvaguardar o patrimônio do cliente, administrando conflitos e problemas, impedindo ou inibindo ações criminosas. A filosofia de segurança privada é uma só, entretanto sabemos que existe um leque de oportunidades neste mercado, pois o foco

286 Segurança é Prevenção

de cada cliente é diferente, assim, respeitando estas características individuais, procuramos personalizar o treinamento de acordo com a área de atuação do vigilante.

Vigilância em banco

O vigilante que atua em estabelecimentos financeiros, precisa ter plena
consciência dos riscos que envolvem esta atividade. Aperfeiçoar-se em segurança bancária é estrategicamente correto, pois é óbvio que os riscos são
maiores, entretanto, não é nenhum bicho de sete cabeças. Inteirar-se das
normas e diretrizes do estabelecimento, ter um conhecimento razoável do
sistema de segurança do banco e pensar sempre preventivamente é um
bom começo.

Sugestão: o instrutor simula uma agência bancária e desenvolve uma
dinâmica de grupo, criando hipóteses diversas.

Vigilância em shopping

O vigilante que atua neste tipo de estabelecimento comercial, precisa ter
consciência de que, além da sensação de segurança que necessita transmitir, sua postura e apresentação pessoal deve ser impecável, pois encontra-se
numa verdadeira vitrine. Precisa ser um diplomata, pois está sendo avaliado
e analisado por todos, inclusive por criminosos.

Sugestão: o instrutor simula uma situação crítica num shopping e desenvolve uma dinâmica de grupo, criando hipóteses diversas.

Vigilância em hospital

O vigilante que atua neste segmento precisa ter muita maturidade e
equilíbrio emocional. É fundamental que tenha consciência de que, além
da sensação de segurança que necessita transmitir, deve usar e abusar de
empatia, ou seja, sentir o que se sentiria caso estivesse no lugar ou circunstância experimentada por outra pessoa. Certamente não faltará oportunidade de aplicar na prática todo o conhecimento teórico aprendido durante
o curso.

Sugestão: o instrutor simula situações críticas que acontecem no dia a
dia de um hospital e desenvolve uma dinâmica de grupo, criando hipóteses
diversas.

Vigilância em escola

O vigilante que atua neste segmento precisa ter muita percepção. Maturidade também é uma palavra chave, entretanto, sentimento ("feeling"), é fundamental. O foco da vigilância escolar são os estudantes que, independentemente da faixa etária, são estudantes em qualquer lugar do mundo. Perceba que nossas linhas de ação e atitudes quando estamos sós, não são as mesmas de quando estamos acompanhados. Essa mudança de atitude é um fato comprovado por especialistas em comportamento humano. Agora, imagine jovens reunidos, é ou não é uma caixinha de surpresas? A verdade é que precisamos usar todo o sentimento, pois tudo pode acontecer.

Sugestão: o instrutor simula uma escola, com todos os problemas e desenvolve uma dinâmica de grupo, criando hipóteses diversas.

Vigilância na indústria

O vigilante que atua neste segmento precisa ser curto e extremamente educado. É inadmissível um vigilante amigo de todo mundo, super legal, bacana, freqüentador de festas e churrascos dos funcionários da fábrica, certamente, por motivos óbvios, não conseguiria desenvolver um bom trabalho. Pense bem, qual o interesse de um funcionário em aproximar-se de um vigilante? Fazer amizade? Com que objetivo? Dá pra desconfiar, não é verdade? Portanto, é muito importante que o vigilante entenda porque deve ser curto, nunca grosso, mas extremamente educado, este é o vigilante que todos os empresários gostariam de contratar.

Sugestão: o instrutor simula uma fábrica/indústria e desenvolve uma dinâmica de grupo, criando as mais diversas hipóteses, tais como greves, furtos, acidentes, sabotagens, etc.

Vigilância em prédio

O vigilante que atua em condomínios, residenciais ou comerciais, precisa ter consciência de que, além da sensação de segurança que necessita transmitir, sua postura e apresentação pessoal deve ser impecável, pois também encontra-se numa verdadeira vitrine. Precisa ser um diplomata, pois está sendo avaliado e analisado por todos, inclusive por criminosos.

Sugestão: o instrutor simula um condomínio com todos os problemas e conflitos do dia a dia e desenvolve uma dinâmica de grupo, criando hipóteses diversas.

Vigilância eletrônica

O vigilante que atua neste segmento precisa ter muita percepção. Talvez seja o aperfeiçoamento que mais se aproxima do conceito já definido de vigilância, ou seja, o ato ou efeito de vigiar. Além de todo o preparo técnico profissional adquirido durante o curso, o vigilante conta com o auxílio de equipamentos de última geração, com tecnologia de ponta. Maturidade também é uma palavra chave, entretanto, sentimento ("feeling"), é fundamental. Não é fácil administrar monitores de circuito fechado de televisão e alarmes dos mais variados tipos, simultaneamente. É necessário que receba um bom treinamento e que, principalmente, tenha vocação para o negócio.

Sugestão: o instrutor deverá criar situações críticas que ocorrem numa sala de monitoramento, com o objetivo de verificar a rapidez de raciocínio e velocidade na tomada de decisões.

Vigilância 289

UNIDADE 02
FUNÇÕES DO VIGILANTE

O que sabemos é uma gota,
o que ignoramos são oceanos.
(Isaac Newton)

Estratégias de Ensino: aula expositiva dialogada com auxílio de recursos audiovisuais.
Recursos: 01 professor e caderno didático.   **Carga Horária:** 04 h/a.

OBJETIVO DA INSTRUÇÃO
CAPACITAR o aluno a identificar as técnicas de vigilância em geral e compreender as funções do vigilante, bem como avaliar sua importância num esquema de segurança.

FUNÇÕES DO VIGILANTE
Identificar e compreender as funções do vigilante.
É sempre bom lembrar que o profissional de segurança privada não é polícia, tampouco tem poder de polícia, tem consciência que as necessidades estratégicas em segurança privada são equilíbrio emocional e qualidade comportamental. Assim, certo que segurança é simplesmente prevenção, deve:

- **Zelar** pela integridade do patrimônio e das pessoas que se encontram dentro deste patrimônio.
- **Dar e ser** exemplo de pontualidade, profissionalismo e apego aos deveres.
- **Cumprir e fazer** cumprir todas as normas e diretrizes de sua empresa, com relação à apresentação pessoal, postura, linhas de ação e conduta de atendimento aos clientes.
- **Conhecer** as regras gerais de conduta e as ordens particulares de seu posto de serviço, aplicando-as quando necessário ou conveniente.
- **Cumprir e fazer** cumprir todas as normas e diretrizes de sua empresa, com relação ao transporte, manuseio e segurança com o armamento.

Segurança é Prevenção

- **Comparecer** para o trabalho corretamente uniformizado e asseado, no local e horário determinado.
- **Manter** cuidados especiais com a aparência e apresentação pessoal, visando causar uma boa impressão e respeito aos clientes.
- **Manter** o respeito e a harmonia entre seus companheiros de serviço, tratando os clientes internos e externos com respeito e cortesia.
- **Manter**, na sua vida privada e profissional, conduta compatível com a importância da sua função.
- **Procurar conhecer** as pessoas do estabelecimento onde trabalha, contudo, deverá lembrar-se sempre que um profissional de segurança deve ser "curto e extremamente educado".
- **Cumprir** suas atividades profissionais dentro dos horários previstos, sempre com segurança, resolvendo prontamente as pendências que surgirem, comunicando à central de operações o que necessitar apreciação superior.
- **Trabalhar** sempre com papel e caneta, procurando anotar todas as sugestões, fatos e suspeitas observadas ou relatadas pelos integrantes da equipe e clientes internos e externos.
- **Conhecer e cumprir** as normas e diretrizes de segurança do posto de vigilância, baixadas pela direção da empresa.
- **Inteirar-se** das senhas, contra-senhas e dos procedimentos padrões de segurança para o bom desempenho da sua função.
- Sempre que houver qualquer alteração no serviço, **entrar** em contato com a base operacional, via rádio, telefone ou qualquer outro meio de comunicação disponível, com o objetivo de informar o fato ocorrido ou comunicar o que lhe parecer inusitado ou suspeito.
- **Receber e devolver** após uma minuciosa inspeção, em perfeita ordem, o armamento e munição utilizada no serviço.
- **Conhecer** as normas e diretrizes de segurança do armamento utilizado.
- **Conhecer** as medidas preliminares para o manuseio do armamento.
- **Agir** prontamente na ocorrência de fato anormal, como incêndio, desordens internas, homicídio, espionagem, sabotagem, desabamento, assalto ou qualquer outra ação criminosa.
- **Dar** "sensação de segurança" ao cliente, isto é, faze-lo sentir que sua presença no local de trabalho é útil, tendo por finalidade básica a ação preventiva.
- **Procurar** constantemente o aperfeiçoamento e o desenvolvimen-

Vigilância

to profissional, estando sempre atento às datas de vencimento da sua reciclagem, de acordo com a Portaria Ministerial 387 do Ministério da Justiça.

• **Ter** atitudes compatíveis com a responsabilidade que lhe é confiada.

• **Manter**, durante todo o serviço, um permanente estado de alerta para enfrentar possíveis situações emergenciais.

• **Tomar** conhecimento, com antecedência, da escala de serviço e das instruções existentes.

• **Tratar** seus colegas de trabalho, funcionários e clientes internos e externos com o máximo de respeito e cortesia.

Técnicas de guarda e sua importância num esquema de segurança.

Classificação da vigilância

• **Vigilância Preventiva** – É a vigilância inteligente, pois atua com o objetivo de impedir que as normas e diretrizes sejam, de alguma, forma infringidas, portanto, procura inibir a ação criminosa.

• **Vigilância Repressiva** – É a vigilância que se dá após a infração. Nós, profissionais de segurança, acreditamos que se houver a necessidade de uma atuação mais rígida, com o objetivo de impedir novas investidas é porque, talvez, não estivéssemos transmitindo sensação de segurança e força de presença. É necessário que reconheçamos que houve uma falha da nossa parte.

• **Vigilância Ostensiva** – É a vigilância cujo profissional é identificado pelo uniforme. A sensação de segurança é um fato inquestionável.

• **Vigilância Velada** – Está diretamente ligada à Segurança Pública. É a vigilância em que os profissionais atuam com trajes civis, tanto a nível federal quanto estadual. Como exemplos, a Polícia Federal faz policiamento não ostensivo, ou seja, velado, enquanto a Polícia Rodoviária Federal faz patrulhamento ostensivo. Observem que a nível estadual, a Polícia Militar faz policiamento preventivo e ostensivo, enquanto a Polícia Civil atua como Polícia Judiciária do Estado, fazendo policiamento repressivo de maneira velada.

Posto de Serviço

É o local onde o vigilante permanece durante o seu plantão, logicamente, determinado pela empresa, em virtude de um plano de segurança previamente elaborado. Os postos de serviço são classificados de acordo com a rotina de trabalho, de acordo com os riscos existentes, conforme o espaço físico e instalações ou, ainda, em razão do fluxo de pessoas que transitam naquele local.

Classificação do Posto de Serviço.

• **Posto Fixo** – É o posto onde o vigilante, também chamado de "guarda fixo", deve permanecer durante todo o serviço. Estes postos existem, logicamente, em razão de um plano de segurança previamente elaborado. Provavelmente situa-se num ponto estratégico da empresa e, normalmente, é protegido por uma guarita de segurança. Portanto, o vigilante não deve afastar-se daquele local.

• **Posto Móvel** – É o posto onde o vigilante, também chamado de "guarda móvel", estrategicamente, possui uma certa liberdade de deslocamento. É importante esclarecer que o vigilante possui um ponto fixo no terreno, entretanto, em razão de um fluxo pequeno ou médio de pessoas, estrategicamente, existe esta liberdade de deslocamento. Contudo, não deve afastar-se deste ponto por mais de 20 metros.

• **Posto de Extensão** – É o posto onde o vigilante protege uma área de grande amplitude e, normalmente, sem nenhum ponto de referência. Este tipo de posto exige uma outra maneira de atuação, um outro tipo de serviço, "Ronda".

Desempenho e atuação do vigilante.

• **Chegar** ao local de trabalho com antecedência suficiente para poder uniformizar-se e render o seu companheiro de serviço em tempo hábil, inteirando-se das orientações e alterações porventura existentes.

• **Apresentar-se** no posto de serviço com a barba feita, cabelo cortado dentro das normas e diretrizes e com todas as peças do uniforme "em condições de", devendo estar os coturnos, "boots" engraxados, a calça e a camisa limpas e passadas.

Vigilância 293

• **Levar** ao conhecimento do cliente e, logicamente, ao seu superior imediato, qualquer irregularidade verificada, anotando-a no livro de registro de ocorrências.

• **Reportar** sobre as necessidades de melhorias operacionais, fazendo sugestões que objetivem maior eficiência e eficácia no seu posto de serviço.

• **Verificar** se os telefones, interfones, campainhas, sistemas de alar-me e de segurança, estão funcionando corretamente.

• **Fazer** as rondas de rotina conforme as normas e diretrizes do cliente, adotando e solicitando providências para prevenir roubos, furtos, incêndios ou qualquer outro dano ao patrimônio, verificando sempre as fechaduras, os trincos das portas e das janelas.

• **Não se distrair** com jornais, revistas, rádios, televisão, cd player, exceto quando expressamente permitidos.

• **Não se afastar** do posto, exceto pelo tempo necessário para ir ao banheiro ou contato telefônico com a base operacional, assim mesmo, deverá certificar-se de que não haverá prejuízo para a segurança. É fundamental que alguém sempre seja informado do afastamento temporário. Havendo mais vigilantes no setor, dependendo do posto, é imprescindível a solicitação de rendição para estes afastamentos excepcionais.

• **Comunicar** ao cliente a eventual interrupção de energia elétrica quando ocorrida fora do horário de expediente.

• **Comunicar**, imediatamente, as autoridades policiais (190), qualquer fato anormal que esteja ocorrendo nas adjacências da empresa, fora do horário de expediente. Vale sempre lembrar que um profissional de segurança não é polícia, tampouco tem poder de polícia, portan-to, jamais deve abandonar o seu posto de serviço para se envolver nos acontecimentos que não lhe dizem respeito.

• **No caso** de incêndio nas proximidades da empresa, **comunicar** imediatamente as autoridades competentes (193), o Corpo de Bombeiros. Caso haja perigo do fogo propagar-se para o interior da em-presa, o cliente deve

294 Segurança é Prevenção

ser alertado (relação de dirigentes ou gerentes que devem ser acionados em situações de emergência).

• **Evitar**, a todo custo, envolver-se em atrito com clientes internos ou externos que manifestem comportamento inconveniente. Procure sempre administrar com diplomacia, use empatia, tente e mantenha a calma, contudo, caso perceba que a situação pode fugir do controle, solicite a presença do supervisor para ajudá-lo a resolver o problema.

• **Haja sempre com ética**, jamais faça queixas, reclamações ou lamú-rias sobre a sua empresa aos clientes. Caso haja alguma reclamação ou insatisfação, fale diretamente com o fiscal, supervisor, coordenador, gerente ou em último caso, vá ao diretor da sua empresa, mas nunca ao cliente. Cabe a você dignificar a atividade que você abra-çou, administrando com inteligência todos os conflitos e problemas que surgirem.

UNIDADE 03
SEGURANÇA FÍSICA DE INSTALAÇÕES

O maior erro que um homem pode cometer é viver
com medo de cometer um erro.
(Hebbard)

Estratégias de Ensino: aula expositiva dialogada com auxílio de recursos audiovisuais.

Recursos: 01 professor e caderno didático.   **Carga Horária:** 04 h/a.

OBJETIVO DA INSTRUÇÃO

1. DOTAR o aluno de conhecimentos específicos que o capacitem ao desempenho das atribuições de promover a segurança física de instalações, em sua área de atuação, adotando medidas de prevenção e repressão de ocorrências delituosas.

2. DESENVOLVER CONHECIMENTOS sobre o plano de segurança das empresas.

SEGURANÇA FÍSICA DE INSTALAÇÕES

Trataremos das técnicas e dos métodos adequados de proteção do patrimônio do cliente, dando-lhe a sensação de segurança necessária e a confiança de que o seu patrimônio será preservado e cuidado com bastante zelo.

Definição:
Segurança Física de Instalações é o conjugado de medidas ostensivas ou não ostensivas, que permite a proteção/defesa do patrimônio, de pessoas e da produção de uma empresa.

Ações Básicas na Segurança Patrimonial

• Medidas necessárias a um perfeito sistema de controle e segurança física de instalações.
Sabemos que segurança é prevenção, portanto, para que a segurança

296 Segurança é Prevenção

patrimonial seja eficiente e eficaz num estabelecimento, é necessário que sejam realizadas certas ações ou medidas de natureza preventiva. Podemos dividir essas medidas em Estáticas e Dinâmicas.

• Medidas Estáticas
São linhas de ação de natureza física, permanentes ou temporárias, destinadas a proporcionar maior sensação de segurança ao patrimônio.
Exemplos:
• Barreiras perimetrais;
• Sistemas de alarme;
• Comunicação;
• Iluminação e etc.

• Medidas Dinâmicas
São linhas de ação de natureza humana, permanentes ou temporárias, destinadas a proporcionar maior sensação de segurança ao patrimônio.

Exemplos:
• Vigilância;
• Fiscalização;
• Supervisão;
• Seleção;
• Investigação;
• Treinamento de pessoal e etc.

Proteção de Entradas Não Permitidas.

• No caso de acesso não permitido, podemos desenvolver "Sensação de Segurança" através do emprego de:
• Barreiras Perimetrais (fixas e móveis);
• CFTV (Circuito Fechado de Televisão);
• Sensores de Alarmes Sonoros, Térmicos, de Contato;
• Detectores de Fumaça e de Movimento;
• Corpo de Segurança Patrimonial.

Os sistemas mencionados funcionam em conjunto, portanto, devem ser vigiados e monitorados 24h por dia por profissionais de segurança.

Vigilância

Controle de Entradas Permitidas.

• **No caso de acesso permitido, podemos desenvolver sensação de segurança através do emprego de:**
  • Pórticos detectores de metais;
  • Controle de acesso eletrônico;
  • CFTV (Circuito Fechado de Televisão);
  • Corpo de segurança patrimonial.

Apesar de ser um acesso permitido, alguns cuidados devem ser tomados para não perdermos a sensação de segurança necessária.

• No caso do controle de acesso, os usuários e visitantes são cadastrados no software com as respectivas permissões de acesso, faixas de horário, validade, etc., e esses dados são enviados para a memória de cada controladora. O cadastro também inclui a captura de foto.

• Os registros de acessos autorizados ou negados ficam armazenados na memória interna e são enviados para o software para emissão de relatórios como entradas e saídas de cada usuário, registro de tempo de permanência no local, listagem de quem ainda não saiu de determinado local e assim por diante.

• O sistema permite o controle de usuários previamente autorizados, identificando os funcionários, estagiários, terceirizados e/ou qualquer outra categoria de usuário. Permite também acesso a visitantes autorizado, e pré agendamento de visitações. Todos os usuários são classificados de acordo com a necessidade da empresa. Disponibiliza relatórios individuais e personalizados e também identifica o tempo de permanência do usuário dentro das áreas pré-estabelecidas (controlada).

a. Identificação de pessoas conhecidas.

O profissional de segurança fará a identificação visual, permitindo o acesso conforme as normas e diretrizes da empresa. Caso os funcionários tenham o crachá eletrônico ou qualquer outro sistema de controle como impressão digital, fundo de olho, etc., o acesso estará sujeito a liberação eletrônica.

b. Identificação de pessoas estranhas ao estabelecimento.

O profissional de segurança encaminha a pessoa ao setor de identificação. Logicamente, após o contato com a pessoa a ser visitada, será solicitado um documento de identificação com qualificação e fotografia. Os dados certamente alimentarão o "sistema de segurança" que liberará um

298 Segurança é Prevenção

crachá, auto adesivo ou não, muitos inclusive, com foto instantânea, ou ainda um crachá eletrônico que, ao ser utilizado no controle de acesso, alimentará o sistema da mesma forma, tanto na entrada como na saída, gerando um relatório final constando o tempo de permanência na empresa, setores e pessoas visitadas com os respectivos horários.

Os sistemas mencionados funcionam em conjunto, portanto, devem ser monitorados 24h por dia por profissionais de segurança.

Prevenção de sabotagem.

Conscientes que segurança é prevenção, é necessário que estejamos bastante atentos à possibilidade de sabotagem. Vigiar é total atenção, é tentar perceber a intenção, o que está por trás de determinadas atitudes. Não temos o direito de ser "pobres inocentes". É muita incoerência quando um profissional de segurança vem com aquela desculpa esfarrapada do tipo "eu não vi nada" ou "eu não sabia de nada"; aliás, qual o motivo da sua contratação? Lembre-se de que você é um vigilante, um profissional de segurança, portanto, desconfie. Tudo aquilo que não estiver dentro dos padrões normais, nem pra mais nem pra menos, desconfie, procure checar as informações e, inclusive, checar o seu próprio sentimento. Não despreze o seu "feeling". Certifique-se! Esteja sempre atento às pessoas com objetos suspeitos. Sabemos que cumprir normas e diretrizes, de uma maneira geral, é sempre uma atitude um tanto antipática; as pessoas sempre questionam, assim nós, profissionais de segurança, devemos conhecê-las à fundo para que tenhamos condições de esclarecer quando houver necessidade. Nos dias de hoje, com o avanço tecnológico, é necessário redobrarmos nossa atenção, caso contrário seremos feitos de bobos. Observem a quantidade absurda de filmadoras que existem, filmadoras de altíssima resolução, de todos os tipos, tamanhos e modelos, embutidas em relógios, disfarçadas em canetas, adaptadas em gravatas ou mesmo em óculos de grau. Percebam que se não usarmos o nosso sentimento, é simplesmente impossível detectarmos ações de espionagem industrial e sabotagem de todos os tipos.

Segurança é Prevenção, portanto, "desconfie" de:
• Pessoas que tentam fazer amizade com profissionais de segurança;
• Pessoas que se aproximam com perguntas duvidosas, sem motivo aparente;
• Pessoas idosas que carregam embrulhos, bolsas, malas que, nitidamente, não lhes pertence;

Vigilância

- Pessoas com carrinho de bebê, cadeira de rodas, bengalas, muletas, etc;
- Pessoas que se mostram curiosas com relação à segurança de uma maneira geral;
- Pessoas paradas, observando o movimento de entrada e saída sem motivo aparente;
- Pessoas que tentam disfarçar quando percebem que estão sendo observadas;
- Pessoas demasiadamente educadas e compreensivas quando abordadas;
- Pessoas demasiadamente descontroladas quando abordadas;
- Pessoas que se aproximam de outras pessoas e as deixam nitidamente alteradas;
- Pessoas que estão juntas com outras pessoas, mas, percebemos que não se conhecem;
- Veículos estacionados nas imediações com pessoas observando o movimento;
- Veículos transitando nas imediações, com pessoas observando o movimento;
- Veículos não identificados ou mal identificados (placa suja) chegando em alta velocidade;
- Veículos potentes e caminhões parados com ocupantes no seu interior: carro forte à caminho.
- "Garis" que resolvem dar uma geral justamente no horário de chegada do carro forte;
- "Policiais" a pé, com a barba/cabelo alterados, uniforme em desacordo e sem a presença de viatura policial na área.

Dinâmica de Grupo – Pense e crie você mesmo mais cinco hipóteses que, na sua opinião, têm grandes possibilidades de se tornarem realidade.

Controle de entrada e saída de materiais e equipamentos.

Quando uma empresa de segurança privada é contratada, obviamente, quem a contratou espera sentir-se seguro, portanto, embora nossas linhas de ação muitas vezes pareçam antipáticas àqueles que protegemos, é necessário que tenhamos consciência de que precisamos ser profissionais. Assim não devemos permitir que a emoção sobreponha a razão. Em todas as transações que envolvem compra, venda e transporte de bens ou serviços,

300   Segurança é Prevenção

é uma exigência legal a emissão de nota fiscal, constitui-se crime de sonegação fiscal o não fornecimento deste documento. O profissional de segurança que atua no Controle de Entrada e Saída de Materiais e Equipamentos tem por missão controlar a emissão de notas fiscais, bem como documentar a entrada e saída de materiais e equipamentos emprestados, doados, recuperados, etc. O profissional de segurança precisa conhecer as normas e diretrizes relativas ao assunto em questão. Sempre haverá um formulário que deverá ser preenchido na íntegra constando, obrigatoriamente, a assinatura do gerente que está autorizando a saída daquele material. O vigilante deverá reter o formulário, ou a via correspondente, a qual carimbará, assinará e, após anotar os dados que certamente alimentarão o sistema de controle e segurança, devolverá à gerência que autorizou.

Livro de Ocorrência
O livro de ocorrência é um documento da maior importância, onde o profissional de segurança registra, por escrito, tudo o que acontece de anormal durante todo o serviço. Nos postos onde existem chefes de equipe, estes devem redigi-lo. Os supervisores ou fiscais devem preocupar-se em verificar as alterações registradas e, conseqüentemente, tomar as providências necessárias. Muitos postos, por serem informatizados, lançam as alterações diretamente no sistema.

PLANO DE SEGURANÇA
Introdução
Sabemos que segurança é prevenção e que a missão de um profissional de segurança é administrar conflitos e problemas, não criá-los, assim, através da percepção, do sentimento (feeling), devemos projetar, ou melhor, nos antecipar a todos os conflitos e problemas que poderão acontecer, em seguida, com o **"papel e a caneta"**, relacioná-los, evidentemente com suas respectivas medidas preventivas. A partir daí teremos a faca e o queijo nas mãos para que a nossa empresa possa prestar um excelente serviço ao cliente. Além da oportunidade de projeção, ou seja, de mostrarmos o nosso potencial, teremos em mãos muitas idéias e sugestões que poderão ser transformadas em relatórios diários, verdadeiros **"Planos de Segurança"**. Teremos, no mínimo, a oportunidade de melhorar nossa fluência escrita, fluência verbal, problemas gramaticais, concordância, ortografia, caligrafia e, com o tempo, em razão da constância de treinamento, nos tornarmos **"Especialistas em Avaliação e Análise de Riscos"**. Vale ressaltar que

Vigilância 301

todas as empresas de segurança privada adorariam ter no seu quadro de funcionários um vigilante com estes atributos. Vejamos um exemplo prático: imaginem um profissional de segurança num determinado ambiente de trabalho. A primeira preocupação seria projetar, no seu "dia-a-dia", todos os conflitos e problemas que, hipoteticamente, poderiam acontecer. Exemplo: após uma rápida análise, o vigilante percebeu a existência de muitos fios de energia elétrica, tomadas, aparelhos elétricos e eletrônicos, estoque de papéis, teto com rebaixamento em madeira, computadores, materiais diversos, etc. Nesse momento percebeu a possibilidade de incêndio, de furto, de roubo, etc., o que, sem dúvida, seriam problemas/conflitos que poderia vir a enfrentar, assim, com a sua principal arma, papel e caneta, iria relacioná-los com suas respectivas medidas preventivas, ou seja, para minimizar o risco de incêndio, seria necessário saber onde estariam os extintores de incêndio mais próximos, verificar se os mesmos estariam de acordo com a classe de incêndio correspondente, se estariam com o prazo de validade em dia, com a carga também dentro dos padrões previstos, verificar se as manutenções dos aparelhos elétricos e eletrônicos estariam sendo realizadas corretamente, se haveria necessidade de fazer uma revisão da rede elétrica, verificar a existência de uma equipe de brigadistas de emergência e combate a incêndio, etc. Com relação ao furto, seria necessário que fosse feito um inventário de todo o material para controle, verificar as trancas das portas, janelas, a existência de cadeados, sistemas de alarmes, controle de acesso de pessoas àquele ambiente, barreiras perimetrais, etc. Vejamos, o vigilante prepara um relatório com idéias e sugestões para o seu chefe imediato, o fiscal, este avalia e analisa o relatório, melhora algo, se for o caso, e encaminha ao gerente, este também faz suas observações e encaminha ao diretor que, por sua vez, as leva em mãos ao seu cliente. Cliente satisfeito é cliente feliz e, quando o cliente fica feliz, no mínimo o serviço é mantido, todos ganham.

Análise de Riscos, Avaliação de Riscos, Estudo de Situação e Planejamento.

Sabemos que o êxito de qualquer operação de segurança depende dos **Planos de Segurança** bem concebidos. Nós, brasileiros, infelizmente, "ainda" não temos esta cultura. Observem: uma casa para ser construída necessita de um projeto de arquitetura. É exatamente neste projeto, no papel, que deveríamos opinar e fazer as mudanças de acordo com a opinião das pessoas que irão usufruir o resultado do projeto, ou seja, da casa, certo? Ocorre que na realidade não é bem assim que acontece. Os gastos acabam sendo muito maiores. Observem que durante as obras, mudam-se paredes,

302 Segurança é Prevenção

o banheiro vira quarto, a sala vira uma cozinha, o quarto da empregada vira um canil e aquele projeto, transformou-se, sofreu uma metamorfose. Voltando à segurança, ouço bastante a seguinte frase: "Implanta, depois a gente vê como é que fica", não é verdade? Não estou julgando, tampouco condenando, pois sei que na maioria das vezes o responsável pela frase em questão é o próprio cliente que, por total desconhecimento, culposamente falando, pressiona o prestador de serviço, este, para não perder o negócio, de certa forma, o engana. Assim, enfatizamos a necessidade de constantes estudos, avaliação e análise de riscos, a fim de constatar se há necessidade de executar mudanças de orientação e procedimentos. Verificaremos mais adiante que o plano de segurança deve estar sujeito a um processo contínuo de atualização, ou seja, algo previsível, em razão de um avanço tecnológico, de um planejamento estratégico, e não em razão de atitudes precipitadas, inconseqüentes ou mesmo incompetentes.

PLANO DE SEGURANÇA

Características de um Estudo de Situação em Segurança.

Amplitude
• Observe na introdução que as principais mudanças devem ser estudadas e alteradas no papel, assim, o estudo de situação em segurança deve ser exaustivamente analisado, avaliado por inteiro, tão completo, quanto permitem as circunstâncias.
• Novamente reiteramos que o plano deve estar sujeito a um processo contínuo de atualização, algo previsível, em razão de um avanço tecnológico, de um planejamento estratégico, e não em razão de atitudes precipitadas.

Abrangência
• Sabemos que existe um leque de situações e oportunidades dentro do segmento segurança privada. Estas situações e oportunidades ocorrem em razão dos riscos existentes em cada negócio.
• Num estudo de situação, devemos procurar abranger todos os negócios, avaliando e analisando os riscos que tendem mais a acontecer.

Vigilância

Unidade
- Muito embora esteja dividido em várias etapas, é único.
- É importante que esteja integrado em um conjunto correlacionado.

Previsibilidade
- Ao fazermos um estudo de situação em segurança, é óbvio que não podemos esquecer das vulnerabilidades existentes, entretanto, é importantíssimo sabermos quais as medidas de segurança que já foram adotadas.

Avaliação da segurança existente

Nós podemos afirmar que nenhuma casa, empresa ou fábrica está a salvo de um assalto. Que nenhum político, diretor ou empresário está a salvo de um assalto ou seqüestro **"quando bem planejados"**, mas podemos adotar inúmeras medidas para evitá-los. Até que aconteça, normalmente as pessoas acham que fatos desagradáveis somente ocorrem com as outras pessoas. A residência jamais será roubada, o carro nunca será furtado e não representam um alvo em potencial para os seqüestradores, entretanto, um dia a casa cai, um dia a tragédia torna-se real, aquilo que sempre tomávamos conhecimento através dos jornais, rádio e televisão, acaba acontecendo **"conosco"**. Por mais despreparados que sejam os assaltantes ou os seqüestradores, vamos partir do princípio de que não existem assaltos, seqüestros improvisados ou ocasionais. Por mais amadores que sejam, podemos afirmar que a rotina da fábrica, do estabelecimento comercial, da indústria, foi levantada. Isto é o mínimo que os criminosos devem fazer, objetivando o sucesso da ação criminosa, portanto, planejamento é a palavra chave para ambos os lados, um quer evitar, o outro, conseguir. Planejar a segurança patrimonial e pessoal possibilita dissuadir a tentativa de assalto ou seqüestro. Levando-se em conta que é mais fácil evitá-lo, é importante estabelecermos um **plano de segurança**. Claro que levando em conta a relação custo/benefício.

As primeiras providências na realização do levantamento e avaliação da segurança devem ser ligadas:

1. A coleta de informações sobre as ocorrências havidas que necessitaram da participação dos serviços de segurança;

2. A freqüência destas ocorrências;

3. E as possibilidades de que venham a se repetir.

304 Segurança é Prevenção

PLANO DE SEGURANÇA Levantamento Técnico Operacional

a. Vias de acesso
É importante observarmos sob diversos pontos de vista, tais como: rotas de fuga, trajeto, economia de combustível, perigo, etc.

b. Adjacências do estabelecimento
Com relação ao que está ao redor do estabelecimento, que riscos ou perigos oferecem? É fundamental que sejamos perspicazes, deve mos observar tudo que possa, de alguma forma, facilitar a aproximação de criminosos, tais como:
terrenos baldios, casas abandonadas, tipo de comércio, etc.
Qual a Delegacia Policial mais próxima?

c. Barreiras perimetrais
Tem por objetivo aumentar a sensação de segurança, dificultando o fácil acesso, minimizando ou evitando ocorrências como roubo, furto, invasão, tais como:
concertina, grades, muros e cercas elétricas, portanto, devemos verificar se existem e, caso positivo, o estado em que se encontram.

d. Portões/janelas
É importante verificarmos o número de portas e janelas existentes. Devemos sempre levar em consideração que os portões/janelas constituem pontos de vulnerabilidade, são considerados pontos frágeis à segurança, portanto é necessário que estejamos sempre atentos. É importante verificarmos também se existem áreas estanques e portões para a passagem de pessoal e veículos.

e. Iluminação
Quando analisamos a iluminação existente, devemos levar em consideração alguns aspectos:
• A iluminação é suficientemente eficiente para desencorajar o acesso de pessoas não autorizadas?
• Durante a noite mantém um nível de visibilidade aceitável?
• Amplia de fato a área de visão do vigilante?
• É suficientemente forte para reduzir a possibilidade de surpresas por parte dos criminosos?
• O que pode ser melhorado? Exemplos:
Iluminação de emergência – Centrais coletivas.
• Onde são ligadas todas as lâmpadas dos corredores, hall, escadarias, garagens em uma única central e na falta de energia estas lâmpadas interligadas a central permanecerão acesas.

Vigilância

305

Unidades autônomas – Individuais.
• Acende automaticamente na falta de energia e carrega automaticamente sua bateria interna no retorno da energia.
Sensores de presença – Economiza energia.
• Acendem automaticamente a lâmpada quando detecta a presença de movimentos, e desliga quando a pessoa sai do local, economia de energia de até 60% , instalados em garagens, escadas, corredores, halls.
Refletor com detector de presença.
• Acende automaticamente quando a presença de pessoas ao alcance de 18 metros, tempo de luz acesa de 1a 12 minutos ajustável.
Sensor de Presença ultra-sônico 360°
• Este sensor de presença mantém a iluminação do ambiente acesa enquanto houver pessoas e apaga automaticamente quando o local estiver vazio. Funciona por diferença de volume no ambiente.

f. Corpo de vigilância
• Estrategicamente falando, é fundamental que nos preocupemos com o nível dos serviços prestados pelos vigilantes. Estes devem ser periodicamente avaliados, juntamente com os seus fiscais e super-visores. Num estudo de situação, algumas perguntas são de extrema importância:
• O efetivo é suficiente?
• Estão bem treinados com o armamento e equipamento individual?
• Em que escala de serviço trabalham?
• Conhecem e dominam as normas e diretrizes da empresa?
• Qual o nível de percepção, técnico e intelectual, dos vigilantes?

g. Sistemas de alarme
• Obviamente servem para que sejamos alertados, de alguma forma, com relação à entrada de pessoas estranhas em locais não autorizados.
• Quais os tipos de alarmes existentes?
• São checados periodicamente conforme orientação do fabricante?
• Quando foi a última checagem?
• Estão bem distribuídos?
• São suficientes?

306 Segurança é Prevenção

h. Estacionamento de veículos
- É interno ou externo?
- Sua localização prejudica, de alguma forma, a ação da segurança interna?
- Permite um rápido escoamento em situações emergenciais?
- Existem casos de roubos e furtos de automóveis? E arrombamentos?

i. Pontos críticos
- É fundamental que levantemos todos os pontos críticos existentes, segundo a sua importância para a empresa. Podemos, por exemplo, dividi-los em: Vitais (área vermelha), Essenciais (área amarela) e Importantes (área verde), logicamente em razão do dano que sua paralisação pode causar na empresa.

j. Número de empregados
- Obviamente o número de pessoas, clientes internos e externos, que circulam na empresa é de vital importância para o planejamento da segurança.

k. Hora de entrada e saída
- Como acontece? Quais os maiores problemas e preocupações?

l. Vida pregressa dos empregados
- Manter um arquivo que contenha dados da vida pregressa particular e profissional é de suma importância. Somos profissionais de segurança, portanto, é necessário que estejamos atentos.
- Existe um setor de disciplina? Quem o administra? Qual a sua formação profissional?

m. Análise do sistema de identificação/portaria
- Como é feita, e quem faz a identificação visual?
- Existem normas e diretrizes de identificação?
- Existe um setor de identificação?
- Como funciona a identificação?
- Como é o crachá? (eletrônico, auto adesivo, etc.)
- Existe controle de acesso?

n. Tendências ideológicas ou políticas
- Obviamente não com a intenção de proibir que tenham liberdade de pensamento, mas, como profissionais de segurança, é essencial que saibamos que existem pessoas com "ideologias radicais" tanto de direita como de esquerda, que desprezam valores morais, família, religião, pátria, etc. Assim, podem comprometer gravemente a segurança.

Vigilância

o. Funcionários dispensados
- Qual o motivo da dispensa? É realizada uma entrevista de desligamento?
- Vale sempre lembrar que são ex-funcionários, assim, devido ao tempo de trabalho e por terem tido acesso a muitas informações, acabam conhecendo algumas falhas porventura existentes.

p. Trabalhos à noite
- Como acontecem as rondas e as revistas? São periódicas? Qual o efetivo?
- Quais os problemas mais comuns?

q. Planos de chamada, de evacuação e de emergência.

308   Segurança é Prevenção

UNIDADE 04
EMERGÊNCIA E EVENTO CRÍTICO

O maior erro que um homem pode cometer é
viver com medo de cometer um erro.
(Hebbard)

Estratégias de Ensino: aula expositiva dialogada com auxílio de recursos audiovisuais.

Recursos: 01 professor e caderno didático.   **Carga Horária:** 02 h/a.

OBJETIVO DA INSTRUÇÃO

DOTAR o aluno de conhecimentos sobre medidas a serem tomadas diante de situações emergenciais ou evento crítico.

EMERGÊNCIA E EVENTO CRÍTICO
Introdução

Raciocinar e agir com competência nos momentos mais críticos, nos momentos mais difíceis, é exatamente a forma como um profissional de segurança deve proceder. Raciocinar quando tudo está tranqüilo, calmo, sossegado, é algo bastante comum para todos nós, não é verdade? Agora, raciocinar e agir com competência em situações de emergência exige um preparo e uma condição emocional diferenciada. Acredite, não é para qualquer um, entretanto, é imprescindível que um profissional de segurança tenha e desenvolva cada vez mais esta habilidade.

Assaltos

É fundamental que estejamos sempre esperando o melhor, contudo, preparados para o pior, se o pior não acontecer, é lucro!

- Se você foi surpreendido, como diz o outro, perdeu! Suas chances de reação acabaram, jamais tente reagir nestes casos, nunca esboce qualquer tipo de reação.
- Se você foi surpreendido, não seja um suicida em potencial, evite sempre reagir. Você só iria piorar as coisas.
- Caso haja mais pessoas no local, mantenha a calma, não grite e ten-te acalmar os que estão mais nervosos.

Vigilância 309

• Jamais gesticule, tampouco faça movimentos bruscos que possam ser confundidos como uma reação de sua parte, mantenha o equilíbrio emocional.

• Reconheça, com humildade, a falha de ter sido surpreendido e tente manter-se calmo, o suficiente para ouvir e perceber todos os deta-lhes da ação criminosa e características dos assaltantes. Eles serão extremamente úteis no seu depoimento.

• É importante que você, como profissional de segurança, tente memorizar marcas, modelos, placas, cores e outros detalhes que considerar importante, pois é muito comum a Polícia, quando acionada, não possuir os dados necessários para proceder nas buscas.

• É claro que você é um profissional de segurança, entretanto, **tendo sido surpreendido**, por mais estrutura emocional que você tenha, nunca duvide que a arma utilizada pelo assaltante seja verdadeira ou esteja carregada,

• É importante sabermos que **"profissionais do crime"** não costumam agir sob o efeito de drogas, pois sabem que é muito mais fácil percebê-los, entretanto, estamos sujeitos a todos os tipos de ações criminosas, inclusive as mais perigosas, onde assaltantes imaturos sob o efeito de entorpecentes tentam viver a vida perigosamente, assim, é normal que estejam com o comportamento alterado, descompensado e estressado, tornando-se um elemento de alto risco.

Tumulto, pânico e evacuação de área.

• Nós, profissionais de segurança, precisamos aprender a raciocinar e agir com competência exatamente nesses momentos quando, por instinto de sobrevivência, devido ao pânico, as pessoas perdem o controle emocional.

• As ordens que partem destes profissionais precisam ser claras, precisas e concisas.

• Apesar da sensação de desordem, devido ao descontrole emocional, é necessário que se mantenha a calma para que as orientações sejam ouvidas e cumpridas.

• É necessário que tenhamos cuidados especiais com crianças, pessoas idosas e deficientes físicos.

• No caso de incêndio, as pessoas devem ser orientadas para que se encaminhem sem correria, para a saída indicada e desçam. Jamais suba pela escada de emergência.

Segurança é Prevenção

• No caso de incêndio é necessário que, com calma, mas com firmeza de atitude, orientemos as pessoas para que sigam à risca as orientações da equipe de emergência, tais como: Não utilizar os elevadores, manter o controle emocional, etc.

Planos de emergência.

Já aprendemos que o êxito de qualquer operação de segurança depende dos "planos" bem concebidos. Os Planos de Emergência devem conter todos os instrumentos necessários, ou seja, um conjunto de normas e regras de procedimento, para fazer face à situação emergencial prevista, ou ainda, minimizar os efeitos de uma possível catástrofe, assegurando assim as condutas das operações de segurança. Cada plano tem as suas características específicas em razão do seu objetivo. Trata-se de um instrumento da maior importância pois projeta os riscos, estabelecendo os meios para fazer face a situação emergencial prevista, além de definir as equipes de emergência com as respectivas missões. Resumindo, é um instrumento de prevenção e de gestão operacional.

• Identifica os riscos;
• Estabelece cenários de acidentes para os riscos identificados;
• Define as linhas de ação, normas e regras de procedimento face à situação emergencial prevista;
• Organiza os meios de socorro e estabelece as missões específicas a cada um dos intervenientes;
• Permite desencadear ações oportunas, destinadas a minimizar as conseqüências de um possível sinistro;
• Evita tumulto, pânico, erros, atropelos e a dupla função;
• Prevê e organiza antecipadamente a evacuação e intervenção;
• Permite rotinas e procedimentos, os quais poderão ser testados através de exercícios de simulação.

Um Plano de Emergência deve ter as seguintes características:

• **Simplicidade** – Deve ser elaborado de forma simples, precisa e concisa, para que seja bem compreendido, evitando confusões e erros por parte dos executantes;
• **Precisão** – Deve ser claro na atribuição de responsabilidades;
• **Dinamismo** – Deve ser sempre atualizado de acordo com a constante avaliação e análise de riscos e, obviamente, evolução quantitativa e qualitativa dos meios disponíveis;

Vigilância   311

• **Adequação** – Deve estar adequado à realidade da instituição e aos meios existentes;
• **Flexibilidade** – Deve ser flexível permitindo, assim, uma rápida adaptação a situações não previstas.

Nos preparativos de um **Plano de Emergência** devemos fazer um estudo de situação que, em conjunto com a **estrutura interna de segurança**, constituirão etapas sistematizadas, imprescindíveis à sua operacionalidade, em qualquer situação emergencial:

• O espaço existente deve ser caracterizado;
• A empresa, a indústria, o estabelecimento, ou a instituição, também deve ser caracterizada;
• Os riscos devem ser identificados;
• É necessário que façamos o levantamento dos meios e recursos disponíveis;
• É necessário que tenhamos conhecimento da estrutura interna de segurança;
• É necessário conhecermos o Plano de evacuação;
• É necessário conhecermos o Plano de intervenção;
• É necessário levantarmos as hipóteses que fundamentam a aplicação do plano;
• É necessário sabermos quais os órgãos de apoio.

Explosivos

É uma substância, ou um conjunto de substâncias, que podem sofrer um processo de explosão. O resultado seria a liberação de grandes quantidades de gases, calor e pressão. Trata-se de um material altamente instável que pode decompor-se velozmente formando produtos estáveis.

A explosão resulta numa superabundância de gases, calor e pressão, ou seja, energia sob diversas formas:

• Violenta expansão dos gases (o volume dos produtos é superior ao volume dos reagentes);
• Elevação brusca da temperatura;
• Luz;
• Ruído...

Como eram os primeiros explosivos?
- Eram misturas de carvão e salitre com cera mineral, resinas e areias petrolíferas.
- Inicialmente eram usados como fogos de artifício.
- Somente a partir do século XIV passaram a ser usados em guerras.

Classificação dos explosivos
- **Físicos** – Constituídos por matérias que, separadas, não têm características explosivas (ex: pólvora);
- **Químicos** – Constituídos por um composto químico com fórmula definida e auto-suficiente do ponto de vista da reação (ex: TNT);
- **Mistos** – Explosivos químicos com adição de outros compostos que melhoram ou alteram as suas propriedades (ex: dinamite).

Tipos
- **Iniciadores** – Explosivos muito sensíveis, usados em detonadores.
- **Reforçadores** – Mais fortes que os detonadores.
- **Balísticos** – Usados em munições ou para criar um efeito de deslocamento. Mais lento.
- **Ruptura** – Explosivos com uma detonação forte o suficiente para causar a ruptura dos materiais em vez do arrastamento. Mais rápido.
- **Pirotécnicos** – Fogos-de-artifício. Muito barulho, muita luz. Podem ser coloridos.
- **Incendiários**.

Altos Explosivos: TNT, RDX, Tetranitrato de pentaeritrina, Nitrato de amônio, ANFOS, Ácido pícrico, TNP (Trinitro fenol), Tricloreto de nitrogênio, H.M.T.D, Astrolite.

Baixos Explosivos: Pólvora negra, nitrocelulose.

O Perigo no Brasil
O Brasil, embora talvez grande parte das pessoas não saiba, é o segundo país do mundo com o maior número de espectrômetros de massa e detectores de drogas e explosivos em operação. A preocupação das autoridades, entretanto, não está ligada apenas às drogas, mas também aos explosivos. Os motivos são diversos e dentre estes poderíamos destacar a facilidade de acesso às substâncias necessárias à fabricação de explosivos, como constatamos pela leitura das matérias logo abaixo.

Vigilância   313

"Carga de nitrato de amônio some no porto".
As autoridades do Porto de Santos investigam o sumiço de quase 800 toneladas de nitrato de amônio — matéria-prima principal utilizada na produção de explosivos e de fertilizantes — ocorrido durante a descarga do cargueiro maltês St Thomas, em novembro passado.

O potencial destrutivo do composto se tornou conhecido em um dos atentados mais violentos na história dos Estados Unidos, quando a explosão de 2,5 toneladas do produto matou 168 pessoas e feriu mais de 600 na cidade de Oklahoma, há sete anos.

Explosivos – De acordo com a Divisão Antibombas, do Departamento de Investigação sobre crime organizado (Deic), da Polícia Civil, nos últimos meses tornou-se mais freqüente a utilização de explosivos à base de nitrato de amônio, como o chamado Anfos (Ammonium Nitrate Fuel Oil Solution — Solução de Óleo Combustível com Nitrato de Amônio). Este produto é considerado um explosivo comercial de alto poder destrutivo, podendo substituir, a baixo custo, os compostos utilizados em minas e em outras atividades. A Polícia, porém, não tem qualquer prova ligando os dois fatos".
Polícia já tem suspeitos por carro-bomba em Taboão da Serra.
A Polícia Civil divulgou o retrato falado de dois suspeitos de terem abandonado um carro com 96 bananas de dinamite em frente à Delegacia Seccional de Taboão da Serra, na Grande São Paulo. O incidente aconteceu na quarta-feira. O veículo tinha sido roubado e foi deixado na frente da delegacia. Quando o dono foi retirá-lo, percebeu que havia fios pendurados do lado de dentro. Desconfiado, ele chamou a polícia Os explosivos estavam escondidos sob a forração do veículo e tinham capacidade para explodir mais de um quarteirão. Um dos suspeitos tem cerca de 20 anos, é pardo, mede cerca de 1,60m, olhos castanhos e cabelo raspado. O outro tem aproximadamente 25 anos, olhos e cabelos castanhos, pele parda e 1,80m de altura"

"Desativada 3ª bomba em torre de transmissão de Furnas."
Curitiba – Peritos da Polícia Federal desativaram ontem, no início da tarde, em Pitanga, na região central do Paraná, a 350 quilômetros de Curitiba, a terceira bomba encontrada em menos de uma semana em torres de transmissão de energia da Usina Hidrelétrica de Itaipu. A primeira bomba explodiu e derrubou uma torre na madrugada de domingo, em Nova Tebas, à aproximadamente 20 quilômetros de onde estava a terceira. A segunda, encontrada a cerca de 50 metros da que explodiu, foi desativada segunda-feira.

314 Segurança é Prevenção

Aparentemente, a bomba contém a mesma substância da que foi desativada segunda-feira. Além do cordel detonante, que denunciou a presença do artefato, havia duas latas pequenas e um galão de 3,5 litros com aproximadamente 4,5 quilos de uma emulsão, que será analisada O material está em Curitiba, onde será analisado junto com os produtos encontrados na segunda. Um telefonema anônimo, na terça-feira, à base de Furnas em Foz do Iguaçu, falando sobre a existência de mais 12 bombas nos 45 quilômetros que separam as cidades de Foz e São Miguel do Iguaçu, levou técnicos e policiais federais a vistoriarem as cerca de 320 torres do trecho. "Foi alarme falso", afirmou Zaroni.

O ministro de Minas e Energia, Raimundo Brito, determinou ontem a fiscalização nos 3,4 mil quilômetros de linhas (7.447 torres de transmissão)".
Fonte: Diário On Line
http://www.dgabc.com.br/Geral/Geral.idc?conta1=442572 (OUT2006)

Especialmente no Brasil, onde os administradores são muito corajosos e entendem que o risco à própria vida integra a rotina diária e as responsabilidades do cargo, muitas vezes não há o necessário investimento em segurança, especialmente no que diz respeito ao risco de atentados à bomba. É preciso ficar claro que o administrador, não importa se público ou privado, por mais corajoso e destemido que seja, tem sob sua responsabilidade muito mais do que a própria segurança pessoal, afinal, de suas decisões dependem a vida e a segurança de outras pessoas que ao seu lado convivem e trabalham. Em função disso, a implantação de procedimentos de controle de acesso visando à detecção de explosivos deve ser encarada como meta prioritária por parte da administração.

Detecção de artefatos ou objetos suspeitos. (www.abilitybr.com.br)

- Em função da constante ameaça oriunda do terrorismo internacional, o uso de Detectores de Explosivos passou a ser uma medida preventiva da maior importância nos Estados Unidos.
- A Polícia Americana e os dirigentes do Metrô de New York (EUA) decidiram, no final do ano de 2005, passar a usar os detectores de explosivos nos procedimentos de inspeção de passageiros e bagagens de mão no interior das estações do Metrô.
- A opinião dos Profissionais de Segurança, ao usar pela primeira vez o equipamento, foi unânime: *"é muito mais rápido e menos invasivo do que a revista física".*
- A opinião das pessoas foi igualmente positiva, afinal, ninguém gos-

Vigilância   315

ta de ter o seu tempo retardado em função de demoradas revistas físicas que, além de desgastantes, são politicamente incorretas.

Detectores Portáteis de Drogas e Explosivos

Detectam e identificam simultaneamente, em poucos segundos, a presença de drogas e/ou explosivos em bagagem, veículos, correspondência, compartimentos, superfícies ou até mesmo na pele de pessoas. A coleta é feita pela fricção de um pequeno coletor de amostras ou através de aspiração direta dos vapores emanados de compartimentos fechados, como armários, escaninhos, porta malas de automóveis, etc.

Podem ser utilizados em:
- Procedimentos de controle de acesso;
- Inspeção ostensiva;
- Investigação dissimulada;
- Varredura ambiental; e
- No combate ao uso de drogas em escolas e entidades públicas e privadas.

Alguns exemplos de como podem ser usados:

1. Controle de Acesso – Os detectores portáteis, implantados em uma portaria, por exemplo, são usados para detectar se pessoas que adentram o local portam drogas e/ou explosivos, bem como para a inspeção de objetos, caixas, pacotes, correspondência, etc. que ingressam no ambiente.

2. Inspeção Ostensiva – Os Detectores Portáteis são utilizados na inspeção de pessoas e veículos em barreiras policiais, vistorias de celas em penitenciárias, revista em residências, etc.

3. Inspeção Dissimulada – Esta é a forma de utilização realmente fascinante destes Detectores Portáteis. As equipes dos setores de Inteligência e Investigação de Empresas e Órgãos Públicos adquirem em regime de sigilo total os detectores, mas não os usam ostensivamente. Os membros das equipes, portando nos bolsos apenas pequenos coletores de amostras, esfregam estes coletores nas superfícies e objetos que foram manuseados por pessoas que estão sob suspeita de uso ou tráfico de drogas e, a seguir, colocam cada coletor em um envelope e, depois, levam os envelopes contendo os coletores para o setor onde está o equipamento. No setor de inteligência ou investigação, a portas fechadas, inserem cada coletor no detector e, em cerca de cinco segundos, o equipamento detecta e identifica, simultaneamente, drogas e/ou explosivos nos respectivos coletores. Assim, as equipes de inteligência e investigação, portando meros coletores nos bolsos, sabem

316 Segurança é Prevenção

exatamente quem está usando ou traficando drogas ou explosivos. Uma das formas mais geniais usadas por estas equipes é simplesmente cumprimentar alguém que está sob investigação e, depois, discretamente, retirar um coletor do bolso e passar na própria mão que cumprimentou a mão da pessoa que está sob suspeita...

4. Varredura Ambiental – As equipes antibomba, usando os detectores, aspiram o ar do interior de compartimentos, detectando vapores emanados de explosivos e identificando imediatamente o tipo de explosivo existente no local.

5. Combate ao Uso de Drogas – Nas escolas, universidades e demais entidades públicas e privadas da área de Educação, os detectores de drogas (e explosivos) são o único meio totalmente legal e viável de se identificar quem está usando droga e, sobretudo, que tipo de droga está sendo usada. A partir do momento que nada é coletado ou retirado da pessoa sob suspeita (não há coleta de sangue, urina, cabelo, pele, voz, fotografia, impressão digital, etc.) o método de inspeção se torna total e perfeitamente legal. Basta a entidade pública ou privada adquirir um equipamento detector. Depois, usando os pequenos e discretos coletores que são fornecidos junto com o equipamento, discretamente friccionar os coletores em superfícies e objetos que estiveram em contacto com as pessoas sob suspeita para detectar a presença de drogas (e explosivos). Este procedimento de inspeção ocorre, portanto, de maneira totalmente discreta e politicamente correta, ou seja, é feita de forma, repetimos, totalmente legal e ninguém jamais, sob alegação alguma, poderá questionar este método, visto que o mesmo, vale mais uma vez ressaltar, não extrai coisa alguma da pessoa ou grupo de pessoas sob suspeita. **Fonte de consulta: www.abilitybr.com.br**

CHAMADO DA POLÍCIA ESPECIALIZADA

É realmente muito importante e interessante o assunto que passaremos a abordar. Imagine um edifício com escritórios e salas comerciais de, aproximadamente, trinta andares, exatamente igual aos que existem nos grandes centros. Agora tente imaginar quantas salas existem em cada andar e, no aproveitamento do êxito, calcule também o número total de salas do edifício. Você, amigo leitor, acabou de ser promovido a gerente de segurança deste condomínio, tudo estava indo maravilhosamente bem, até que, ao atender uma chamada telefônica, você soube da existência de uma bomba numa das salas do edifício. E agora? O que fazer? As pernas estão tremendo? Será um blefe? Talvez seja, mas, e se não for? Você já pensou na sua responsabilidade? "Estou com dor de cabeça!" "Acho que vou mais cedo

Vigilância

pra casa!" Você se perdoaria, caso fosse omisso, por não ter tentado evitar uma tragédia? Dezenas, centenas, talvez, milhares de mortos? É claro que a situação não é fácil! Ser um profissional de segurança privada pode ser até simples, mas acredite, não é fácil. Graças a Deus, apesar dos grandes problemas que enfrentamos, estamos no Brasil e não no Iraque, Não enfrentamos, tampouco estamos preparados para enfrentar, os discípulos de Osama Bin Laden, nossos inimigos são outros e pensam diferente. De alguma forma, talvez por estarmos no Brasil, algumas atitudes erradas acabam dando certo, do tipo: **"Evacuem o prédio!!!"**. Para que entremos no clima, aí vão algumas perguntas: para que existem os Planos de Segurança, de Emergência e Evacuação? Você já imaginou a situação dos profissionais do Esquadrão Antibomba para encontrar uma mala do tipo 007, ou um embrulho, talvez uma caixa de presente ou, quem sabe, um pequeno baú fechado mas com explosivos de alto poder de destruição, num prédio de vinte, trinta ou quarenta andares? É claro que num país onde situações como estas são constantes, o planejamento existe e os Planos funcionam. Observe que as pessoas mais indicadas, ou melhor, mais competentes para identificar objetos suspeitos (caixas, baús, embrulhos) são, exatamente, as que trabalham naquele escritório, naquela sala. Não é verdade? Só quem vive naquele ambiente, só quem trabalha naquela sala é capaz de afirmar, com convicção, se aquele objeto é suspeito ou não, se pertence ou não pertence àquele ambiente. Portanto, os condôminos têm importância extrema para o sucesso do plano de evacuação. É claro que é complexo e **exige muito treinamento** para que não haja pânico. Esta observação detalhada das salas aconteceria com naturalidade, sem qualquer prejuízo de tempo. Aprendemos que, nos Planos de Emergência e Evacuação, todos têm atribuições específicas. O trabalho da Polícia Especializada seria direcionado às salas com objetos suspeitos e, certamente, com muito mais chances de sucesso, pois ganharíamos um tempo precioso, não é verdade? Observe que, na hipótese criada, até a chegada da autoridade policial competente, os profissionais de segurança teriam, em conjunto com os próprios condôminos, dado um apoio importantíssimo para o êxito da missão.

Relatório de Ocorrência

É um documento normalmente excel/word, onde o profissional de segurança comunica aos seus superiores, as alterações (ocorrências) porventura existentes no decorrer do serviço. Deve ser totalmente preenchido de forma clara, precisa e concisa, mas com riqueza de detalhes na descrição/solução dos fatos. Normalmente vai acompanhado de um relatório simples.

MODELO DE RELATÓRIO DE OCORRÊNCIA

Nº _____   Data: ___ / ___ / ___   Hora: _____ : _____

Local: _____   Posto: _____

Cidade: _____   UF: _____

Fato Ocorrido: _____

_____

_____

Solicitante   _____
Telefone: _____
Endereço: _____

Área afetada: _____

_____

_____

_____

Danos Humanos (quantidades):

Desalojadas		Desaparecidas		Feridas Leves	
Desabrigadas		Mortas		Feridas Graves	
Deslocadas		Enfermas		Pessoas Afetadas	

Não Realizado ☐   Realizado ☐   Em andamento ☐
                         (anexo)

Residência		Prédio Público		Ensino	
Comércio		Comunitário			
Indústria		Saúde			

Vigilância

Danos Ambientais:

☐ Fauna ☐ Flora ☐ Água ☐ Solo ☐ Ar

Serviços Essênciais Afetados:

☐ Saúde ☐ Educação ☐ Transporte ☐ Segurança

☐ Comunidade ☐ Eletricidade ☐ Água/Esgoto ☐ _____

Ponto do Evento:

☐ Pequeno ☐ Médio ☐ Grande ☐ Muito Grande

Cadastramento de pessoas afetadas:

Danos Materiais (quantidade):

Atuação da equipe de Segurança Patrimonial: _____

_____

_____

_____

_____

Soluções/Sugestões: _____

_____

_____

Orgãos Envolvidos: _____

320 Segurança é Prevenção

Componentes de equipe: _____

Documentos Anexados: _____

Data: ___/___/_____ Chefe de equipe: _____ Visto: _____

Capítulo 24

Radiocomunicação

"A disposição para vencer não é nada se você não tiver disposição para se preparar."
Anônimo

Carga horária: *10 horas-aula*   **Avaliação:** *VF (01 h/a)*

OBJETIVOS DA DISCIPLINA:

1. Desenvolver conhecimentos teóricos e práticos sobre o sistema de Telecomunicações utilizado pelas empresas de segurança.
2. Capacitar o aluno a usar de maneira correta e eficaz os equipamentos eletrônicos e de comunicação.

322 Segurança é Prevenção

UNIDADE 01
EQUIPAMENTOS DE COMUNICAÇÃO

Fácil é julgar pessoas que estão sendo expostas pelas circunstâncias...
Difícil é encontrar e refletir sobre os seus próprios erros.
(Carlos Drummond de Andrade)

Estratégias de Ensino: aula expositiva dialogada com auxílio de recursos audiovisuais, equipamentos e prática.
Recursos: 01 professor e caderno didático. **Carga Horária:** 10 h/a.

OBJETIVOS DA INSTRUÇÃO
Ao término das unidades, o aluno deverá ser capaz de:
1. DESENVOLVER CONHECIMENTOS teóricos e práticos sobre o sistema de telecomunicações utilizado pelas empresas de segurança.
2. CAPACITAR o aluno a usar de maneira correta e eficaz os equipamentos de comunicação.

Noções gerais de comunicação.

Comunicação é antes de tudo um processo, um acontecimento, um encontro feliz, o momento mágico entre duas intencionalidades, que se produz no "atrito dos corpos" (se tomarmos palavras, músicas, idéias também como corpos), ela vem da criação de um ambiente comum em que os dois lados participam e extraem de sua participação algo novo, inesperado, que não estava em nenhum deles, e que altera o estatuto anterior de ambos, apesar de as diferenças individuais se manterem. Ela não funde duas pessoas numa só, pois é impossível que o outro me veja a partir do meu interior, mas é o fato de ambos participarem de um mesmo e único mundo no qual entram e que neles também entra.

A comunicação não está na difusão em massa dos jornais, rádios, televisões, revistas, publicidades de rua e semelhantes, aí ela é apenas difusão, eu emito sinais e formas livremente e alguém os capta mas, rigorosamente, não se trata de comunicação, pois não há a ação recíproca, a troca, o aprendizado instantâneo e num mesmo ambiente contextual de um com o outro. Quer dizer, a comunicação não se realiza no expresso, no intencional, na maquiagem que pretendemos de nós, de nossas coisas, de nossos produtos, de nossas ações, tudo isso fornece sinais de nós, que são decodificados livre e aleatoriamente pelos que são por eles sensibilizados. No não-intencional, na imagem que transmitimos incontroladamente de nosso corpo, de nossa postura, de nossa expressão, deixamos entrever o que há de sincero em nós. São da mesma forma sinais só que, desta vez, não-intencionais. Nenhum dos dois é rigorosamente comunicação.

Comunicação tampouco é instrumento mas, acima de tudo, uma relação entre mim e o outro ou os demais. Por isso, ela não se reduz a linguagem, menos ainda a linguagem estruturada e codificada numa língua. Ela ultrapassa e é mais eficiente que esse formato, realizando-se no silêncio, no contato dos corpos, nos olhares, nos ambientes.

Extraído de Até que ponto, de fato, nos comunicamos?
(Paulus, 2004), p. 15-16.

Conceito e apresentação.

• Segundo alguns autores, a tecnologia de transmissão de som por ondas de rádio foi desenvolvida pelo italiano Marconi, no fim do século XIX. Outros advogam que foi desenvolvida pelo sérvio Nikola Tesla.

• Na mesma época em 1893, no Brasil, um padre chamado Roberto Landell de Moura também buscava resultados semelhantes em experiências feitas em São Paulo.

• As invenções como o telefone (por Alexander Graham Bell ou Antonio Meucci), o fonógrafo (por Thomas Edison), o microfone (em 1877, por Émile Berliner), o circuito elétrico sintonizado (em 1897, por Oliver Lodge) e as próprias ondas de rádio (em 1887, por Heinrich Rudolph Hertz) deitaram o terreno que possibilitou a criação de um novo meio de comunicação.

• Entre as diversas modalidades de radiocomunicação está a radiodifusão. Esta utiliza somente a transmissão de rádio através de estações transmissoras comerciais, estando a recepção por conta daqueles que possuem equipamento para captar os programas, músicas e sons emitidos.

• Segundo Martin Barbero, o rádio é a mídia que oferece maior possibilidade de acesso no tempo e no espaço. Este caráter popular exige do editor de um programa de radiojornalismo uma linguagem coloquial, sintética e disposta em frases curtas e claras.

Origem: Wikipédia, a enciclopédia livre.

324 Segurança é Prevenção

EQUIPAMENTOS DE COMUNICAÇÃO

Sabemos que as empresas de segurança privada disputam um mercado cada vez mais concorrido. Posicionar-se, mantendo-se na vanguarda, oferecendo produtos e serviços de qualidade, cada vez mais eficazes, adotando sempre medidas preventivas de proteção ao patrimônio, com preços competitivos é, realmente, um desafio diário. Para que as empresas, através dos seus profissionais de segurança, possam atingir um alto nível de capacidade operacional, é necessário um investimento "inteligente" em sistemas de comunicação e informação.

Radiofonia

• **Rádio DTR 620** – Ao contrário de outras tecnologias o rádio DTR 620 isenta o usuário de taxas mensais, além de não necessitar de licença de uso de freqüência junto a Anatel.

• **Rádios Portáteis HT** – Ideal para utilização para trabalhos que não exigem um grande alcance de operação, como supermercados, pequenos hotéis, motéis, pousadas, restaurantes bares. Utilizado amplamente ainda para o lazer na prática de esportes radicais.

• **Rádio Móvel** – Com alcance aproximado de 50 km sem o uso de repetidoras, e ilimitado dependendo do número e disposição de repetidoras instaladas.

• **PTT-ID** – Otimiza o tempo identificando rapidamente os usuários dos rádios, e ajuda ainda no controle da comunicação do grupo. **PTT** significa **"Press To Talk"**, ou seja, **"Aperte Para Falar"**.

• **Telefonia Celular Via Satélite** – Atende a usuários que necessitam de comunicação de voz e dados em regiões distantes, onde a cobertura de telefonia celular convencional não atinge.

• **Trunking Digital SmarTrunk II** – É um sistema de radiocomunicação de baixo custo, que suporta aplicações de despacho de grupos, chamada seletiva individual e interconexão telefônica.

• **Transmissão de dados Via Rádio** – Existe um Sistema baseado em uma tecnologia de banda larga sem fio que oferece acesso à Internet em alta velocidade, projetado para oferecer uma solução econômica de conectividade de dados de alta velocidade, a longas distâncias, onde a infra estrutura terrestre seria inviável devido a custos altíssimos e mão de obra, suprindo necessidades de clientes anteriormente não atendidos pela fibra óptica ou por tecnologias de menor qualidade.

Radiocomunicação

Central de rádio.

Estações Fixas (Base) – Equipamentos dotados de rádio, fonte de alimentação e sistema irradiante, permite uma centralização da comunicação e pode abranger uma área de cobertura muito maior sem a necessidade da instalação de estações repetidoras (dependendo da topografia do local). A Estação Fixa é composta por transceptor móvel ligada a uma fonte de alimentação.

Estações Repetidoras – Solução para os problemas de alcance e capacidade. As repetidoras aumentam o alcance e a capacidade de sua frota de rádios, ajudando a resolver problemas especiais de cobertura de forma rápida, fácil e econômica.

Quais os benefícios dos acessórios voltados para este mercado?

1. Coordenar toda a frota.

2. Melhorar a segurança, eficiência e interoperabilidade do pessoal em ação.

3. Obter maior efetividade na solução e prevenção de delitos.

4. Melhorar a informação, propiciando a tomada de decisões em tempo real.

5. Obter comunicações imediatas, constantes e de forma simples. Trabalhar com maior segurança.

6. Trabalhar com mais comodidade.

7. Ter as mãos livres.

8. Comunicação privativa com determinadas pessoas.

9. Comunicação com facilidade e discrição.

www.grupodharma.com.br

Comunicação por rádio, nextel, sinais, palavras, comandos, ou outros meios.

Código "Q" (Quazy Signal)

O Código Q é uma combinação de três letras começando com a letra Q e que são muito utilizadas em radiocomunicação e radioamadorismo. Inicialmente foram adotadas para transmissão em código Morse como forma de acelerar as transmissões de informações de um para outro local. Além de facilitar as comunicações, o Código Q agiliza a transmissão e identifica os operadores experientes, dando uma maior confiabilidade nos dados transmitidos.

• Em geral, os serviços de comunicação utilizam as séries de QRA a QUZ.

• As séries de QAA a QNZ são reservadas para o serviço aeronáutico.

• As séries de QOA a QQZ são reservadas ao serviço marítimo.

• As combinações mais utilizadas são as seguintes:

Código	Pergunta	Resposta ou Informação
QAP	Está na escuta?	Permaneça na escuta ou Estou na escuta
QRA	Qual o nome operador?	O meu nome é...
QRM	Está sendo interferido?	Sofre interferência:
QRU	Tem algo para mim?	Não tenho nada para você
QRV	Está preparado?	Estou preparado
QRX	Quando você chamará novamente?	Eu o chamarei novamente às...
QSBA	intensidade de meus sinais varia?	A intensidade de seus sinais varia
QSD	Minha transmissão está defeituosa?	Sua manipulação está defeituosa
QSJ	Qual a taxa a ser cobrada para...	A taxa a ser cobrada para..
QSL	Pode acusar recebimento?	Acuso recebimento
QSM	Devo repetir a última mensagem...	Repita última mensagem...
QSO	Pode comunicar-me diretamente...	Posso comunicar-me diretamente com...
QTA	Devo cancelar a mensagem número...?	Cancele a mensagem número...
QTC	Quantos recados para transmitir?	Tenho... recado transmitir (ou para ...)
QTH	Qual é seu local?	Meu local de endereço posição é...
QTI	Qual é o seu rumo VERDADEIRO?	Meu rumo VERDADEIRO é ... graus
QTR	Qual é a hora certa?	A hora certa é...
QTY	Você está seguindo para o lugar do acidente?	Estou seguindo para o lugar do acidente...

Alfabeto Fonético (Código Fonético)

Durante uma transmissão de rádio, muitas vezes se tornará preciso identificar cada uma das letras de uma palavra, para que o ouvinte tenha condições de recebê-la inequivocamente. Assim, o encarregado da transmissão poderá particularizar cada letra, conforme a primeira letra das palavras abaixo:

A	Alfa
B	Bravo
C	Charlie
D	Delta
E	Echo
F	Fox
G	Golf
H	Hotel
I	Índia
J	Juliet
K	Kilo
L	Lima
M	Mike
N	November
O	Oscar
P	Papa
Q	Quebec
R	Romeu
S	Sierra
T	Tango
U	Uniform
V	Victor
W	Whiskey
X	X-Ray
Y	Yankee
Z	Zulu

Numeral Fonético

1	Primeiro
2	Segundo

3	Terceiro
4	Quarto
5	Quinto
6	Sexto
7	Sétimo
8	Oitavo
9	Nono
0	Nulo / Negativo

Comunicação por Sinais

Código Morse			
A	·--	N	-·
B	-···	O	-—-
C	-·—·	P	·—-·
D	-··	Q	-—··
E	·	R	·—·
F	··—·	S	···
G	-—·	T	
H	····	U	··-
I	··	V	···-
J	·—--	W	·—-
K	-·-	X	-···

Código Morse dos Números			
1	·—-·—-	6	-·····
2	··—-·—	7	-—-···
3	···—-	8	-—-··
4	·····-	9	-—-—·
5	·····	0	-—-—-

Uso do rádio

O uso adequado do rádio melhora a informação, propiciando a tomada de decisões em tempo real, conseqüentemente, melhora também, a capacidade operacional e a segurança. Entretanto, é necessário atentarmos para os seguintes itens:

1. Procure falar sempre alto, claro e em bom tom.
2. Procure não ser prolixo, seja objetivo.
3. Procure usar de iniciativa, bom senso e discernimento.
4. Procure não interromper o interlocutor.
5. Procure atender prontamente toda e qualquer chamada recebida.
6. Procure usar o código "Q" e o Alfabeto Fonético Internacional.

Disciplina de rede

Histórico

Necessidade de comunicação

Surgimento das redes de telefonia, invenção do rádio e da televisão.

Progressos na área da informática

Sistemas centralizados, controlados por um grupo pequeno de pessoas.

Fusão dos computadores e das comunicações

Substituição do modelo computacional centralizado pelas redes de computadores.

Redes de Computadores

Conjunto de módulos de processamento capazes de trocar informações e de compartilhar recursos, interligados por um sistema de comunicação.

Sistema de Comunicação

Meios de Transmissão

Meios físicos que propagam os sinais eletromagnéticos.

Topologia

Arranjo definido pelas conexões dos meios físicos.

Protocolos

Conjunto de regras que organizam a comunicação.

330 Segurança é Prevenção

Aplicações das redes de computadores

O objetivo é colocar programas, equipamentos e dados ao alcance de todas as pessoas.

Aplicações comerciais

• Compartilhamento de impressoras e base de dados.
• Correio eletrônico.
• Videoconferência.
• Negócios eletrônicos.

Aplicações domésticas

• Acesso a informações remotas (jornais, revistas...).
• Biblioteca digital on-line (periódicos e anais...).
• Bate papo, newsgroup, Napster.
• Jogos, vídeo por demanda.
• Comércio eletrônico.
• Ensino à distância.

Operações com telefone

Atendimento telefônico

Já aprendemos que empatia é sentir o que se sentiria caso estivesse numa situação ou circunstância experimentada por outra pessoa, certo? Muito bem! Você certamente já fez uma ligação telefônica, talvez de celular e, após inúmeras tentativas, finalmente desocupou!!! No momento em que você começou a esboçar uma palavra, ouviu aquela frase insuportável: **"Um minuto, por favor"**, e foi esquecido na linha, você se lembra para onde você teve vontade de mandar aquela pessoa? Um dos fatores que mais contribuem para que o cliente forme sua opinião sobre uma empresa é a maneira como se é atendido ao telefone. Se o cliente é atendido de má vontade, certamente fugirá da nossa empresa e telefonará para o concorrente. O telefone pode e deve ser utilizado como um instrumento de marketing, como uma ferramenta para melhorar o atendimento e conquistar o cliente. Veja algumas atitudes que podem ajudar:

1. Atenda ao telefone imediatamente, após o primeiro toque, no máximo ao terceiro toque.

Radiocomunicação

2. Identifique-se com o nome da empresa e, em seguida, com o seu, em tom claro e audível e cumprimente o interlocutor.

3. Tenha sempre em mãos sua "principal arma" e também material informativo que possa ajudá-lo a responder as dúvidas mais comuns dos clientes. Transmita simpatia ao cliente.

4. Evite os ultrapassados alô, diga, fale, pois não, e também pedir o famoso "um minuto" e transformá-lo em uma longa espera.

5. Demonstre atenção e direcione corretamente os assuntos que não sejam de sua responsabilidade. Nada irrita mais o cliente do que ser transferido de uma pessoa para outra, sempre repetindo que o assunto "não é com ela".

6. Anuncie as ligações ao transferi-las para que o cliente não tenha que se identificar e contar a mesma história novamente.

7. Anote detalhadamente todos os recados direcionados para os colegas da sua área.

8. Administre os conflitos e os problemas de quem ligou.

9. Desligue diplomaticamente e agradeça.

10. Tenha uma atitude digna e compatível com a de um profissional de segurança privada.

Capítulo 25

Noções de Segurança Eletrônica

*"O conhecimento é orgulhoso por ter aprendido tanto;
a sabedoria é humilde por não saber mais."*
(William Cowper)

Estratégias de Ensino: aula expositiva dialogada com auxílio de recursos audiovisuais, equipamentos e prática.

Recursos: 01 professor e caderno didático.   **Carga Horária:** 10 h/a.

OBJETIVO DA INSTRUÇÃO

DESENVOLVER CONHECIMENTOS sobre os sistemas computadorizados e de controle eletrônico não restrito, gerido por empresas e disponíveis a seus vigilantes.

CAPACITAR o aluno a usar de maneira correta e eficaz os equipamentos.

334 Segurança é Prevenção

UNIDADE 01
EQUIPAMENTOS ELETRÔNICOS

Estratégias de Ensino: Aula expositiva dialogada com auxílio de recursos audiovisuais, equipamentos e prática.
Recursos: 01 professor e caderno didático. **Carga Horária:** 05 h/a.

OBJETIVOS DA DISCIPLINA:
• **CONHECER** sistemas computadorizados e de controle eletrônico não restrito, geridos por empresas e disponíveis a seus vigilantes
• **CAPACITAR** o aluno a usar de maneira correta e eficaz os equipamentos.

Conceito e apresentação

Nós, Profissionais de Segurança Privada, não temos o direito de ficar alienados com relação ao que existe de mais moderno em tecnologia de equipamentos eletrônicos e que, certamente, estarão obsoletos em pouco tempo. Apenas a título de curiosidade, sabedores que segurança é prevenção, apresentaremos alguns equipamentos bastante comuns, mas desconhecidos por muitos profissionais de segurança.

• **Celular espião para escuta ambiente de alcance infinito.**

Transmissor de ambiente com alcance infinito embutido em celular. Exemplo: deixe este celular com seu assessor e ouça, por exemplo, a negociação de um grande investimento, a qualquer momento, em qualquer lugar.

• **Micro transmissores rádio uhf/vhf para escuta sigilosa ambiente ou telefônica.**

De tamanho, potência e autonomia diversos, esses aparelhos chamados de microfones sem fio, transmitem as conversas e atividades de uma sala ou linha de telefone para um receptor rádio uhf/ vhf, com recepção de ótima qualidade. A instalação e o uso são extremamente simples.

• **Gravadores digitais de áudio**

Noções de Segurança Eletrônica

Gravadores digitais com microfones de alta sensibilidade e gravação de alta qualidade. Existem em vários tamanhos (mini ou ultramicro) e capacidade de armazenamento (de 18 até milhares de horas de gravação). Conexão com um receptor de micro escuta ambiente/telefônica. Conexão e gravação em linha de telefone fixo ou celular. Gravação direta no lugar vigiado para quem não quer usar de micro escuta ou não tem possibilidade de escutar as conversa ao vivo.

• **Sistemas e aparelhos de localização e rastreamento rádio, GSM e GPS**

Localizadores de rádio freqüência, sinal GSM ou GPS permitindo localizar rapidamente uma pessoa, veículo, caminhão, carga, bem fixo ou móvel.

• **Micro câmeras de vídeo com fio**

Além de ser de tamanho muito menor que câmeras de vigilância comuns, as micro câmeras são mais estéticas, e permitem obter imagens de qualidade equivalente ou até superior, e podem ser acopladas a um micro transmissor.

• **Câmera color miniatura com transmissor integrado e receptor**

Micro câmera color "pin-hole" CMOS com transmissor integrado 2,4 GHz: 356.000 pixels 3 lux. Potência: 10 mW 2,4 GHz. Alcance: até 300 m em campo aberto Alimentação: 5 a 12 VDC / 100mA. Pode funcionar com uma bateria de 9 V alcalina ou fonte de alimentação externa.

• **Micro câmera color com áudio sem fio de longo alcance 2 Watts**

Micro câmera transmissora color com áudio 2000 mWatts de potência. O alcance pode chegar a 1 km em campo aberto, o que permite múltiplas aplicações. O receptor possui 4 canais permitindo, assim, a recepção de 4 câmeras ao mesmo tempo. Imagens de alta qualidade.

• **Micro câmera color infravermelho sem fio de longo alcance 2 Watts**

Micro câmera transmissora color 1.000 mWatts de potência. O alcance pode chegar a 1 km em campo aberto, o que permite múltiplas aplicações. O receptor possui 4 canais, permitindo assim a recepção de 4 câmeras ao mesmo tempo (900~1.230 MHz) Câmera/Imagens de alta qualidade. Infravermelho a 30 LEDS (visão noturna 10 m).

• **Câmera de tele-vigilância vídeo com modem**

Câmera muito compacta com modem integrado e dispositivo capaz de detectar uma pessoa ou um objeto em movimento. Transmite as imagens pela linha de telefone, sem precisar de um computador ou de um acesso internet no local vigiado. Fornecida com o software (cd-rom) a ser instalado

336 Segurança é Prevenção

no computador de destino. Em caso de movimento dentro do local a câmera chama o número de destino previamente entrado, e manda as imagens para seu computador. Você pode também ligar a qualquer momento para visualizar as imagens.

• **Detector de microfone espião**

Este aparelho é capaz de detectar rapidamente a presença de um transmissor espião escondido numa sala. Alerta por um som e luzes. Leds ajudam a localizar o transmissor espião. A sua larga cobertura de freqüência que vai de 3 Mhz a 3,5 Ghz permite detectar a maioria dos microfones espiões existentes.

• **Aparelho de interferência de sistemas de escuta telefônica**

Poderá falar ao telefone sem temer que suas conversas sejam interceptadas. Ligado à sua linha de telefone, este aparelho é capaz de embaralhar todos os sistemas de escuta telefônica (incluindo os gravadores).

• **Micro Escuta Transmissor VHF**

Extremamente pequeno, quase do tamanho de um polegar, imperceptível. Alimentado por uma bateria de 9 volts externa. Capta o menor ruído até 10 metros. Alcance de até 1000 metros em campo aberto.

• **Micro Escuta Transmissor UHF**

Pequeno, potente e fiel. Capta todos os sons até 12 metros com uma clareza absoluta. Alimentado por uma bateria de 3 volts (PP3). Alcance de 800 metros no máximo em campo aberto. Autonomia de até 5 dias contínuos.

• **Micro Escuta Transmissor GSM**

Este transmissor comporta um módulo GSM que, logo que é ativado, transmite ruídos e conversas do local onde ele for colocado, com absoluta clareza. O microfone supersensível do aparelho permite a escuta dos mais ínfimos ruídos com toda a discrição. A bateria fornecida funciona durante uma semana em modo "stand by" e muitas horas em escuta. É possível ligar o aparelho na tomada e usá-lo por um tempo indeterminado, sem se preocupar com a alimentação. Muito simples de usar, o transmissor funciona com a ajuda de um chip de telefone celular a ser inserido no aparelho. Para escutar as atividades do local, não é necessário adquirir um receptor, pois pode escutá-las de qualquer telefone (celular ou fixo). Para isso, basta discar o número do telefone registrado no chip do transmissor.

• **Baliza rádio miniatura.**

Esta baliza permite seguir e localizar o veículo onde ela foi previamente dissimulada. Emite um bip para o receptor que indica a direção do sinal e até dá para saber se o veículo está em movimento. Devido à sua dimen-

Noções de Segurança Eletrônica

são miniatura, pode servir tanto para localizar objetos como para localizar pessoas. Peso: baliza, 100 gramas; receptor, 200 gramas. Alcance: 10km em campo aberto; 4 km em zona urbana. Autonomia: baliza, 600 horas (1 bateria de 3,6 volts); receptor, 20 horas (duas pilhas de 1,5 volts).
www.itecdiffusion.com

Operações com equipamentos eletrônicos disponíveis.

Ronda Eletrônica

Sistema que possibilita acompanhamento e apoio aos profissionais de segurança, supervisionando a ronda dos vigilantes. A ronda eletrônica tem como objetivo registrar eletronicamente a passagem dos vigilantes nos postos especificados. Pode ser do tipo ativa (On line – tempo real) ou passiva (Off line – descarga periódicas de dados). O sistema é capaz de gerar diferentes tipos de relatórios, que permitem uma análise completa das informações obtidas e facilitam a pesquisa de dados específicos de forma simples e rápida. São relatórios de fácil visualização e interpretação e em sua forma original, por questões de segurança, não podem ser editados. Neles constarão a identificação do profissional de segurança, a data e a hora de cada leitura, além de informações adicionais que variam de acordo com o relatório.

Funcionamento

• Alimentação por 2 pilhas AA comuns;

• Os horários e os pontos de ronda, que devem ser visitados, são previamente programados;

• São fixadas "memórias de contato" e "memórias de proximidade" nos pontos críticos;

• O vigilante é alertado, de acordo com a programação, para a realização das novas rondas;

• O vigilante também é informado, através de sinais, da conclusão das rondas;

• O fiscal, obviamente, recebe as informações relativas a realização das rondas, com ou sem alteração, de acordo com a programação pré-estabelecida;

• As informações podem ser descarregadas, a qualquer momento, no computador, para que possam ser analisados e impressos os relatórios de ronda.

338 Segurança é Prevenção

Detector de metal
É um tipo de instrumento usado para detectar metais com a ajuda da indução eletromagnética.

Cabo sensor
Detecta a entrada de pessoas estranhas ao ambiente. Os limites do patrimônio podem ser protegidos por um cabo sensor embutido no subsolo. É um reforço de segurança que acusa a invasão de "visitas inesperadas". Inclusive de veículos.

Cerca elétrica
É um dispositivo indispensável para garantir a sensação de segurança. Ao ser tocada, dispara uma carga elétrica de alta voltagem e baixa amperagem que inibe qualquer tentativa de invasão.

Cancelas, catracas e roletas eletrônicas.
São equipamentos de segurança empregados no controle de acesso. Alguns possuem um sistema de leitura biométrica (biochave), ou seja, comparação e identificação do padrão de impressão digital, fundo de olho, face, íris, anatomia da mão, etc. Possuem, também, um sistema de cofre para recolhimento de crachás.

Leitor de barras/proximidade
Comunica-se via cabo ao coletor de dados para controle de acesso ou ponto, servindo para códigos de barras, magnéticos ou de proximidade.

Crachás eletrônicos
Os crachás normalmente são disponibilizados para atender todos os tipos de sistemas de leitura, do tipo smart card, proximidade, tarja magnética, código de barras e sistemas biométricos. O "cartão de proximidade" permite a identificação através de rádio freqüência, isto é, a informação gravada é transmitida a distância, requerendo apenas que o usuário aproxime o cartão do leitor do relógio. O "código de barras" é a tecnologia de codificação de cartões mais difundida, pois é extremamente eficiente e de fácil geração. O termo "smart card" ou "cartão inteligente" é utilizado para designar cartões que possuem uma memória de armazenamento interna, cujos dados nela contidos são acessados através de contatos externos de superfície.

Noções de Segurança Eletrônica

Torniquetes de segurança máxima

Equipamento do tipo "controle de acesso individual", com barreira total, visando a absoluta segurança. Alguns possuem o Sistema de Leitura Biométrica (biochave), ou seja, comparação e identificação do padrão de impressão digital, fundo de olho, face, íris, anatomia da mão, etc.

Biometria: O termo é relativo à tecnologia criada para constituir a identidade de uma pessoa através de uma característica individual. A **individualidade biológica** é um fato, ou seja, raciocinamos e agimos individualmente, da mesma forma, possuímos traços físicos únicos. Portanto, a mensuração de um desses traços físicos estabelece a identidade de uma pessoa. O termo deriva do grego, **"bios"** para vida e **"metron"** para medida. Em razão da sua característica, a biometria tem um vasto campo de aplicação em sistemas que exigem uma identificação mais criteriosa e com maior segurança.

UNIDADE 02

340 Segurança é Prevenção

EQUIPAMENTOS ELETRÔNICOS 2

"Se você sofreu alguma injustiça, console-se;
a verdadeira infelicidade é cometê-la".
(Demócrito)

Estratégias de Ensino: aula expositiva dialogada com auxílio de recursos audiovisuais, equipamentos e prática.
Recursos: 01 professor e caderno didático.   **Carga Horária:** 05 h/a.

OBJETIVO DA INSTRUÇÃO
DESENVOLVER CONHECIMENTOS sobre os sistemas de alarmes e outros meios de alerta, não restritos, geridos por empresas e disponíveis a seus vigilantes.
CAPACITAR o aluno a usar de maneira correta e eficaz os equipamentos.

EQUIPAMENTOS ELETRÔNICOS

Noções gerais, Conceito e apresentação
Aprendemos que "segurança" não existe. O que de fato as empresas de segurança vendem é "sensação de segurança". Os equipamentos eletrônicos aumentam significativamente esta sensação de segurança, "protegendo" pessoas, ambientes e objetos. Existe um leque de alternativas, equipamentos eletrônicos de todos os tipos e modelos que, implantados após uma analise e avaliação dos riscos existentes, trazem uma certa tranqüilidade, ou melhor, deixam o usuário com a sensação de estar seguro, tudo em perfeita harmonia. Talvez grande parte das pessoas desconheçam que os sistemas de segurança estão cada vez mais acessíveis. É importantíssimo que nós tenhamos consciência do valor que esses equipamentos eletrônicos representam. Sensores, centrais e alarmes, não são mais objetos de ficção ou dos filmes de ação. Através de micro-câmeras dos mais diversos tamanhos, por exemplo, é possível e viável acompanhar a rotina dos filhos, observar como a babá está cuidando do bebê e ver se os "funcionários" estão conservando tudo em ordem. Segurança é prevenção, segurança é quando adotamos medidas preventivas capazes de inibir uma ação criminosa, capazes de ini-

Noções de Segurança Eletrônica

bir os riscos de uma ação criminosa. Para isso é necessário empregarmos um conjunto de ações que congrega, coligando equipamentos e atitudes.

Operações com equipamentos de alarme e outros meios de alerta disponíveis.

Central de alarme

Uma central de alarme tem como função principal, analisar e reportar as informações enviadas a ela pelos periféricos do sistema (sensores, teclados, sirenes, etc.), além de acionar sirenes no momento de uma invasão, ou qualquer outra condição de alarme vindo do local protegido. **A central de alarme tem como principal função comunicar à central de monitoramento todos os eventos por ela registrados e armazenados na memória interna**. Fazendo uma analogia com o corpo humano, é o nosso sistema nervoso Central. A comunicação entre a "central de alarme do usuário do sistema" e a "central de monitoramento" é feita através de modem digital a elas incorporado, utilizando linguagens de comunicação de alta confiabilidade com padrões invioláveis. A transmissão dos eventos é feita em no máximo quatro segundos. A central de alarme é provida de bateria que fornece energia, quando falta energia de rede (110V/220V).

Central de Monitoramento

A Central de Monitoramento recebe todas as informações (sinais) dos sistemas de alarme remotos, tais como abertura, fechamento e intrusão.

CFTV (Circuito Fechado de TV)

São câmeras, mini-câmeras e monitores de vídeo, com gravação e transmissão simultânea digital de imagens. Os sistemas permitem acompanhar em tempo real o que está acontecendo em cada ambiente e ainda gravar imagens que podem facilitar a identificação em uma situação de emergência. Um "kit básico" para CFTV contém uma câmera que capta a situação do espaço a ser monitorado, cabos que levam a imagem e o monitor que apresenta o que está acontecendo. Quando desenvolvemos um projeto de segurança, percebemos claramente que a grande diferença está exatamente nos equipamentos intermediários que oferecem maiores ou menores possibilidades e limitações. Esses equipamentos intermediários são definidos em razão das necessidades do cliente e das particularidades do ambiente.

Aplicação de Vídeo-vigilância

342 Segurança é Prevenção

O módulo de vídeo-vigilância permite a captura, processamento, visualização e armazenamento de imagens, bem como a operação dos equipamentos de imagem (câmeras e monitores), gravação (vídeo-gravadores analógicos e digitais) e sensores de atuação.

- Monitorização visual de espaços públicos e/ou privados.
- Controle e gestão de equipamentos de CFTV.
- Representação gráfica dos alarmes nos equipamentos.
- Atuação sobre outros sistemas ou equipamentos externo.
- Disponibilização de alarmes em tempo real.

Sistemas Integrados
Sistemas de alarme, CFTV, controle de acesso, automação, iluminação, entre outros, poderão ser integrados de forma a possibilitar um melhor desempenho, bem como, automatizar processos.

Sensores de infravermelho e ultra-som
Ultra-som (sensores de ocupação) ou infravermelho (sensores de presença). São amplamente utilizados nos mais diversos sistemas de alarmes sonoros e visuais, gravações nas centrais de alarme, ou simplesmente acendendo lâmpadas em um ambiente quando pessoas entram, e apagando as lâmpadas automaticamente quando as pessoas saem.

Sensores fotoelétricos
São dispositivos que emitem ondas infravermelhas invisíveis que, quando interrompidas, disparam o alarme. Podem ser instalados em ambientes externos ou internos. Todo sensor infravermelho tem como componente básico o elemento de captura da luz infravermelha que a transforma em sinal elétrico. Ao alcançar um nível pré-determinado de operação, o sensor acusa o alarme.

Barreira/Proteção Perimetral
A proteção do perímetro (muros e grades) é fundamental para a sensação de segurança de condomínios, comércio e indústria. Para a detecção efetiva de invasão, diversas tecnologias poderão ser empregadas para a proteção de perímetros, tais como sensores infravermelhos ativos, barreira de microondas, cerca eletrificada, sistemas mistos, sistemas de detecção de corte para alambrados, sistemas de detecção através de fibra ótica, entre outros.

Capítulo 26

Noções de Criminalística e Técnica de Entrevista Prévia (CRI&TEP)

*"Todo pai espera que seu filho
se comporte como ele não
se comportou quando tinha
a sua idade"*
Kin Humbbard

Carga horária: 08 horas-aula

Avaliação: VF (01 h/a)

OBJETIVOS DA DISCIPLINA

- **Dotar** o aluno de conhecimentos sobre criminalística, evidências, vestígios e local de crime.
- **Instrumentalizar** o aluno com técnicas de isolamento do local do crime, de preservação de vestígios até a chegada da polícia técnica, de coleta de evidências iniciais que possam desaparecer antes da chegada da polícia e que importem na apuração policial, de busca de provas e de autoria, de observação e descrição de pessoas, coisas, áreas e locais, de forma diligente; demais iniciativas que lhe competem na prevenção e repressão de ocorrências delituosas.
- **Desenvolver conhecimentos** das técnicas de entrevista prévia, visando a colher dados necessários ou relevantes às investigações policiais.
- **Desenvolver conhecimentos** que identifiquem as drogas mais usadas, a legislação específica, o tráfico ilícito, o uso indevido e a dependência, bem como a atividade policial preventiva e repressiva.

344   Segurança é Prevenção

UNIDADE 01
LOCAL DO CRIME

> *"Triste não é mudar de idéia.*
> *Triste é não ter idéias para mudar".*
> *(Francis Bacon)*

Estratégias de Ensino: aula expositiva dialogada com auxílio de recursos audiovisuais, equipamentos e prática.
Recursos: 01 professor e caderno didático.   **Carga Horária:** 03 h/a.

OBJETIVOS DA INSTRUÇÃO:
Ao término das unidades, teremos dotado o aluno com conhecimentos sobre criminalística, vestígios e local de crime e ele deverá ser capaz de:
• **INSTRUMENTALIZAR** técnicas de isolamento do local do crime, preservação de vestígios até a chegada da polícia técnica, coletar evidências iniciais que possam desaparecer antes da chegada da polícia e que importem na apuração policial, busca de provas e autoria.
• **OBSERVAR E DESCREVER** pessoas, armas, veículos, coisas, áreas e locais, de forma diligente.
• **TOMAR** demais medidas que lhe competem na prevenção e repressão de ocorrências delituosas, desde que não atrapalhem a atividade policial.

LOCAL DO CRIME
Noções gerais e conceito
• Local do crime é aquele onde tenha ocorrido um fato, definido pela lei, como delituoso.
• No **"local do crime"**, a policia (peritos, investigadores, etc.) pode encontrar **"elementos necessários à elucidação do crime"** e a **"fixação da responsabilidade"**.
• O local onde ocorreu o fato, ou melhor, onde ocorreu o crime pode ser **"interno"** ou **"externo"**.
• O ambiente onde ocorreu o crime por ser "mediato" ou "imediato".

Noções Criminalística e Técnica de Entrevista Prévia (CRI&TEP)   345

- Definimos como **"local de crime externo"** quando ocorre em **"ambientes abertos"**, sem delimitações, como pátios, becos, terrenos baldios, vias públicas, etc.
- Definimos como **"local de crime interno"** quando ocorre em **"ambientes fechados"**, com delimitações, por um espaço limitado por paredes e coberturas como salas, quartos ou qualquer dependência de uma construção.
- Definimos **"local de crime de ambiente imediato"** quando este é o **"centro da ação criminosa"**.
- Definimos **"local de crime de ambiente mediato"** quando este é **"área adjacente do local principal"**, ou seja, não foi o **"centro da ação criminosa"**.

Quanto ao "exame do local do crime", este se apresenta de três formas:

1. Idôneo – é aquele que não sofreu qualquer alteração.

2. Inidôneo – é aquele que sofreu alteração após o fato.

3. Relacionado – são aqueles que se referem a uma mesma ocorrência e oferecem pontos comuns de contato.

Objetivos:
Salvar vidas, prestar socorro às vítimas e auxiliar a polícia na apuração da materialidade e autoria.

Isolamento do local
Preservação das provas ou vestígios materiais até a chegada da polícia técnica

1. Socorrer a vítima ou **providenciar** atendimento médico;

2. Prender o criminoso, agindo com o máximo de cautela e de acordo com a lei ;

3. Isolar o local, interditando principalmente o ambiente imediato;

4. Preservar o local, resguardando todos os vestígios;

5. Comunicar o fato, imediatamente, à autoridade policial competente;

6. Identificar possíveis testemunhas, que queiram colaborar;

7. Confeccionar um relatório e, se possível, um croqui de toda a ação.

Busca e Apreensão
É o ato de revistar setores, aposentos e pessoas suspeitas, procurando encontrar objeto(s) que seja(m) produto de crime ou que possa(m) dar origem a este, perdido ou extraviado. Tecnicamente isso se chama **"Busca e Apreensão"**.

346   Segurança é Prevenção

1. Simples – quando apenas observa-se a pessoa a fim de constatar a posse,

2. Preliminar – quando executada por meio de rastejo de mão pelas vestes do suspeito. Ex: danceteria, clubes, estádios, etc. (cintura, tórax, axilas, dorso, ombros, braços, virilha, coxas, perna e pé).

3. Circunstanciada – quando se executa revista além do suspeito, nos seus pertences.

4. Completa ou minuciosa – quando é feita uma exposição corporal completa e também dos pertences (somente com autorização restrita da lei).

Observação: Na revista circunstanciada e completa, são necessárias ordens superiores e uma estrutura apropriada como uma sala, uma mesa, detector de metais, seletores de revista, etc.

Método de observação e descrição de pessoas envolvidas (características e sinais particulares, como estatura, idade, sexo, voz, cor, compleição física, cabelos, tatuagens, rosto e olhos, com o fim de reproduzir retrato falado, vestimentas, equipamentos e a petrechos), armas e calibres, veículos, equipamentos, coisas, áreas, circunstâncias, seqüência dos fatos e locais.

Sistema de memorização

Nós nos comunicamos de diversas formas, usando os nossos 5 (cinco) sentidos: visão, audição, tato, olfato e paladar. Assim, 6 (seis) mecanismos diferentes de memória são ativados: memória visual, memória auditiva, memória mecânica, memória táctil, memória olfativa e memória degustativa. A partir destes sentidos, é possível estabelecer 9 (nove) tipos de comunicação, listadas por ordem inversa de eficiência, ou seja a primeira é a menos eficiente:

1. Comunicação pelo paladar ou degustativa (memória degustativa)
É a comunicação através do paladar, pelo toque da língua, pela ação de beber ou comer. O índice de eficiência é cerca de 1%.

2. Comunicação pelo tato ou táctil (memória táctil)
É a comunicação através do tato, tanto das mãos, onde observamos mais sensibilidade, como por outras partes do corpo. Isoladamente, o grau de eficiência é de 1,5%.

3. Comunicação pelo olfato ou olfativa (memória olfativa)
É a comunicação através do olfato, ou seja, o nariz capta o odor e esta in-

Noções Criminalística e Técnica de Entrevista Prévia (CRI&TEP)   347

formação é levada ao cérebro. O índice de eficiência é da ordem de 3,5%.

4. Comunicação pela audição ou auditiva (memória auditiva)
É a comunicação através do que se ouve, ou seja, os ouvidos transmitem ao cérebro o que ouvem, levando ao sistema nervoso central as informações captadas. O índice de eficiência é da ordem de 9%.

5. Comunicação táctil pela escrita (memória mecânica)
É a comunicação através da caligrafia quando se copiam ou se registram idéias e fatos vistos ou imaginados, ou seja, o ato de escrever de próprio punho, ativa um mecanismo chamado "memória mecânica". Esta memória combina a memória visual com a do tato, tendo um índice de eficiência da ordem de 10%.

6. Comunicação pela visão (memória visual)
É a comunicação através dos olhos, é responsável por cerca de 75% do que se grava na memória. A comunicação através da memória visual pode ser captada por quatro formas diferentes:

6.1. Comunicação escrita (memória visual)
É a comunicação através de um documento escrito, em papel ou numa tela. O índice de eficiência da leitura de textos em papel é maior do que em tela.

6.2. Comunicação gráfica (memória visual)
É a comunicação através de símbolos, desenhos, plantas, diagramas, ícones, fotos ou outros recursos gráficos isoladamente. É o caso da maioria das placas de trânsito, onde um único símbolo tenta traduzir o que a placa representa, de forma rápida e eficaz. sabe-se que 80% das coisas que se vê são captadas por símbolos, desenhos, etc., ou seja, do total, 60% de eficiência (80% de 75% = 60%), ou ainda, (100 está para 75, assim como 80 está para X = 60%).

6.3. Comunicação visual (memória visual)
É a comunicação através da junção da comunicação gráfica com a escrita, aonde um símbolo, desenho, etc., vem acompanhado de palavras-chave ou textos que complementam o símbolo, desenho, etc. Usando o mesmo exemplo de placas de trânsito, há uma placa que significa "cuidado, pista derrapante" mas que pode vir acompanha do da expressão "em dias de chuva".

6.4. Comunicação áudio-visual (memória visual e auditiva)
É a comunicação que une a comunicação visual, com a auditiva. É considerada a mais eficiente de todas. O dispositivo cognitivo do cérebro ativa os dois principais sentidos, chegando-se a um índice de cerca de 84% de eficiência.

348   Segurança é Prevenção

Observação e descrição: É o poder de memorização que cada um tem. Pode ser desenvolvido e aperfeiçoado através da constância de treinamento. Na observação e descrição, é necessário usarmos todos sentidos possíveis e os 6 (seis) mecanismos diferentes de memória, na identificação de pessoas, ambientes ou bens materiais.

Na descrição de uma pessoa podemos utilizar 25 pontos básicos:
1. Sexo – masculino ou feminino;
2. Cor/Cútis – branca, parda, negra, amarela;
3. Rosto – redondo, comprido, achatado, ovalado;
4. Testa – alta, curta, com entradas;
5. Compleição física – magro, forte, obeso; troncudo, raquítico, normal;
6. Estatura – baixa, mediana, alta;
7. Idade aparente – criança, adolescente, jovem, adulto, meia-idade, idoso, ancião;
8. Olhos – cor, duas cores, redondos, orientais, grandes, pequenos;
9. Sobrancelhas – separadas, unidas, finas, grossas;
10. Nariz – afilado, achatado, comprido, pequeno, grande, arrebitado;
11. Boca – grande, normal, pequena;
12. Lábios – finos, grossos, deformados, leporinos;
13. Calvície – frontal, total, coronal;
14. Cabelo – liso, crespo, carapinha, ondulado, ralo, tamanho, cor;
15. Orelhas – grandes, pequenas, de abano, normais, coladas, deformadas;
16. Bigode – grosso, fino, aparado, raspado, cor;
17. Barba – raspada, aparada, cavanhaque, rala;
18. Pescoço – fino, grosso, curto, comprido, normal;
19. Altura – 1,60 ou menos, 1,61 a 1,70m, 1,71 a 1,80m, 1,81 a 1,90, 1,91 ou mais;
20. Tatuagens – localização da tatuagem, desenho, tamanho, cores, profissional;
21. Cicatrizes – local da cicatriz, tamanho, tipo;
22. Amputações – membro amputado, amputação total ou parcial;
23. Deformidades – membro deformado, tipo de deformidade, deficiência física;
24. Peculiaridades – opção sexual, usa bengala, sotaque, tique nervoso, gírias, etc.;

Noções Criminalística e Técnica de Entrevista Prévia (CRI&TEP)   349

25. Grau de instrução – fluência verbal, escrita, nível intelectual.
As pessoas têm características peculiares, distintas, como tatuagens, sinais de nascença, cicatrizes, amputações, deficiências físicas, na dicção, no andar, acessórios, adornos, comportamento, etc.

Técnicas de arrecadação de provas quando podem desaparecer antes do isolamento do local e da chegada da polícia, identificando as situações em que a medida é cabível.
De acordo com o Dr. Ademir Ribeiro da Silva e o Dr. Jorge Cypriano Alves, no seu livro "Técnicas de Investigação Policial" da Liney Editora e Promoções Ltda, o "profissional de segurança" deve ter um senso profundo de análise, além do conhecimento de causa, para identificar possíveis testemunhas. Ocorrerão casos de falso testemunho, puníveis em lei, artigo 342 do código de processo penal, como também casos em que a testemunha inicial passará a autora de um crime e só um relacionamento profissional "policial investigador – testemunha" possibilitará a detecção desses casos. A prova testemunhal tem uma classificação clássica, não só nas faculdades de direito, mas também no mundo jurídico, como a "prostituta das provas", imagem causada pelo falso testemunho, corrupção, vaidade, tráfico de influências, coação psicológica e física, etc... Por esses motivos, o senso de análise do "profissional de segurança" deve ser bem acurado, para o arrolamento de uma prova testemunhal idônea.

Outras providências que competem ao vigilante, desde que não atrapalhem a atividade policial.
Reiteramos as providências no local do crime:
1. Socorrer a vítima ou **providenciar** atendimento médico;
2. Prender o criminoso, agindo com o máximo de cautela e de acordo com a lei;
3. Isolar o local, interditando principalmente o ambiente imediato;
4. Preservar o local, resguardando todos os vestígios;
5. Comunicar o fato, imediatamente, à autoridade policial competente;
6. Identificar possíveis testemunhas, que queiram colaborar;
7. Confeccionar um relatório e, se possível, um croqui de toda a ação.

350 Segurança é Prevenção

UNIDADE 02
TÉCNICA DE ENTREVISTA PRELIMINAR

"Tornar simples o
complicado é fácil.
Tornar o complicado
simples, isto é criatividade."
(Charles Mingus)

Estratégias de Ensino: aula expositiva dialogada com auxílio de recursos audiovisuais, equipamentos e prática.
Recursos: 01 professor e caderno didático. **Carga Horária:** 03 h/a.

OBJETIVO DA INSTRUÇÃO:
DESENVOLVER CONHECIMENTOS sobre técnicas de entrevista prévia, visando colher dados necessários ou relevantes às investigações policiais.

TÉCNICA DE ENTREVISTA PRELIMINAR
Noções gerais e conceito.
O Dr. Ademir Ribeiro da Silva e o Dr. Jorge Cypriano Alves, explicam que a prova técnica é conseguida pelo Departamento de Polícia Técnica, através do Perito Criminal ou Perito-Legista, seja no local do crime, mediante exame de corpo delito, seja no laboratório, através de objetos ou coisas apreendidas onde se deu o crime e que são partes do corpo de delito. Num local de crime, tudo que interfere no contexto desse local faz parte do corpo de delito, e quaisquer objetos ou coisas arrecadadas pelo Perito, que poderão, através de análises técnicas, determinar a autoria do ilícito penal, são as provas técnicas.

Num local de homicídio, por exemplo, um fio de cabelo, uma impressão digital, uma mancha de sangue ou de esperma, bilhetes, cápsulas ou projéteis, etc., encontrados e comparados esses dados com os de um suspeito ou com uma arma apreendida, pode-se determinar tecnicamente a autoria do delito e imputar a sua autoria ao suspeito, independentemente de sua confissão, e essa detecção técnica vai constituir-se, em juízo, numa prova técnica.

Noções Criminalística e Técnica de Entrevista Prévia (CRI&TEP)

Sempre que a infração deixar vestígios, será indispensável o exame de corpo delito, direto ou indireto, sendo tão somente este exame pericial, que não pode ser suprido pela confissão do acusado.

O legislador dedicou todo o Capítulo II ao Título VII – artigos 158 ao 184 – do Código de Processo Penal, ao exame de corpo de delito e as perícias em geral, o que demonstra a relevância da prova técnica dentro do Processo Criminal e até em outro na esfera do Direito.

Entrevista preliminar de autor, vítima e testemunha.

Os policiais civis, especialistas em investigação policial, Dr. Ademir e Dr. Cypriano, explicam a diferença entre conversar, entrevistar e interrogar. Relatam que é através da conversa que o ser humano se comunica e o investigador toma conhecimento de fatos que poderão contribuir para o deslinde de uma investigação. Dentro da técnica policial, a interrogação difere da entrevista porque, juridicamente, no Direito Processual Penal Brasileiro, só o autor de um crime pode ser interrogado, havendo uma extensão desta figura jurídica ao suspeito da autoria, as outras pessoas são entrevistadas, sendo comum a confusão entre ambas, por se resumirem a perguntas e respostas. A entrevista constitui-se na fórmula de perguntas e respostas e no jornalismo ela foi utilizada pela primeira vez em 1859, em Salt Lake City, pelo repórter Horace Greeley, não se tendo registro da sua utilização pela primeira vez na investigação policial. O bom investigador deve saber entrevistar e conhecer dados sobre o entrevistado, bem como sobre o tema a ser a ser explorado e a participação do entrevistado no evento, devendo as perguntas formuladas pelo entrevistador ser bem minuciosas e objetivas, podendo haver até um certo rodeio, com o objetivo de causar alguma confusão mental no entrevistado. O entrevistador deve acautelar-se com relação a entrevistados inteligentes, para não ser conduzido, ao invés de conduzir, como acontece com repórteres inexperientes. Se possível, deve o entrevistador reduzir a termo a entrevista, para que ela se perpetue no tempo, sem o risco de perder a sua essência, o que não ocorreria se houvesse a simples memorização.

Perguntas genéricas:
• **Nome** – completo e sem erro, do cônjuge e filhos se for o caso.
• **Identificação** – RG, CPF, identidade de outros estados, identidade militar se for o caso.
• **Endereço** – completo, CEP, pontos de referência.

352   Segurança é Prevenção

• **Telefone** – residencial, celular, trabalho (com ramal), de recados (com nome da pessoa), e-mail.

• **Local de trabalho** – razão social, endereço, nome de guerra, departamento e função.

• **Breve histórico do envolvimento** – é fundamental que as seis perguntas básicas para elaboração de relatórios sejam corretamente exploradas.

- **O que?** ——————————————————— ouve de fato?
- **Onde?** ——————————————————— ocorreu o fato? estaria...
- **Como?** ————————————————— aconteceu realmente o fato? Modus operandi.
- **Quem?** —————————— está, estaria ou poderia está envolvido?
- **Quando?** ———————————— aconteceu realmente o fato? Hora, dia e mês.
- **Por quê?** —————————— alguém tentaria? Aconteceu desta forma?

• **Participação** ——— descrever sucintamente como foi a participação.

• **Assistência à ocorrência** —————— descrever de forma sucinta.

Perguntas específicas no caso de possível evasão do local ou abatimento de qualquer dos atores acima elencados, antes da chegada da polícia.

Sigilo das informações

O dever do sigilo nas profissões é algo que se encontrava protegido pelo antigo Código Civil Brasileiro em seu artigo 144 **e que ainda é preservado pelo novo** Código de 2002, artigo 229, **cujo texto é**: *"Ninguém pode ser obrigado a depor sobre fato: I – a cujo respeito, por estado ou profissão, deva guardar segredo,...".* **Nada, pois, mais claro que tal letra da lei, ou seja, a expressa determinação de que o profissional não é obrigado a depor sobre o que, no exercício de seu trabalho, tomou conhecimento. Nem sob vara, é o profissional obrigado a depor sobre o que sabe ou que lhe foi confiado como segredo de negócio. O texto legal é, ainda, sem dúvida, um amparo às normas morais, à dignidade do homem.**

O Dr. Daniel Penteado Castro, Advogado do escritório Felsberg, Pedretti, Mannrich e Aidar – Advogados e Consultores Legais, faz o seguinte comentário:

O sigilo profissional está resguardado como cláusula pétrea inserta no artigo 5º, incisos XIII e XIV da Constituição Federal **ao prever que** *"XIII – é livre o exercício de qualquer trabalho, ofício ou profissão, atendidas as qualifi-*

Noções Criminalística e Técnica de Entrevista Prévia (CRI&TEP)　　353

cações profissionais que a lei estabelecer, XIV – é assegurado a todos o acesso à informação e resguardado o sigilo da fonte, quando necessário ao exercício profissional". **Por força dessa disposição, entende-se que a tutela a proteção ao sigilo profissional tem sua aplicabilidade estendida a todas as categorias profissionais. Nesse contexto,** o artigo 154 do Código Penal Brasileiro **é claro ao prever o crime de violação do segredo profissional a todo aquele que** *"Revelar a alguém, sem justa causa, segredo, de quem tem ciência em razão de função, ministério, ofício ou profissão, e cuja revelação possa produzir dano a outrem"*. **No mesmo sentido, o artigo** 207 do Código de Processo Penal **também tutela a proteção ao sigilo profissional ao rezar que** *"são proibidas de depor as pessoas que, em razão de função, ministério, ofício ou profissão, devam guardar segredo, salvo se, desobrigadas pelas partes interessadas, quiser dar seu testemunho"*.

Por sua vez, os artigos 347, II e 406, II, ambos do Código de Processo Civil **são expressos ao dispor que** *"A parte/testemunha não é obrigada a depor de fatos:*

… II – a cujo respeito, por estado ou profissão, deva guardar sigilo." **e, na mesma linha de raciocínio, é a inteligência do artigo 229, inciso I, do Código Civil de 2002:** *"Ninguém pode ser obrigado a depor de fato:… I – a cujo respeito, por estado ou profissão, deva guardar segredo,"* **Assim, tem-se que a proteção ao sigilo profissional surge como corolário da garantia constitucional dessa prerrogativa, tendo sua proteção não só prevista na Constituição Federal, mas também na legislação ordinária.**

ELABORAÇÃO DE RELATÓRIO PARA SER ENTREGUE À POLÍCIA

• Vimos que as seis perguntas básicas para elaboração de um relatório devem ser todas respondidas. Quantos relatórios, inclusive bem redigidos, são colocados de lado em razão do esquecimento de datas importantes, esquecimento de endereços, enfim, pelo esquecimento de uma das perguntas em questão?

• O relatório é um documento da maior importância, nele consta todo um trabalho realizado, pessoas envolvidas e seus depoimentos, informes e informações colhidas, enfim, todo um procedimento que, certamente, resultará numa decisão.

• Ele deve ser escrito de forma clara, precisa, concisa e técnica. Lembre-se sempre que a principal arma de um profissional de segurança é "papel/caneta".

• O relatório certamente constituir-se-á numa peça fundamental de um processo. Bem escrito, certamente fornecerá à justiça as provas necessárias para a condenação do autor de um crime.

• Ele deve ser escrito com uma ortografia correta, pontuação, concordâncias nominal e verbal.

• É importante saber que, até a conclusão do processo, vários profissionais, incluindo detetives, inspetores, escrivães, delegados e advogados, analisarão, apreciarão e emitirão conceitos, que serão favoráveis, caso o relatório tenha sido feito com profissionalismo. Portanto, é necessário que tenhamos consciência do quanto ele é importante e mãos à obra!

Noções Criminalística e Técnica de Entrevista Prévia (CRI&TEP)

UNIDADE 03
TRÁFICO DE DROGAS

"Para alcançar o conhecimento,
acrescente coisas todos os dias.
Para alcançar a sabedoria,
remova coisas todos os dias."
(Lao Tse)

Estratégias de Ensino: aula expositiva dialogada com auxílio de recursos audiovisuais, equipamentos e prática.
Recursos: 01 professor e caderno didático.   **Carga Horária:** 02 h/a.

OBJETIVO DA INSTRUÇÃO:
DESENVOLVER CONHECIMENTOS que identifiquem drogas mais usadas, legislação específica, tráfico ilícito, uso indevido e dependência, bem como as atividades policiais preventivas e repressivas.

TRÁFICO DE DROGAS
Noções gerais. (www.antidrogas.com.br)

Drogas? De novo esse assunto? É verdade. Então vamos falar sobre drogas de um outro jeito. Um jeito de verdade. Droga faz a gente viajar? Faz. Faz a gente fluir? Faz. Faz a gente sonhar? Também faz. Então o negócio é curtir, e, quando você quiser parar, você pára. Certo? Errado. Completamente errado. Segundo pesquisas recentes no Brasil, de cada cinco alunos universitários, um já fez uso recente de drogas. E 70% dos que ficam dependentes não conseguem se livrar das drogas. Agora, continue refletindo sobre **o que leva as pessoas a se drogarem?**

Algumas pessoas acham que é o desconforto consigo mesmas e a falta de apoio e carinho da família. Já outras responderam que é pela curiosidade de saber qual a sensação que a droga pode trazer. Ou há ainda quem acredite que as pessoas se drogam por problemas da vida como a solidão, amizades ruins, depressão, raiva e desprezo.

Mudanças que podem sinalizar para o uso de drogas

O uso abusivo de drogas representa uma das principais preocupações em todo mundo. As drogas são utilizadas por pessoas que buscam alívio para as tensões e dificuldades do cotidiano. Prejudicam a vida de milhares de pessoas e de seus familiares, trazendo danos, muitas vezes irreversíveis, à saúde e à relação familiar e social. Atualmente estão presentes no dia-a-dia de escolas, no lar e em ambientes de trabalho. Por essa razão, os pais, educadores e profissionais ligados a Recursos Humanos, quando bem orientados, podem ser importantes agentes na prevenção, detecção e auxílio às vítimas do uso abusivo de drogas.

Quando uma pessoa passa a usar drogas, geralmente apresenta mudanças de comportamento, tais como:
- Mudanças repentinas no humor ou atitudes;
- Perda da noção de tempo e espaço;
- Considera-se sempre certo, em tudo que pensa ou fala;
- Falta de paciência e inquietação constantes;
- Procura afastar-se das pessoas que mais lhe querem bem;
- Estabelece relacionamento com grupo de amigos que, presumivelmente, usam drogas;
- Apresenta problemas de saúde;
- Confusão mental;
- Queda no desempenho escolar, com possível abandono da escola;
- Num momento pode estar alegre demais e, no outro, depressivo demais;
- Atitudes agressivas e hostis;
- Abandono ou impontualidade nos compromissos;
- Enfrenta problemas no trabalho e na escola.

A maconha foi confirmada como um trampolim para as drogas mais pesadas.

As informações abaixo foram pesquisadas no site do Escritório das Nações Unidas contra Drogas e Crime.

Endereço eletrônico: unodc.brasil@unodc.org

- Drogas ilícitas são um problema global, pois mais de 200 milhões de pessoas consomem essas substâncias de forma abusiva em todo o mundo.

- O uso de drogas gera elevados custos de saúde, reduz a produtividade dos usuários, destrói famílias e deteriora comunidades.

Noções Criminalística e Técnica de Entrevista Prévia (CRI&TEP) 357

- O comportamento de risco dos usuários de drogas injetáveis também acelera a disseminação do HIV/Aids e da hepatite.
- Há uma relação direta entre drogas e aumento do crime e da violência.
- Os cartéis do narcotráfico enfraquecem governos e corrompem atividades empresariais legais.
- Em alguns países, mais de 50% dos roubos são cometidos por dependentes químicos para sustentar seus hábitos.
- Recursos gerados pela venda de drogas ilícitas financiam graves conflitos armados.
- O custo financeiro é expressivo. Enormes somas de dinheiro são gastas, todos os anos, para fortalecer a polícia, o patrulhamento nas regiões de fronteira, os sistemas judiciais e os programas de tratamento e reabilitação.
- Os custos sociais são igualmente altos: violência nas ruas, conflitos de gangues, medo, decadência urbana e vidas despedaçadas.

Conceito e apresentação dos tipos de drogas.

"Droga é toda substância capaz de modificar a função dos organismos vivos, resultando em várias mudanças fisiológicas".

As drogas atuam no Sistema Nervoso Central, conseqüentemente, causam distúrbios cerebrais. Por essa razão são denominadas **psicoativas**.

Tipos de Drogas:
- **Drogas que diminuem a atividade mental** – ou **Depressoras**. O cérebro afetado passa a funcionar lentamente. Há uma diminuição sensível da capacidade intelectual, da concentração, do equilíbrio emocional e da atenção. Exemplos: **Álcool**, **Inalantes** (cola), **Ansiolíticos** (tranqüilizantes), **Narcóticos** (morfina, heroína);
- Drogas que aumentam a atividade mental – ou Estimulantes. O cérebro afetado passa a funcionar de forma mais acelerada. Exemplos: Cocaína, Crack, Cafeína, Anfetamina, Tabaco; e...
- **Drogas que alteram a percepção** – ou **Alucinógenas**. O cérebro afetado passa a funcionar de forma desordenada, uma espécie de delírio. Exemplos: **Ecstasy, LSD, Maconha** e outras substâncias derivadas de plantas.

Efeitos psíquicos e físicos, dependência, abstinência e tolerância

"Uma grande parte das pessoas se envolverá em uso ocasional, porém outra parte se tornará dependente, possivelmente devido a uma memória que a droga cria no cérebro. Memória esta que é despertada principalmente em diversas situações emocionais e ambientais. Nessas situações, através

358   Segurança é Prevenção

de mecanismos desconhecidos, o indivíduo sente necessidade da droga. Existem vários modelos propostos para explicar este fenômeno, mas nenhum comprovado definitivamente", afirma Ivan Braun, médico supervisor de residentes junto ao Grupo Interdisciplinar de Estudos de Álcool e Drogas (Grea), do Hospital das Clínicas da Universidade de São Paulo (USP).

Você Sabia? – De todos os fumantes que tentam parar de fumar pela primeira vez, apenas 17,2% conseguem largar o vício.

As Drogas e seus Efeitos

1. Drogas que diminuem a atividade mental

Ansiolíticos ou tranqüilizantes

São substâncias sintéticas produzidas em laboratórios. São conhecidas como sedativos ou calmantes. Os possíveis efeitos são o alívio da tensão e da ansiedade, relaxamento muscular, sonolência, fala pastosa, descoordenação dos movimentos e falta de ar. Em altas doses podem causar queda da pressão arterial e quando usadas com álcool, aumentam os seus efeitos, podendo levar a estado de coma. Em grávidas podem causar malformação fetal.

Álcool etílico

Obtido a partir de cana-de-açúcar, cereais ou frutas, através de um processo de fermentação ou destilação. São conhecidas como álcool, "birita", "mé", "mel", "pinga", "cerva". Os possíveis efeitos são, em pequenas doses, desinibição, euforia, perda da capacidade crítica; em doses maiores, sensação de anestesia, sonolência, sedação. O uso excessivo pode provocar náuseas, vômitos, tremores, suor abundante, dor de cabeça, tontura, liberação da agressividade, diminuição da atenção, da capacidade de concentração, bem como dos reflexos, o que aumenta o risco de acidentes. O uso prolongado pode ocasionar doenças graves como, por exemplo, cirrose no fígado e atrofia cerebral.

Inalantes ou solventes

São substâncias químicas conhecidas como cola de sapateiro, esmalte, benzina, lança-perfume, "loló", gasolina, acetona, éter, tiner, aguarrás e tintas. Os possíveis efeitos são euforia, sonolência, diminuição da fome,

Noções Criminalística e Técnica de Entrevista Prévia (CRI&TEP)   359

alucinações, tosse, coriza, náuseas e vômitos, dores musculares, visão dupla, fala enrolada, movimentos desordenados e confusão mental. Em altas doses, pode haver queda da pressão arterial, diminuição da respiração e dos batimentos do coração, podendo levar à morte. O uso continuado pode causar problemas nos rins e destruição dos neurônios (células do sistema nervoso), podendo levar à atrofia cerebral. O uso prolongado está freqüentemente associado a tentativas de suicídio.

Narcóticos (ópio e seus derivados: heroína, morfina e codeína)
Extraídos da papoula ou produtos sintéticos obtidos em laboratório. São conhecidos como heroína, morfina e codeína (xaropes de tosse, Belacodid, Tylex, Elixir paregórico, Algafan, Elixir paregórico, Algafan). Dolantina, Meperidina e Demerol. Os possíveis efeitos são sonolência, estado de torpor, alívio da dor, sedativo da tosse, pupilas contraídas, sensação de leveza e prazer. Pode haver queda da pressão arterial, diminuição da respiração e dos batimentos do coração, podendo levar à morte. Como possíveis conseqüências, na abstinência, bocejos, lacrimejamento, coriza, suor abundante, dores musculares e abdominais, febre, pupilas dilatadas e pressão arterial alta.

2. Drogas que aumentam a atividade mental

Anfetaminas
São substâncias sintéticas obtidas em laboratório. São conhecidas como Metanfetamina, "ice", "bolinha", "rebite", "boleta". Moderex, Hipofagin, Inibex, Desobesi, Reactivan, Pervertin, Preludin... Estimulam a atividade física e mental, causando inibição do sono e diminuição do cansaço e da fome. Podem causar taquicardia (aumento dos batimentos do coração), aumento da pressão sangüínea, insônia, ansiedade e agressividade. Em doses altas podem aparecer distúrbios psicológicos graves como paranóia (sensação de ser perseguido) e alucinações. Alguns casos evoluem para complicações cardíacas e circulatórias (derrame cerebral e infarto do miocárdio), convulsões e coma. O uso prolongado pode levar à destruição de tecido cerebral.

Cocaína
Substância extraída da folha da "coca". Planta encontrada na América do Sul. É conhecida como "pó", "brilho", "crack", "merla", pasta-base. Pode causar sensação de poder, excitação e euforia. Estimula a atividade física e mental, causando inibição do sono e diminuição do cansaço e da

360 Segurança é Prevenção

fome. O usuário vê o mundo mais brilhante, com mais intensidade. Pode causar taquicardia, febre, pupilas dilatadas, suor excessivo e aumento da pressão sangüínea. Podem aparecer insônia, ansiedade, paranóia, sensação de medo ou pânico. Pode haver irritabilidade e liberação da agressividade. Em alguns casos podem aparecer complicações cardíacas, circulatórias e cerebrais (derrame cerebral e infarto do miocárdio). O uso prolongado pode levar à destruição de tecido cerebral.

Tabaco (nicotina)

Extraído da folha do fumo. Conhecido como cigarro, charuto e fumo. É estimulante e causa sensação de prazer. Reduz o apetite, podendo levar a estados crônicos de anemia. O uso prolongado causa problemas circulatórios, cardíacos e pulmonares. O hábito de fumar está freqüentemente associado a câncer de pulmão, bexiga e próstata.

3. Drogas que produzem distorções da percepção:

Maconha (tetraidrocanabinol)

Substância extraída da planta Cannabis sativa. Conhecida como maconha, haxixe, "baseado", "fininho", "marrom". Os possíveis efeitos são excitação seguida de relaxamento, euforia, problemas com o tempo e o espaço, fala em demasia e fome intensa. Palidez, taquicardia, olhos avermelhados, pupilas dilatadas e boca seca. As possíveis conseqüências são prejuízo da atenção e da memória para fatos recentes, algumas pessoas podem apresentar alucinações, sobretudo visuais. Diminuição dos reflexos, aumentando o risco de acidentes Em altas doses, pode haver ansiedade intensa, pânico, quadros psicológicos graves (paranóia). O uso contínuo prolongado pode levar a uma síndrome amotivacional (desânimo generalizado).

Alucinógenos

Substâncias extraídas de plantas ou produzidas em laboratório. Conhecidas como LSD (ácido lisérgico, "ácido", "selo", "microponto"), psilocibina (extraída de cogumelos) e mescalina (extraída de cactos). Efeitos semelhantes aos da maconha, porém, mais intensos. Alucinações, delírios, percepção deformada de sons, imagens e do tato. Podem ocorrer "más viagens", com ansiedade, pânico ou delírios.

Ecstasy (metileno-dióxi-metanfetamina)

Substância sintética do tipo anfetamina, que produz alucinações. Conhecida como MDMA, "êxtase", "pílula do amor". Causa uma sensação

Noções Criminalística e Técnica de Entrevista Prévia (CRI&TEP)　　361

de bem-estar, plenitude, leveza e aguçamento dos sentidos, aumento da disposição e resistência física, podendo levar à exaustão. Alucinações, percepção distorcida de sons e imagens, aumento da temperatura e desidratação, podendo levar à morte. Com o uso repetido, tendem a desaparecer as sensações agradáveis, que podem ser substituídas por ansiedade, sensação de medo, pânico e delírios.

Informações pesquisadas no site da C.A.D.A – CASA DE APOIO AO DROGADO E AO ALCOÓLATRA, Rua Marechal Bittencourt, 591 – Centro – Jaú – SP. Dra. Renata Bevenuto Guilhen.

Dependência, abstinência e tolerância (www.antidrogas.com.br)

Dependência Física
Consiste na necessidade sempre presente, a nível fisiológico, o que torna impossível a suspensão brusca das drogas. Essa suspensão acarretaria a chamada crise da **"abstinência"**. A dependência física é o resultado da adaptação do organismo, independente da vontade do indivíduo. A dependência física e a tolerância podem manifestar-se isoladamente ou associadas, somando-se à dependência psicológica. A suspensão da droga provoca múltiplas alterações somáticas, causando a dramática situação do "delirium tremens". Isto significa que o corpo não suporta a **síndrome da abstinência** entrando em estado de pânico. Sob os efeitos físicos da droga, o organismo não tem um bom desenvolvimento.

Dependência Psicológica
Em estado de **dependência psicológica**, o indivíduo sente um impulso irrefreável que o leva a fazer uso das drogas a fim de evitar o mal-estar. A dependência psicológica indica a existência de alterações psíquicas que favorecem a aquisição do hábito. O hábito é um dos aspectos importantes a ser considerado na toxicomania, pois a **dependência psíquica** e a **tolerância** significam que a dose deverá ser ainda aumentada para se obter os efeitos desejados. A **tolerância** é o fenômeno responsável pela necessidade sempre presente que o viciado sente em aumentar o uso da droga. Em estado de **dependência psíquica**, o desejo de tomar outra dose ou de se aplicar, transforma-se em necessidade, que se não satisfeita leva o indivíduo a um profundo estado de angústia, (estado depressivo). Esse fenômeno não deverá ser atribuído apenas as drogas que causam dependência psicológica.

362 Segurança é Prevenção

O estado de angústia, por falta ou privação da droga é comum em quase todos os dependentes e viciados.

Requisitos Básicos da Dependência
1. **Forte desejo** ou compulsão para consumir a substância;
2. **Dificuldade no controle** de consumir a substância em termos de início, término e níveis de consumo;
3. **Estado de abstinência fisiológica** quando o uso cessou ou foi reduzido (sintomas de abstinência ou uso da substância para aliviá-los);
4. **Evidência de tolerância,** de tal forma que doses crescentes da substância psicoativa são requeridas para alcançar efeitos originalmente produzidos por doses mais baixas;
5. **Abandono progressivo de prazeres** ou interesses alternativos em favor do uso da substância psicoativa, aumento do tempo necessário para obter ou tomar a substância psicoativa ou para se recuperar dos seus efeitos;
6. **Persistência no uso da substância,** a despeito de evidência clara de conseqüências manifestamente nocivas, tais como dano ao fígado por excesso de álcool, depressão conseqüente a período de consumo excessivo da substância ou comprometimento cognitivo relacionado à droga.

EDUCAÇÃO PREVENTIVA – FAMÍLIA.
ESSE TAL DE ORKUT
– Pai, o que é Orkut?

– Você não devia estar fazendo sua tarefa?

– Por que quando eu pergunto alguma coisa que você não sabe responder é sempre assim: "você não devia estar fazendo sua tarefa?" Igual quando eu perguntei sobre camisinha.

– Tá, tá certo!!! Então. Você não devia estar me perguntando sobre camisinha?

– Eu não quero saber sobre camisinha. Eu quero saber o que é Orkut.

– Hum!!! Sei. "Orkut". Bom!!! É, ahn, uma espécie de associação. Onde as pessoas se reúnem e conversam, e encontram pontos em comum.

– Ah, sei! Igual àquela associação que a mamãe freqüenta, pra parar de beber? E que ela finge que vai, mas, vira o carro na última esquina pra ir jogar pôquer na casa da Tia Selma?

– O quê?! Ela faz isso?! Vai pra casa da Selma?!

– Só que ela pediu pra eu não te contar. Mas e aí? Vai responder ou não?

– Hummmm!!!!!! Tá, filho, tá. O Orkut é um modo de reunir na rede várias

Noções Criminalística e Técnica de Entrevista Prévia (CRI&TEP)   363

pessoas interessantes, e...

– Ah! igual ao Tio Flávio, lá na chácara, quando disse que a empregada e a cunhada dela eram muito interessantes e foram os três pelados pra rede na varanda dos fundos?

– Quêêêêê?! Quando foi isso?!

– Sábado. Mas ele pediu pra não te contar.

– Ah! Hum! Bem! Ahn! Bom. Orkut, meu filho, é um mecanismo que permite que você deixe sua ficha, sua foto, seus dados, e...

– Ah!! Igual o Júnior fez na delegacia, semana passada, quando foi preso fumando maconha?

– O quêê?! Seu irmão foi... preeeeso?! C... com m-ma-maconha?!

– Foi. Só que tem uma coisa...

– Tá, tá. Ele disse pra não me contar nada.

– Arrãããããã.

– Hãããã!! Hummmmm. Pffffff. Ahhhh. Humm. Olha, meu filho. Orkut é uma invenção de dois carinhas, um russo e um americano, que encheram o rabo de dinheiro com o tal do Google e agora criaram essa coisa aí pra todo mundo se viciar, esquecer o trabalho e ficar horas e horas gastando pulso na internet! Faz o seguinte: vai lá na farmácia agora e compra uma camisinha que eu te explico direitinho como colocar ela!

– Colocar? Mas eu só tenho oito anos, pai!

– Não tem problema. A gente usa uma banana. Pelo menos conversar sobre camisinha vai ser muito menos desgastante pra mim do que falar sobre o Orkut!

(Alguns minutos depois)

– E aí? Comprou?

– Não, pai. O moço da farmácia me mostrou a conta do mês e disse que o que o senhor tá devendo lá de Viagra já chegou a...

– Tá, filho, pára por aí! Obedece direitinho à tua mãe, ao teu tio e ao teu irmão: não me conta nada! OK?

Desestrutura familiar (Copyright © Bibliomed Inc. 01 de Setembro de 2003)

EDUCAÇÃO PREVENTIVA – FAMÍLIA.

• Muitos dos dependentes químicos iniciaram seu relacionamento com as drogas exatamente no lugar onde se suporia que estariam mais seguros: **"dentro de casa"**.

• Na realidade, de acordo com a Dra. Sandra Schivoletto, psiquiatra, coor-

364 Segurança é Prevenção

denadora executiva do Grupo de Estudos de Álcool e Drogas e responsável pelo Ambulatório de Adolescentes e Drogas do Departamento de Psiquiatria da USP – Universidade São Paulo, em entrevista exclusiva, relatou que é em casa, em família, que as crianças aprendem como se relacionar com as substâncias químicas.

• A mesma opinião é defendida pelo psicólogo clínico Fernando Falabella Tavares de Lima, diretor clínico do Núcleo de Estudos e Temas em Psicologia, NETPSI, especialista em drogas: **"não há dúvidas que as crianças e os adolescentes que iniciam o uso de remédios e drogas ilícitas vêem no exemplo das pessoas mais velhas uma atitude a ser imitada"**.

• **"Os pais são o modelo de comportamento adulto dos filhos", confirma a Dra. Sandra. "Onde para cada problema existe uma solução química, a dependência química é a decorrência natural"**.

• O problema, segundo profissionais como o psicólogo Fernando e a psiquiatra Sandra, é que muitas famílias adotam um modelo de comportamento permissivo em relação às substâncias químicas, utilizando-as como alternativa para a solução imediata de suas angústias. A Dra. Sandra explica que, até o fim da infância,

os pais são vistos como referência do que é certo e somente na adolescência, quando passam a ter contato com outros modelos de comportamento, que começam a questioná-los. Mas é na infância que o indivíduo estabelece sua forma de lidar com o mundo, com as angústias e com as emoções.

• **A médica usa como exemplo o pai que chega em casa e, estressado, toma um whisky, ou a mãe que usa um calmante, como o Lexotan, para relaxar.**

• **"Ou o pai que, com problemas sexuais, toma um Viagra, ou a mãe que quer emagrecer e, em vez de fazer dieta ou ginástica e adotar hábitos saudáveis, toma um remédio para absorver menos gordura", complementa ela com mais exemplos.**

• **"Isso resulta em um modelo de que para qualquer problema, uma substância química é uma solução rápida. O que acaba acontecendo é que não se cria o hábito de, em família, conversar para resolver os problemas: toma-se logo um remedinho, bebe-se uma bebidinha, para qualquer coisa", conclui a Dra. Sandra.**

• **"É bastante comum vermos pais que são viciados em remédios, álcool, tabaco, ou mesmo em trabalho, reclamarem ao saberem que os filhos adolescentes estão experimentando maconha, por exemplo", exemplifica ainda o psicólogo Fernando.**

Noções Criminalística e Técnica de Entrevista Prévia (CRI&TEP)   365

Modelos de Prevenção (http://www.zanco.com.br/drogas.htm)
No caso das dependências de substâncias psicoativas, o reconhecimento precoce desta condição com as devidas avaliações das progressões possíveis, vem a ser a estratégia por excelência, capaz de evitar desdobramentos danosos. É fundamental conhecer os problemas crônicos, tais como:
- Conflitos familiares;
- Distúrbios emocionais e psicológicos;
- Dificuldades matrimoniais e financeiras;
- Relacionamentos interpessoais e comunitários.

Que podem levar um indivíduo ao uso abusivo de drogas. A identificação desses riscos possibilita o encaminhamento para seu devido tratamento, possibilitando o controle da doença. O papel que a família, a comunidade e a escola desempenham são de grande força, capaz de uma ação unida e eficaz na luta contra as drogas. O monitoramento
e supervisão dos filhos pela família, criando normas, promovendo a educação de criança e adolescentes é, além de um ato de amor, o melhor antídoto contra este mal, portanto:
- **Estabeleça** horário de volta da escola ou divertimento conforme faixa etária.
- **Oriente** na escolha de bons amigos.
- **Mantenha-se** informado da localização de seus filhos, peça para deixar bilhetes, informando sua localização.
- **Procure** observar em que condições a criança chega em casa.
- **Certifique-se** que seu filho saiba encontrá-lo em caso de urgência.
- **Interesse-se** de forma sincera pela vida de seu filho (gastos, medos, amigos).

Prevenir é fornecer aos jovens a oportunidade de ouvir informações corretas sobre as drogas e alternativas saudáveis. Como atrativos: esporte, estudos e outros interesses. Este processo envolve toda a comunidade, família, escola e os próprios jovens. Acima de tudo, devem aprender a dizer "Não às Drogas".

DROGAS – Educação é fundamental
- O uso de substâncias que alteram as funções do cérebro – as chamadas **"DROGAS"** – vêm causando sérios prejuízos ao indivíduo, à família e à sociedade.
- Definido pela Organização Mundial de Saúde (OMS):
"Droga é toda substância capaz de modificar a função dos organismos vivos, resultando em várias mudanças fisiológicas".

366   Segurança é Prevenção

As drogas são substâncias químicas naturais ou sintéticas. As naturais são obtidas de certas plantas, animais e de alguns minerais. As sintéticas são fabricadas em laboratório, exigindo para isso aparelhagem e técnicas especiais. Elas surgem geralmente de uma descoberta resultante de pesquisas e, às vezes, do acaso. Algumas têm seu uso identificado desde a antigüidade, outras foram sintetizadas recentemente.

As drogas são usadas na medicina tanto para diagnóstico como no tratamento e na prevenção de doenças. Elas podem ser aplicadas ao organismo de várias formas:

- **Por inalação**;
- **Por ingestão** (via oral);
- **Por injeção** (intramuscular ou intravenosa);
- **Por aplicação tópica** (na pele).

A rigor, as drogas devem ser usadas por médicos, ou, em casos especiais, por dentistas, que conhecem seus efeitos no organismo humano e sabem se o doente tem ou não condições de usá-la. No entanto, muitas pessoas, desconhecendo ou não se importando com o risco que correm, tomam remédios por conta própria, isto é, automedicam-se.

As Drogas e o SNC (Sistema Nervoso Central)

O homem tem usado várias drogas, buscando um remédio capaz de aliviar suas dores, trazer-lhe alegria e livrá-lo da angústia, ajudando-o a ter ânimo para enfrentar as dificuldades da vida, esquecendo-se de que os prejuízos por elas causados a seu organismo são bem maiores que o **"benefício"** que lhe proporcionam.

Entre as drogas que maior dano causam aos seus usuários estão as que lhes afetam o sistema nervoso central. Qualquer dano no sistema nervoso central ocasiona distúrbios, tanto físicos como mentais. E uma vez atingida a saúde mental, **a capacidade de raciocínio do homem fica perturbada** e ele é capaz de praticar atos que podem prejudicar tanto a si mesmo, como aos outros.

A legislação brasileira e as drogas.

(http://www.zanco.com.br/drogas.htm)

• A lei brasileira separa e trata distintamente quatro categorias de pessoas que se envolvem com drogas:

     - O traficante;
     - O dependente;
     - O experimentador ou usuário eventual;
     - O traficante-dependente.

Noções Criminalística e Técnica de Entrevista Prévia (CRI&TEP)   367

Os traficantes

• São considerados criminosos não só pelo tráfico de drogas, mas também pela ação perniciosa que exercem junto às pessoas inexperientes, na tentativa de torná-las usuárias das drogas.

• Além de alimentar o vício, eles se encarregam de disseminá-lo. Tendo em vista o perigo que os traficantes representam para a sociedade, a nossa Lei os pune com pena de prisão de 3 a 15 anos.

O dependente – É, na verdade um indivíduo doente, que não é capaz de dominar o forte impulso que sente para tomar a droga. No caso do dependente cometer algum crime levado pela droga que tenha ingerido, a Lei não pune, porque reconhece que ele não era dono de sua vontade, na ocasião. Após laudo médico constatando a dependência do réu, o juiz ao invés de aplicar a pena, determina que ele seja encaminhado para tratamento.

O traficante-dependente – É tão perigoso como o que faz o trafico de drogas sem ser dependente. Entre eles encontram-se dependentes que se tornam traficantes a fim de terem maior facilidade de conseguir a droga. Nesses casos, a nossa Legislação prevê uma punição igual a dos traficantes, (3 a 15 anos) e, também, o tratamento médico dentro da própria prisão. Deste modo, a Lei é bastante justa, porque pune o crime e cuida do doente, procurando dar-lhe a oportunidade de se recuperar e voltar ao convívio da sociedade, em condições de ainda lhe ser útil.

O experimentador ou usuário eventual – Também é punido, porque ele sabe perfeitamente que a Lei proíbe e a policia prende quem estiver usando ou trazendo consigo droga. Evidentemente, a pena é menor: pode variar de 2 a 6 anos de prisão. No caso do indivíduo que nunca tenha respondido a processo criminal, ele poderá pagar uma fiança (certa quantia em dinheiro) e responder ao processo em liberdade. Se, após o julgamento, ele for considerado culpado, sendo primário, isto é, se não tiver cometido crime antes, ele receberá o **"sursis"**. Esta é uma palavra francesa que significa **"suspensão condicional da pena"**. Sendo assim, o réu nessas condições é condenado, mas não vai para a prisão. O juiz fixa um prazo para que ele tenha bom comportamento, findo o qual ele estará livre. Se durante esse período de prova o réu cometer outro crime, o sursis fica sem efeito e ele passa a cumprir a pena a que foi condenado.

Isso tudo ocorre com as pessoas que tenham mais de 18 anos. Os que têm menos, são encaminhados ao juizado de menores. Lá, o juiz, conforme a gravidade do caso, pode decidir entre mandar os pais assinarem um termo de responsabilidade pelo menor, interná-lo em casas especiais de recuperação de menores delinqüentes ou, em certos casos, enviá-lo para prisão própria nas penitenciárias do país.

O primeiro artigo da Lei de Tóxicos (Lei nº 6.368) diz expressamente que **"é dever de toda pessoa física ou jurídica colaborar na prevenção e repressão ao tráfico ilícito e uso indevido de substâncias entorpecentes ou que determina dependência física ou psíquica".**

Isso significa que todos nós, pessoas físicas, assim como as empresas, os clubes e os colégios, que são pessoas jurídicas, devem empregar o máximo de esforço para evitar que as drogas sejam vendidas e usadas indevidamente. (http://www.zanco.com.br/drogas.htm)

Coleta de dados e informações – sigilo.

• O dever do sigilo nas profissões é algo que se encontrava protegido pelo antigo Código Civil Brasileiro em seu artigo 144 e que ainda é preservado pelo novo Código de 2002, artigo 229, cujo texto é **"Ninguém pode ser obrigado a depor sobre fato: I – a cujo respeito, por estado ou profissão, deva guardar segredo...".**

• Nada, pois, mais claro que tal letra da lei, ou seja, a expressa determinação de que o profissional não é obrigado a depor sobre o que no exercício de seu trabalho tomou conhecimento. Nem sob vara, é o profissional obrigado a depor sobre o que sabe ou que lhe foi confiado como segredo de negócio. O texto legal é, ainda, sem dúvida, um amparo às normas morais, à dignidade do homem. **Sigilo é o ato de guardar segredos, manter confidenciais as informações que lhe foram confiadas.** Em relação ao sigilo profissional consiste em não divulgar assuntos do ambiente de trabalho á pessoas estranhas, que possam colocar em riscos a integridade do patrimônio ou a de pessoas.

Preservação das Informações

É o ato de proteger e transmitir os informes e as informações que chegam ao seu conhecimento, logicamente devido ao seu acesso aos vários setores dentro da empresa e a natureza de sua função. É de vital importância a conscientização do profissional de segurança quanto a sua responsabilidade na preservação dessas informações.

Modus operandi do traficante para viciar os novos consumidores.

Num site super interessante, www.drashirleydecampos.com.br, a Dra. Shirley aborda o assunto em questão de uma forma bastante ousada. Diz que o **traficante** é o tipo mais perigoso que existe, entre os indivíduos li-

Noções Criminalística e Técnica de Entrevista Prévia (CRI&TEP)   369

gados às drogas. Através de sua atuação, o vício difunde-se, deteriorando o organismo e despersonalizando a pessoa.

Tanto o plantio quanto a importação, a exportação e o comércio das substâncias tóxicas, nada mais são do que facetas do tráfico de entorpecentes. O ponto básico de toda a degradação moral e social dos toxicômanos, nada mais é do que o próprio **traficante**. Enriquecem a custa das vicissitudes alheias, exploram a miséria e vivem sobre a degradação moral daqueles que imploram a manutenção do vício. Vão ao ponto de não permitir uma recuperação de quem quer que seja, indo da perseguição até às últimas conseqüências.

Seu campo de ação vai desde os portões de colégios, às praças públicas, portas de prisões, etc., sempre à espreita de uma nova vítima. O **traficante** é um indivíduo frio, calculista, inteligente, ardiloso e insinuante, capaz de perceber o ambiente propício para sua investida e a predisposição psíquica de sua nova vítima. Chega, às vezes, a introduzir a droga sem fazer referência a ela, simplesmente ministrando-a como tratamento para um mal-estar da vítima, provocando, de conformidade com a natureza do entorpecente, o início de uma dependência física e/ou psíquica.

Encontrar um **traficante** é uma tarefa árdua. Conseguem um perfeito sistema de proteção, com um serviço de informação, que faz inveja a própria polícia, na maioria das vezes com a participação de menores. O traficante dificilmente entregará a "muamba" diretamente ao dependente. Sempre age indiretamente, daí a dificuldade do flagrante e da prisão.

Geralmente o traficante deixa a droga em local pré-estabelecido, que tanto pode ser uma carrocinha de sorvete, refrigerante, ou doce, como pode ser uma reentrância em um muro de edifício, ou simplesmente um ponto determinado nas areias de uma praia.

Exterminado o traficante, estaremos nos aproximando do ponto final de uma longa e irreparável escala de tóxicos.

O Dependente – Traficante

O traficante dependente age como elemento induzidor e desinibidor perante os novatos. Uma vez efetuada a demonstração do uso (quer fumando, quer ingerindo), exercita a sua atividade de traficar, vendendo o tóxico aos principiantes. Não é comum um traficante descer a dependente, ou seja, passar do comércio ao simples uso, pois a dependência, para os negociantes, é uma fraqueza suscetível de exploração. É evidente que se um traficante dependente é preso, seu comportamento é totalmente diferente do de

370 Segurança é Prevenção

um dependente, pois além da atividade de fornecimento, precisa suprir-se também da droga. Entre os traficantes, de um modo geral, incluindo o traficante dependente, existe como que um código de honra, onde fica proibida, sob pena de execução sumária, a revelação dos outros traficantes.

As Drogas e o Crime

As drogas estão ligadas ao crime em pelo menos quatro maneiras:
1. A posse não-autorizada e o tráfico de drogas são considerados crimes em quase todos os países do mundo. Só nos Estados Unidos, a polícia prende por ano cerca de um milhão de pessoas por envolvimento com drogas. Em alguns países, o sistema judicial está tão lotado de processos criminais ligados às drogas que a polícia e os tribunais simplesmente não conseguem dar vazão.

2. Visto que as drogas são muito caras, muitos usuários recorrem ao crime para financiar o vício. O viciado em cocaína, por exemplo, talvez precise de uns mil dólares semanais para sustentar o vício. Não é para menos que os arrombamentos, os assaltos e a prostituição floresçam quando as drogas fincam raízes numa comunidade.

3. Outros crimes são cometidos para facilitar o narcotráfico, um dos mais lucrativos negócios do mundo. O comércio ilícito das drogas e o crime organizado são mais ou menos interdependentes. Para garantir o fluxo fácil das drogas, os traficantes tentam corromper ou intimidar as autoridades. Alguns têm, até mesmo, um exército particular. Os enormes lucros dos barões da droga também criam problemas. Sua fabulosa receita poderia facilmente incriminá-los se esse dinheiro não fosse "lavado". Assim, bancos e advogados são usados para despistar a movimentação do dinheiro das drogas.

4. Os efeitos da própria droga podem levar a atividades criminosas. Familiares talvez sofram abusos por parte de usuários de drogas crônicos. Em alguns países africanos afligidos pela guerra civil, crimes horríveis têm sido cometidos por soldados adolescentes drogados.

"Texto extraído do livro Folha Explica O Narcotráfico, de autoria de Mário Magalhães. Publifolha (www.publifolha.com.br), 2000."

Quem é quem no tráfico?
• **Soldado:** é o traficante que anda armado dentro da favela e protege as bocas-de-fumo. Ele mora no morro.

Noções Criminalística e Técnica de Entrevista Prévia (CRI&TEP)   371

• **Boca-de-fumo:** é o local dentro do morro ou da favela onde os traficantes passam a droga para os distribuidores.

• **Vapor:** é o morador do morro que vende a droga na boca-de-fumo. Ele também faz entregas na estica.

• **Estica:** é um posto avançado das bocas-de-fumo da favela no asfalto. Os moradores das redondezas ficam na estica e revendem a droga vinda do morro.

• **Formiguinha:** é o microtraficante que compra pequenas quantidades e revende aos amigos nos bares, academias e escolas. Com o pequeno lucro, custeia o próprio vício.

• **Disque-drogas:** o serviço é bancado pelo traficante autônomo, que compra nos morros boas quantidades, com maior grau de pureza. Ele entrega o produto por meio de motoboys e entregadores de pizza.

• **Quiosques:** além de água-de-coco e refrigerantes, vendem entorpecentes e servem de ponto de contato entre os consumidores e os formiguinhas.

• **Fume-táxi:** motoristas de táxi de fachada utilizam os carros para entregar drogas em pontos chiques da cidade.
(www.antidrogas.com.br)

Repasse às autoridades policiais competentes

Texto aprovado
• O substitutivo aumenta de 15 para 20 anos a pena máxima aos traficantes de drogas, que ainda ficarão sujeitos a multas.

• Os traficantes que usarem os serviços dos menores de 18 anos terão suas penas aplicadas em dobro.

• Há ainda a possibilidade do arresto de bens patrimoniais de terceiros, suspeitos de serem "laranjas" de traficantes, invertendo o ônus da prova (os proprietários dos bens é que terão que provar que eles são legítimos e obtidos de forma lícita).

• Aos usuários de drogas, o relatório determina que a pena de detenção de três meses a um ano seja substituída por medidas terapêutico-educativas, a serem determinadas pelo juiz. Entre elas, destacam-se a prestação de serviço à comunidade, a internação em estabelecimento hospitalar para tratamento e a freqüência a programas de reeducação, curso ou atendimento psicológico.

372 Segurança é Prevenção

• No caso de o usuário recusar-se a cumprir essas medidas, o juiz poderá revogar a substituição. Se o usuário as cumprir, o crime não será considerado para efeito de antecedentes penais.

O Velho e a Jabuticabeira

O velho estava cuidando da planta com todo o carinho quando um jovem se aproximou e perguntou: - **Que planta é essa que o senhor está cuidando? – É uma Jabuticabeira.** Respondeu o velho. – **E ela demora quanto tempo para dar frutos? – Pelo menos uns 15 anos.** Informou o velho. – **E o senhor acredita viver esse tempo todo?** Indagou irônico o jovem. – **Não, não creio que viva mais tanto tempo, pois já estou no fim da minha jornada. – Então, que vantagem você leva com isso, meu velho? – Nenhuma, exceto a vantagem de saber que ninguém colheria jabuticabas se todos pensassem como você...**

Não importa se teremos tempo suficiente para ver as mudanças, as transformações das coisas e das pessoas pelas quais tanto lutamos, mas sim que façamos a nossa parte, de modo que tudo se transforme a seu tempo.

Capítulo 27

Uso Progressivo da Força

Carga horária: 8 h/a   **avaliação:** v/f (1 h/a)

OBJETIVOS DA DISCIPLINA

- **Desenvolver** conhecimentos gerais sobre conceitos e legislação relativos ao emprego e uso da força de maneira escalonada, com o auxílio de armas menos que letais;

- **Desenvolver** habilidades de utilização do uso progressivo da força; e

- **Fortalecer** atitudes para aplicar os conhecimentos adquiridos no desempenho das atividades de vigilância patrimonial e segurança pessoal.

374 Segurança é Prevenção

UNIDADE 01
USO PROGRESSIVO DA FORÇA

Estratégias de ensino: aula expositiva dialogada com auxílio de recursos audiovisuais, equipamentos e prática.
Recursos: 01 professor e caderno didático.   **Carga horária:** 08 h/a.

OBJETIVOS DA INSTRUÇÃO:
Ao término das unidades, o aluno deverá ser capaz de:
Conceituar o significado do uso da força, bem como seus princípios norteadores.
Conhecer e identificar as legislações sobre o uso da força, sua legalidade e as consequências jurídicas no uso incorreto e inadequado.

Conceitos e definições

Força
Em física clássica, força é aquilo que pode alterar o estado de repouso ou de movimento de um corpo, ou de deformá-lo. No nosso caso é quando o vigilante é forçado a intervir, impedindo pessoas, ou grupos de pessoas que, por algum motivo, decidiram contrariar normas e diretrizes de segurança predefinidas ou mesmo a própria lei.

Nível de uso da força
O nível do uso da força é definido na teoria como sendo a modalidade da força utilizada pelo vigilante em serviço, variando da simples presença do profissional de segurança, funcionando como inibidor de uma ação criminosa, até o uso da arma de fogo, como último recurso para defesa própria, protegendo sua incolumidade física, bem como a de terceiros.

Uso progressivo da força

É uma forma de orientar os profissionais de segurança privada a respeito dos mais diversos "fatores de autoridade", da sua utilização ou não, do tipo de força e das possíveis reações do vigilante em relação às atitudes do suspeito, com as quais podemos nos deparar no dia-a-dia operacional; assim, estratégia é tudo

Código de Conduta para Encarregados da Aplicação da Lei - CCEAL

Segundo o comitê internacional da cruz vermelha, a questão da ética profissional na aplicação da lei tem recebido alguma consideração nos instrumentos internacionais de direitos humanos e justiça criminal, de maneira mais destacada no código de conduta para os encarregados da aplicação da lei (cceal) adotado pela assembléia geral das nações unidas, em sua resolução 34/169 de 17 de dezembro de 1979.

A resolução da assembléia geral que adota o cceal estipula que a natureza das funções dos encarregados da aplicação da lei na defesa da ordem pública, e a maneira pela qual essas funções são exercidas, possuem um impacto direto na qualidade de vida dos indivíduos assim como da sociedade como um todo. Ao mesmo tempo em que ressalta a importância das tarefas desempenhadas pelos encarregados da aplicação da lei, a assembléia geral também destaca o potencial para o abuso que o cumprimento desses deveres acarreta.

O comitê internacional da cruz vermelha explica que o cceal consiste em oito artigos. Não é um tratado, mas pertence à categoria dos instrumentos que proporcionam normas orientadoras aos governos sobre questões relacionadas com direitos humanos e justiça criminal. É importante notar que (como foi reconhecido por aqueles que elaboraram o código) esses padrões de conduta deixam de ter valor prático a não ser que seu conteúdo e significado, por meio de educação, treinamento e acompanhamento, passem a fazer parte da crença de cada indivíduo encarregado da aplicação da lei.

O artigo 1.º estipula que os encarregados da aplicação da lei devem sempre cumprir o dever que a lei lhes impõe,... No comentário do artigo, o termo encarregados da aplicação da lei é definido de maneira a incluir todos os agentes da lei, quer nomeados, quer eleitos, que exerçam poderes policiais, especialmente poderes de prisão ou detenção.

376 Segurança é Prevenção

O artigo 2.0 Requer que os encarregados da aplicação da lei, no cumprimento do dever, respeitem e protejam a dignidade humana, mantenham e defendam os direitos humanos de todas as pessoas.

O artigo 3.0 Limita o emprego da força pelos encarregados da aplicação da lei a situações em que seja estritamente necessária e na medida exigida para o cumprimento de seu dever.

O artigo 4.0 Estipula que os assuntos de natureza confidencial em poder dos encarregados da aplicação da lei devem ser mantidos confidenciais, a não ser que o cumprimento do dever ou a necessidade de justiça exijam estritamente o contrário.

Em relação a esse artigo, é importante reconhecer o fato de que, devido à natureza de suas funções, os encarregados da aplicação da lei se vêem em uma posição na qual podem obter informações relacionadas à vida particular de outras pessoas, que podem ser prejudiciais aos interesses ou reputação destas. A divulgação dessas informações, com outro fim além do que suprir as necessidades da justiça ou o cumprimento do dever é imprópria e os encarregados da aplicação da lei devem abster-se de fazê-lo.

O artigo 5.0 Reitera a proibição da tortura ou outro tratamento ou pena cruel, desumano ou degradante.

O artigo 6.0 Diz respeito ao dever de cuidar e proteger a saúde das pessoas privadas de sua liberdade.

O artigo 7.0 Proíbe os encarregados da aplicação da lei de cometer qualquer ato de corrupção. Também devem opor-se e combater rigorosamente esses atos.

O artigo 8.0 Trata da disposição final exortando os encarregados da aplicação da lei (mais uma vez) a respeitar a lei (e a este código). Os encarregados da aplicação da lei são incitados a prevenir e se opor a quaisquer violações da lei e do código. Em casos onde a violação do código é (ou está para ser) cometida, devem comunicar o fato a seus superiores e, se necessário, a outras autoridades apropriadas ou organismos com poderes de revisão ou reparação.

Uso Progressivo da Força

Comentário

O termo "encarregados da aplicação da lei" é definido de maneira a incluir todos os agentes da lei, quer nomeados, quer eleitos, que exerçam poderes policiais, especialmente poderes de prisão ou detenção. É óbvio que a essência do tema em questão, diretamente voltada para policiais, por analogia, está ligada ao uso de armas não letais por profissionais de segurança privada em respeito aos direitos humanos. O vigilante, antes um cidadão, deve cumprir o seu dever legal, sua missão, sem, contudo, provocar danos aos direitos das pessoas; direitos estes garantidos por lei. Tenho plena consciência de que serei repetitivo; não importa, pois sei que o assunto em questão merece persistência. O vigilante não é polícia, tampouco tem "poder de polícia". Sua missão é administrar conflitos e problemas, ou seja, deve vigiar o tempo todo com o intuito de perceber os 'conflitos e problemas' que ainda não aconteceram, mas que podem acontecer; assim, "adota medidas e atitudes preventivas" para que os 'conflitos e problemas' projetados não aconteçam. Muitas vezes acaba se deparando com 'conflitos'; neste caso "adota medidas e atitudes preventivas" para que os 'conflitos' não se tornem 'problemas'; entretanto, algumas vezes o vigilante acaba se deparando com um 'problema'. Neste caso deve "adotar medidas e atitudes preventivas" para que o 'problema' não piore; pois não existe nada no mundo que não possa ficar ainda pior. Na introdução deste livro disse que em segurança privada existem situações onde as "estratégias" que estudaremos a seguir, presença física, verbalização, controle de mãos livres, etc. Não são suficientes para administrarmos determinados conflitos/ problemas, e o uso do revólver uma insanidade, uma demência; não cabendo naquele momento avaliarmos a competência do vigilante, mas o resultado obtido em razão de uma reação enérgica (ataque). Deixei claro que a opinião pública e a mídia com certeza absoluta não perdoariam uma reação descomedida. Assim, o uso de equipamentos não letais pelo vigilante tornava-se uma necessidade, pois preenche este vazio existente.

É importante essa colocação, pois o vigilante não pode ser visto como um "despreparado inconseqüente". De alguma forma o uso de equipamentos não letais proporciona mais uma possibilidade de decisão. O uso adequado protege vidas humanas, inclusive a do próprio vigilante. É necessário situá-lo neste novo contexto para que possa cumprir o seu dever legal, sua missão, sem, contudo, provocar danos aos direitos das pessoas. A declaração universal dos direitos humanos é um dos documentos básicos das nações

378 Segurança é Prevenção

unidas e foi assinada em 1948. Nela, são enumerados os direitos que todos os seres humanos possuem. O artigo 3º da declaração universal dos direitos humanos (dudh) de 1948, diz que "todo ser humano tem direito à vida, à liberdade e à segurança pessoal". Percebam que é um direito fundamental das pessoas, e de acentuada importância, pois é o núcleo de todo esse trabalho sobre o uso de equipamentos não letais pelos vigilantes. O artigo 5º diz que "ninguém será submetido à tortura nem a tratamento ou castigo cruel, desumano ou degradante". Este artigo nos leva a seguinte reflexão: "o que poderia gerar o mau uso desses equipamentos?" Nas entrelinhas, está implícito que vigilantes despreparados poderiam causar muito sofrimento às pessoas; poderiam submetê-las a castigos absolutamente desnecessários, levando-as inclusive à morte. Alguém duvida? Portanto o vigilante deve usar o equipamento com responsabilidade, tendo sempre em mente que apesar do nome não letal, o risco existe e o uso desnecessário fere normas internacionais.

"Em todas as coisas, o sucesso depende de preparação prévia".
Confúcio

Princípios Básicos Sobre o Uso da Força

"Quem não compreende um olhar
Tampouco há de compreender
Uma longa explicação"

Provérbio árabe

Princípio da legalidade
O princípio da legalidade, ou princípio da anterioridade da lei penal, ou ainda princípio da reserva legal é um princípio jurídico fundamental que estabelece não existir delito fora da definição da norma escrita na lei e nem se pode impor uma pena que nessa mesma lei não esteja já definida. No inc. li do art. 5º, diz que "ninguém será obrigado a fazer ou deixar de fazer alguma coisa senão em virtude de lei".

Vemos então que existe relativa liberdade do povo, que pode fazer de tudo, menos o que a lei proíbe. O princípio da legalidade é a expressão maior do estado democrático de direito, a garantia vital de que a sociedade não está

Uso Progressivo da Força 379

presa às vontades particulares, pessoais, daquele que governa. Cabe um momento de reflexão. (Www.Algosobre.Com.Br)

Comentário
O profissional de segurança privada deve sempre buscar um fundamento legal para todas as suas decisões, atitudes e linhas de ação. Desta forma, conhecer a lei, as portarias ministeriais correspondentes, as normas e diretrizes do segmento e os assuntos básicos de segurança privada, são fatores fundamentais para o seu crescimento e sucesso profissional.

Princípio da necessidade
Princípio segundo o qual a regra de solução (que é limitadora de direito fundamental) somente será legítima quando for real o conflito, ou seja, quando efetivamente não for possível estabelecer um modo de convivência simultânea dos direitos fundamentais sob tensão (zavascki, teori albino. Revista do tribunal regional federal jul./Set. 1995).

A necessidade diz respeito ao fato de ser a medida restritiva de direitos indispensável à preservação do próprio direito por ela restringido ou a outro em igual ou superior patamar de importância, isto é, na procura do meio menos nocivo capaz de produzir o fim propugnado pela norma em questão. (www.algosobre.com.br)

Comentário
O vigilante deve analisar, avaliar e fazer um estudo de situação para tentar estabelecer um modo de convivência; deve sempre verificar se existem outras possibilidades menos danosas; não sendo possível, o princípio será legítimo, pois o conflito é real.

Princípio da proporcionalidade
O princípio da proporcionalidade é um princípio constitucional implícito, porque, apesar de derivar da constituição, não consta nela expressamente. Analisando terminologicamente, a palavra proporcionalidade dá uma conotação de proporção, adequação, medida justa, prudente e apropriada à necessidade exigida pelo caso presente. Neste sentido, tal princípio tem como escopo evitar resultados desproporcionais e injustos, baseado em valores fundamentais conflitantes, ou seja, o reconhecimento e a aplicação do princípio permitem vislumbrar a circunstância de que o propósito constitu-

380 Segurança é Prevenção

cional de proteger determinados valores fundamentais deve ceder quando a observância intransigente de tal orientação importar a violação de outro direito fundamental mais valorado. (Origem: wikipédia, a enciclopédia livre.)

Comentário
Assim, o vigilante deve sempre evitar resultados desproporcionais e injustos; para isso deve sempre usar o bom senso e o discernimento. Vale ressaltar que o uso desproporcional da força caracteriza excesso de poder ou abuso de autoridade. No ano de 1791, na frança, um jurista de nome jellinek, durante um simpósio sobre direito de polícia, disse: "não se abatem pardais disparando canhões"; após, retirou-se da mesa onde discursava sobre o fim do estado de polícia e o advento do estado de direito. Acredito que o profissional de segurança privada, deva seguir as mesmas linhas de ação do jurista jellinek.

Princípio da conveniência
É essencial que o profissional de segurança privada tenha consciência das suas atitudes e, principalmente consciência das conseqüências dos seus atos; assim decisões do tipo: o que usar? É conveniente? Onde usar? É conveniente? Como usar? É conveniente? Em quem usar? É conveniente? Quando usar e porque usar? É conveniente? São fundamentais e estão dentro deste princípio. Iniciativa, bom senso e discernimento são as principais características de um profissional de segurança privada; sem elas é impossível decidir corretamente, e este tipo de decisão precisa ser sempre impecável.

Comentário
Sabemos que o mundo gira, o avanço tecnológico é um fato e nós evoluímos ou não à medida que, de alguma forma, fazemos nossas escolhas. Nós, profissionais de segurança privada, tomamos decisões e fazemos opções diárias; das mais simples as mais complexas. Acontece que, dependendo da escolha, da decisão, os resultados podem ser os mais variados, e as conseqüências... É preciso que não nos esqueçamos de que sempre existirá um "feedback de compensação". Somos livres; entretanto nossas escolhas do dia a dia, nossas decisões diárias podem comprometer os nossos objetivos mais profundos. Podemos escolher acordar cedo ou ficar na cama embrulhado num edredom ouvindo inconscientemente a chuva que escorre pelo telhado; podemos sorrir com um bom dia ou simplesmente ficar calado e emburrado; podemos assistir àquele programa de televisão ou não; ler

aquele livro ou ligar o computador e ficar numa sala de bate papo; iniciar aquele programa de treinamento físico ou fechar a boca; sacar o revólver ou usando empatia, pedir desculpas pelo transtorno; podemos também fazer um mba ou tomar cerveja com os amigos; enfim, somos livres. Só não podemos nos esquecer que essas "escolhas superficiais" comprometem as nossas "escolhas mais profundas". Ficar na cama pode significar a perda do emprego; assistir aquele programa de televisão pode influenciar numa mudança de comportamento para melhor ou pior; sacar o revólver pode significar a perda da sua liberdade, tomar aquela cerveja pode significar a perda da sua família; e assim vai... Certo? Bom... É preciso muita sabedoria para escolher fazer aquilo que nos fará bem; não um bem momentâneo que normalmente procuramos de forma equivocada, mas um bem que nos trará a verdadeira "paz". É verdade que nem tudo o que escolhemos é o certo, somos seres humanos e erramos muito, mas é necessário que aprendamos com os nossos próprios erros. Vale lembrar que em "segurança privada" nem sempre teremos a oportunidade de aprender com os nossos próprios erros, pois podem ser fatais; assim é necessário que aprendamos principalmente com os erros dos outros. Sun tzu dizia "se queres a paz prepara-te para a guerra"; acredito que a palavra chave seja "prepara-te". De nada adianta armas poderosas se não formos preparados para usá-las. Assim, é necessário que nos preparemos dia após dia para que nossas escolhas superficiais sejam coerentes com as nossas escolhas mais profundas. Estamos tendo a oportunidade de poder optar por uma ação não letal; é necessário que nos preparemos para esta escolha.

> *"Onde há muito amor há sempre milagres"*
> *Willa silbert cather*

Amparo legal para o uso da força

No artigo 23 do código penal, "exclusão de ilicitude", observamos que não há crime quando o vigilante pratica o fato em estado de necessidade, em legítima defesa, em estrito cumprimento do dever legal ou no exercício regular de direito; entretanto, o vigilante em qualquer das hipóteses deste artigo, responderá pelo excesso doloso ou culposo, o que chamamos de "excesso punível".

O artigo 24 do código penal conceitua como "estado de necessidade" quem pratica o fato para salvar-se de perigo atual, que não provocou por sua vontade,

382 Segurança é Prevenção

nem podia de outro modo evitar, direito próprio ou alheio, cujo sacrifício, nas circunstâncias, não era razoável exigir-se. O parágrafo primeiro deixa claro que não pode alegar estado de necessidade quem tinha o dever legal de enfrentar o perigo. O parágrafo segundo diz que embora seja razoável exigir-se o sacrifício do direito ameaçado, a pena poderá ser reduzida de um a dois terços.

O artigo 25 do código penal conceitua como "legítima defesa" quem, usando moderadamente dos meios necessários, repele injusta agressão, atual ou iminente, a direito seu ou de outrem.

Imputabilidade penal em caso de uso ilegal
O artigo 129 do código penal conceitua como "lesão corporal" ofender a integridade corporal ou a saúde de outrem. A pena para este crime é detenção, de três meses a um ano. O parágrafo primeiro define como "lesão corporal de natureza grave" se resulta incapacidade para as ocupações habituais, por mais de trinta dias, perigo de vida, debilidade permanente de membro, sentido ou função ou aceleração de parto. Neste caso a pena é de reclusão, de um a cinco anos.

O parágrafo segundo define como "lesão corporal de natureza grave" se resulta incapacidade permanente para o trabalho, enfermidade incurável, perda ou inutilização do membro, sentido ou função, deformidade permanente, ou aborto. Neste caso a pena é de reclusão, de dois a oito anos.

O parágrafo terceiro define como "lesão corporal seguida de morte" se resulta morte e as circunstâncias evidenciam que o vigilante não quis o resultado, nem assumiu o risco de produzi-lo. Neste caso a pena é de reclusão, de quatro a doze anos. O parágrafo quarto define como "diminuição de pena" se o vigilante comete o crime impelido por motivo de relevante valor social ou moral ou sob o domínio de violenta emoção, logo em seguida a injusta provocação da vítima, o juiz pode reduzir a pena de um sexto a um terço. O parágrafo quinto permite de alguma forma a "substituição da pena". O texto diz que, se ocorre qualquer das hipóteses do parágrafo anterior, ou se as lesões são recíprocas, o juiz, não sendo graves as lesões, poderá substituir a pena de detenção pela de multa.

Uso Progressivo da Força

O parágrafo sexto diz que no caso de uma "lesão corporal culposa" a pena é de dois meses a um ano de detenção. O parágrafo sétimo define o "aumento de pena". A pena será aumentada em um terço, se ocorrer qualquer das hipóteses do artigo 121, parágrafo quarto. O texto em questão diz que no homicídio culposo, a pena é aumentada de um terço, se o crime resulta de inobservância de regra técnica de profissão, arte ou ofício, ou se o "vigilante" deixa de prestar imediato socorro à vítima, se não procura diminuir as conseqüências do seu ato, ou foge para evitar prisão em flagrante.

O artigo 129 do código penal, decreto lei número 2848 de 07dez1940, em virtude da lei nº 11.340, De 07ago2006, "violência doméstica" passa a vigorar com as seguintes alterações: "se a lesão for praticada contra ascendente, descendente, irmão, cônjuge ou companheiro, ou com quem conviva ou tenha convivido, ou, ainda, prevalecendo-se o agente das relações domésticas, de coabitação ou de hospitalidade", a pena será de detenção, de 3 (três) meses a 3 (três) anos. A pena será aumentada de um terço, se for praticada contra a mulher ou contra pessoa portadora de deficiência.

O artigo 252 do código penal define "uso de gás tóxico ou asfixiante" quando o "vigilante" expuser a perigo, a vida, a integridade física ou o patrimônio de outrem, usando de gás tóxico ou asfixiante. Neste caso a pena será reclusão, de um a quatro anos, e multa. No caso de "modalidade culposa" a pena será de detenção, de três meses a um ano.

O artigo 253 do código penal define o "fabrico, fornecimento, aquisição, posse ou transporte de explosivos ou gás tóxico, ou asfixiante" no caso de fabricar, fornecer, adquirir, possuir ou transportar, sem licença da autoridade, substância ou engenho explosivo, gás tóxico ou asfixiante, ou material destinado à sua fabricação. Neste caso a pena será detenção, de seis meses a dois anos, e multa.

Comentário

"Quem está na chuva..." Vocês se lembram deste ditado? O risco é um fato; não podemos negá-lo. Nossa natureza humana inclinada ao erro precisa ser constantemente corrigida e relembrada de coisas básicas. Precisamos ter sempre em mente que quando a cabeça não pensa o corpo padece. Entretanto, não somos bobos, sabemos que não há crime quando o agente pratica o fato em estado de necessidade; em legítima defesa; em estrito

384 Segurança é Prevenção

cumprimento de dever legal ou no exercício regular de direito. Mahatma gandhi dizia o seguinte: "se ages contra a justiça e eu te deixo agir, então a injustiça é minha". É sempre bom revermos periodicamente o código penal e nos lembrarmos da imputabilidade penal no caso de uso ilegal.

"Se ages contra a justiça e eu te deixo agir, então a injustiça é minha".
Mahatma gandhi

Uso Progressivo da Força

UNIDADE 02
USO PROGRESSIVO DA FORÇA

Estratégias de ensino: aula expositiva dialogada com auxílio de recursos audiovisuais, equipamentos e prática.

Recursos: 01 professor e caderno didático. **Carga horária:** 04 h/a.

> **OBJETIVOS DA INSTRUÇÃO:**
> Ao término das unidades, o aluno deverá ser capaz de:
> • **Identificar** a necessidade do uso da força.Identificar os níveis de utilização da força progressiva e sua utilização, bem como listar os procedimentos a serem seguidos antes, durante e depois do uso da força.

Posicionamento superior

A primeira estratégia usada em segurança privada é o posicionamento superior; está diretamente ligada a presença física (nível 1). Em segurança privada, posicionar-se de forma superior tem relação direta com sensação de segurança, força de presença e imagem (estereótipo). Segundo sun tzu, "não devemos jamais confiar na possibilidade do inimigo não vir, mas na nossa competência técnica de recebê-lo, tornando nossa posição invulnerável". Os guerreiros antigos colocavam-se primeiro fora da possibilidade de derrota; depois esperavam a oportunidade de derrotar o inimigo. Sun tzu também aclarava que "a garantia de não sermos derrotados está em nossas próprias mãos, porém a oportunidade de derrotar o inimigo é fornecida pelo próprio inimigo"; assim eu posso saber como proceder, como agir, como fazer, para conquistar a vitória sem, contudo ter capacidade para tal. Sun tzu prossegue: "a garantia contra a derrota implica em táticas defensivas; a capacidade de derrotar o inimigo significa tomar a ofensiva. Manter-se na defensiva indica força insuficiente; atacar, uma superabundância de força".

386   Segurança é Prevenção

Verbalização – nível 2

Diplomacia

A segunda estratégia é a diplomacia. Está diretamente ligada a verbalização 1 (nível 2). Quando o profissional de segurança, por algum motivo não consegue reverter a intenção criminosa; ou melhor, quando o seu posicionamento superior não é suficientemente eficaz e eficiente para inibir a ação criminosa, inicia imediatamente a segunda estratégia; entretanto, deve sempre ter em mente que a diplomacia precisa estar respaldada pelo posicionamento superior. Deve lembrar-se que o uso da diplomacia deveu-se a uma "falha" na aplicação da primeira estratégia. A diplomacia tem relação direta com o poder de convencimento do profissional de segurança. Um profissional de segurança precisa, na abordagem que realiza, ser um verdadeiro diplomata, um "gentleman" e simultaneamente, através do seu sentimento, tentar perceber se existe algo que possa fundamentar uma suspeita. Tudo de forma objetiva e extremamente educada. É preciso que tenha o domínio do conhecimento, é importante que saiba aplicar com sabedoria todo o conhecimento técnico adquirido. Sabemos que empatia é sentir o que se sentiria caso estivesse no lugar ou circunstância experimentada por outra pessoa assim, colocando-nos no lugar do outro, somos capazes de saber o que devemos fazer, falar ou como devemos proceder para conseguirmos o que estrategicamente queremos. Uma abordagem técnica bem feita é, sem dúvida, capaz de provocar uma mudança nos planos do abordado, caso seja um criminoso em potencial.

Uso da "força da lei" como ameaça

A terceira estratégia é o uso da "força da lei" como ameaça. Está também ligada a verbalização 2 (nível 2). Talvez possa parecer uma colocação forte, mas, seria uma espécie de eufemismo para ameaça, repressão, sujeição, etc., Enfim uma forma sutil de obrigar alguém a fazer algo.... Para nós, profissionais de segurança, algo que esteja de acordo com a lei. Com certeza a conseqüência, caso a pessoa não corresponda à solicitação, vai subentendida.

Quando o profissional de segurança mais uma vez não consegue reverter a intenção criminosa, não sendo portanto suficientemente eficiente e eficaz no uso da diplomacia, aplica imediatamente a terceira estratégia. Usar a força da lei como ameaça não é uma ameaça direta. Não se trata de sacar a arma, nem empunhá-la de forma agressiva, mas sim usar inteligência emocional, psicologia, estratégias, e qualidades de comportamento; enfim,

Uso Progressivo da Força

verbalização. O simples fato de, durante a abordagem, olhar para as câmeras e fazer um sinal discreto que está tudo sob controle, usar o rádio ou telefone para informar claro, alto e em bom tom que a abordagem está sendo realizada; demonstrar que existem outros profissionais atentos e em condições de reagir, fazê-lo perceber que a lei está do nosso lado e será aplicada se houver necessidade e ainda que o tempo é um fator que não pode ser desprezado e nosso principal aliado; são estratégias de extrema importância para o sucesso da missão. Agora prestem bastante atenção, se o profissional de segurança falhou em todas as estratégias; foi fraco no posicionamento superior, falhou na diplomacia, não foi competente no uso da "força da lei" como ameaça, enfim, não foi competente no uso da filosofia de segurança privada; só lhe resta o uso da última estratégia, o ataque (controle de mãos livres e técnicas de submissão). É importante ressaltar que, a consciência do profissional de segurança com relação à aplicação das estratégias e suas respectivas falhas são inquestionáveis. Assim, consciente das falhas, toma todas as medidas de segurança, inclusive o acionamento de alarmes, não tendo a menor sombra de dúvidas com relação à ação criminosa.

Controle de contato ou controle de mãos livres - nível 3

Trata-se do conhecimento de técnicas de artes marciais para domínio de determinadas situações (nível3). Está enquadrado dentro do uso proporcional da força, pois só deve ser usado quando todas as outras possibilidades forem esgotadas. Haverá obviamente contato físico com um suspeito em potencial; entretanto, o vigilante empregará nesta fase, apenas técnicas de imobilização e condução ("mãos livres"), são habilidades técnicas que verdadeiramente podem ser adquiridas num curto espaço de tempo, todavia vale esclarecer que aplicá-las fora da teoria, ou seja, durante uma situação real exige aquisição de condicionamento reflexivo, o que não se consegue em algumas semanas, ou melhor, durante um curso; assim mais uma vez citarei aristóteles "somos o que repetidamente fazemos; a excelência, portanto não é um feito, mas um hábito"; são habilidades técnicas profissionais que exigem uma condição reflexa de alto nível e isso demanda tempo, bastante sacrifício; envolve vocação, dedicação técnica e constância de treinamento. Preocupa-me como praticante de artes marciais o fato de muitos vigilantes acharem que, o que aprenderam durante o curso, é mais do que suficiente; assim, acredito que seja conexo falarmos um pouco mais da afinidade que existe entre a condição intelectual, física, técnica e emocional, pois o nível 3 (controle de mãos livres) exige do vigilante o desenvolvimento de qualidades físicas e habilidades técnicas.

388   Segurança é Prevenção

Técnicas de submissão – nível 4

Liberdade, em filosofia designa de uma maneira negativa, a ausência de "submissão", de servidão e de determinação, isto é, ela qualifica a independência do ser humano. De maneira positiva, liberdade é a autonomia e a espontaneidade de um sujeito racional. Origem: wikipédia, a enciclopédia livre.

No nosso caso ressaltamos que manobras de ataque em artes marciais, de uma maneira genérica, são comumente usadas para preparar o oponente para um ataque de "submissão". Nesta fase (nível4) podemos ir além das técnicas de imobilização e condução; usamos técnicas de luta mais eficientes e eficazes, inclusive, se houver necessidade, usamos agentes químicos. No contexto "segurança privada", seria um ataque com potência aceitável, isto é, força x velocidade equilibrada, suficiente para suplantar a resistência do inimigo.

Táticas defensivas não letais - nível 5

Entramos no nível 5, significa que o confronto foi inevitável. Segundo dados históricos, há 2000 anos os chineses usaram pimenta para cegar temporariamente tropas inimigas. Apesar de não termos registros oficiais, acredito que sun tzu, há 2500 anos, tenha quebrado inúmeros paradigmas usando táticas defensivas não letais. Nem sempre conseguimos quebrar a resistência do inimigo sem lutar. Significa que o inimigo partiu para a agressão, isto posto, é plenamente justificada linhas de ação mais enérgicas, contudo adequadas para inibir de imediato a ação criminosa, o ato de hostilidade. O profissional de segurança usará nesta fase toda a tecnologia não letal apropriada para deter o agressor e submetê-lo. Usará gases, traumatismos articulares, técnicas de projeção, traumatização e imobilização, etc. Cabe inclusive, neste nível, o uso de armas de fogo, se eliminarmos a possibilidade de disparos "dolosos", ou seja, com a intenção letal. Tendo obtido a submissão o vigilante usará todos os recursos apropriados para manter o controle do suspeito.

Estamos vivendo uma febre com relação ao uso de armas não letais no brasil e no mundo. Estão surgindo novas tecnologias com relação ao uso de canhões d'água de alta pressão, com altíssima eficiência e eficácia no controle de distúrbios. Jatos fortes d'água com tinta identificadora, já é uma realidade utilizada em diversos países no mundo para posterior identificação de grupos baderneiros. Certamente toda tecnologia não letal deve cumprir

Uso Progressivo da Força

as condições políticas, as condições do judiciário e obviamente as condições éticas. O objetivo é que você adquira uma visão mais ampla a respeito de "tecnologia não letal". As decisões do tipo: o que usar, onde usar, como usar, em quem usar, quando usar e porque usar, são fundamentais e estão definidas na lei. Iniciativa, bom senso e discernimento são as principais características de um profissional de segurança privada; sem elas é impossível decidir corretamente, e este tipo de decisão precisa ser sempre impecável.

Força letal – nível 6
O mundo evoluiu, o avanço tecnológico é um fato e com ele armas letais e armas não letais foram criadas e desenvolvidas, entretanto, é necessário deixarmos claro que não existe segurança total, sobretudo quando lidamos com agentes químicos antipessoal. Antes de entrarmos no "triangulo da força letal", é necessário que estejamos bem familiarizados com os assuntos preliminares. Sabemos da existência de uma infinidade de produtos químicos usados como "armas não letais", mas, vale ressaltar que como profissionais de segurança privada aprendemos logo no início que segurança é prevenção; assim, o risco de morte não pode ser desprezado jamais. Quando usamos produtos químicos (drogas de ação rápida) podemos enfrentar uma infinidade de resultados possíveis. As reações em seres humanos são extremamente complexas. A individualidade biológica é um fato; não podemos desprezar a idade, condição física, psicológica, peso corporal, etc. Você se lembra de jellinek, que durante um simpósio sobre direito de polícia, disse: "não se abatem pardais disparando canhões"; pois é, tampouco paramos carros de combate com tiros de revólver cal.38. Particularmente acredito na eficiência com relação a empregabilidade de armas não letais pelos vigilantes, contudo reitero a necessidade da constância de treinamento. O vigilante precisa ter consciência de que não existe "bruxaria" quando usamos armas não letais; não existe um "antídoto" que por um passe de mágica restabelece a vida do vitimado; existem fatores bastante complexos com relação às reações em seres humanos. Lembro-me que quando ministrava na brigada de infantaria pára-quedista a instrução de "controle de distúrbio", antes de instruir, eu e toda a equipe de instrução, sentíamos na pele o que os nossos alunos iriam sentir; éramos submetidos aos "agentes de controle de distúrbios"; não por empatia de uma teoria, mas na prática, por ordem expressa do nosso comandante, cel josé aurélio valpôrto de sá. Aprendíamos na carne que o exagero poderia levá-los inclusive a morte. Éramos chamados à responsabilidade e sabíamos das conseqüências de

390 Segurança é Prevenção

uma cobrança exagerada. Durante o exercício nossas funções orgânicas são seriamente prejudicadas, a linha de raciocínio fica comprometida em virtude da sensação de queimadura concomitantemente com náuseas, vômitos e lágrimas. Ao longo dos anos, de forma recorrente, através da mídia, acompanhamos inúmeros casos que comprometeram seriamente o preparo técnico-profissional, o equilíbrio emocional e a qualidade comportamental de vigilantes e também de policiais. Aristóteles dizia que: "somos o que repetidamente fazemos; a excelência, portanto, não é um feito, mas um hábito". Para que sejamos realmente bons naquilo que fazemos, é necessário que arregacemos as mangas e sem demagogia, com constância, persistência e na exaustão derramemos "todo" o nosso sangue, suor e lágrimas no treinamento; caso contrário o milagre não acontece.

Triângulo da força letal
É um padrão de conduta que o profissional de segurança privada deve conhecer para que haja coerência na tomada de decisões nos momentos mais críticos, nos momentos mais difíceis; e também para que tenha sempre o apoio da "lei" e do "povo". É básico que o vigilante esteja sempre dentro da legalidade; contudo, não basta simplesmente cumprir a lei, é necessário que tenha habilidade para contestar ações e idéias adversas, de forma legal e com atitudes cabíveis. No triangulo da força letal o vigilante avalia as competências do inimigo para matar ou ferir seriamente (habilidade), as chances que o inimigo tem para usá-las (oportunidade) e o "risco" que o inimigo oferece em razão da união dessas competências/possibilidades.

Habilidade
É a competência "do inimigo", "do suspeito" em ocasionar lesões, danos ou prejuízos graves ao vigilante ou a terceiros. Observem que estamos falando da aptidão física do inimigo ou do suspeito como queiram; da sua capacidade técnica em artes marciais, ou ainda, da sua destreza com o armamento, desenvoltura, disposição, agilidade, etc., Para matar ou ferir seriamente.

Oportunidade
É pertinente a "probabilidade", a "possibilidade", as "chances" de o inimigo usar sua 'habilidade' para gerar mortes, lesões, danos ou prejuízos graves ao vigilante ou a terceiros.

Risco

Ocorre da união da 'habilidade' com a 'oportunidade'. É quando a competência do inimigo, seja ela qual for, se encontra com a 'oportunidade'; ou seja, grandes chances, toda a possibilidade com ampla probabilidade e altíssima competência do inimigo.

"As pessoas entram na nossa vida por acaso, mas não
é por acaso que elas permanecem."
Lilian tonet

Capítulo 28

Gerenciamento de Crise (GC)

*Fácil é analisar a situação alheia e poder
aconselhar sobre a mesma...
Difícil é vivenciar esta situação
e saber o que fazer.
(Carlos Drummond de Andrade)*

OBJETIVOS DA DISCIPLINA:
- **Dotar** o aluno de conhecimentos para desempenhar de forma eficaz suas atividades, especialmente no momento de uma ocorrência fática de crise ou conflito; e
- **Desenvolver** conhecimentos sobre as diferenças de crise e conflito, apresentando ao aluno diversos exemplos e simulados de gerenciamento de crise.

Carga horária: 8 h/a   **Avaliação:** v/f (1 h/a)

UNIDADE 01
PRINCÍPIOS BÁSICOS DA CRISE

Estratégias de Ensino: aula expositiva dialogada com auxílio de recursos audiovisuais, equipamentos e prática.

Recursos: 01 professor e caderno didático.   **Carga Horária:** 04 h/a.

> **OBJETIVO DA INSTRUÇIONAL:**
> • **Conhecer** como desempenhar de formar eficaz suas atividades, especialmente no momento de uma ocorrência fática de crise ou conflito.
> • **Desenvolver** conhecimentos sobre as diferenças de crise e conflito, apresentando ao aluno diversos exemplos e simulados de gerenciamento de crise.

CRISE
Conceito de crise

Como vimos, anteriormente, são exatamente os conflitos e os problemas administrados no dia-a-dia que nos ajudam a evoluir. **A crise** deve ser vista da mesma forma, ou seja, como uma ocasião de crescimento. A evolução favorável de uma crise nos direciona a um crescimento, à criação de novos equilíbrios, ao aprimoramento da pessoa e da sua capacidade de reação a situações desconfortáveis ou menos agradáveis. A crise também pode ser definida como uma **fase de perda**, ou uma **fase de permutas rápidas**, onde colocamos em questão o **equilíbrio emocional** da pessoa. A **atitude e o comportamento** da pessoa diante desses momentos é da maior importância. É importante sabermos que toda a crise conduz, necessariamente, a um aumento da vulnerabilidade mas, nem toda a crise é, necessariamente, um momento de risco.

No seu significado original, do grego antigo, o conceito de crise – Krinein – significa distinguir, separar, decidir. Na origem um objeto concreto, um crivo, uma peneira para separar elementos de tamanho diferentes. Por abstração, o juiz que decide separa os "prós" e os "contras". Como símbolo, uma balança. Nesta acepção, crise implica uma atitude de escolha, de eleição.

Gerenciamento de Crise (GC)

Características de uma crise

Segundo THOMÉ, Ricardo Lemos e SALIGNAC, Ângelo Oliveira, O Gerenciamento das situações Policiais Críticas, Curitiba, GENESIS, 2001. página 21. As situações críticas possuem características bem definidas, que podem ajudar na formação da percepção e conhecimento da idéia:

a. É possível imaginar o evento, mas ele acontece sem previsão, tendo sido alimentado pelo acaso, desleixo ou negligência.

b. A situação é violenta, transitória e estressante, existem vidas ameaçadas, direta ou indiretamente, há dificuldade na compreensão das informações e os meios de comunicação social transformam-se em agentes fiscalizadores.

c. O contexto exige uma resposta igualmente rápida e especial dos órgãos envolvidos, adotando-se um plano de trabalho distinto do habitual.

Segundo MONTEIRO, Roberto das Chagas, Manual de Gerenciamento de Crises. Página sete, as características de uma crise são:

1. Imprevisibilidade;
2. Compressão de Tempo (urgência);
3. Ameaça de Vida, e necessidade de:
   - Postura organizacional não rotineira;
   - Planejamento analítico especial e capacidade de implementação;
   - Considerações legais especiais.

Gerenciamento de crise

O texto abaixo foi originalmente publicado na revista Exame, São Paulo, volume 34, nota 2, página 116 a 118, janeiro de 2000.

São duas e meia da manhã. Você é acordado pelo chefe de segurança de sua empresa. Uma caldeira explodiu. Cinco mortos e dois feridos. A imprensa já está na porta da fábrica. Você está preparado para enfrentar a opinião pública e os repórteres? Um problema, por mais grave que seja, enquanto é interno à organização é apenas um problema. Quando atravessa os portões e escandaliza, quando chega à imprensa e ao público, torna-se uma crise.

Uma crise não necessita de um **fato**. Pode se iniciar com um **boato**. No primeiro estágio da crise, acontece a simplificação do boato. Uma grande história é resumida.

No segundo estágio, ocorre o exagero. Os detalhes mais agudos são aumentados e a história ganha em dramaticidade. No terceiro estágio, a opinião pública interpreta o boato de acordo com sua visão de mundo, com seus valores. Nesse momento, se não se gerenciou a crise os efeitos podem ser devastadores.

396 Segurança é Prevenção

Lembra-se do caso da suposta cocaína nas balas Van Melle? E de Walde-mar, você se lembra? O primo do cunhado do vizinho de meu amigo, que caiu e se dissolveu num tanque da Coca-Cola? E das minhocas usadas para adicionar valor protéico aos Big Macs? E da empresa do diabo? Sim, todo mundo sabe que ele dirige e imprime sua marca pessoal nos produtos da Procter & Gamble. Esses são apenas alguns dos milhares de exemplos possí-veis de como um rumor alcança a proporção de uma crise.

Normalmente, não estamos preparados para gerenciar a crise, pois nun-ca acreditamos que uma situação dessas irá nos atingir. Você tem um plano para gerenciamento de crise desenhado para sua empresa?

Caso Tylenol: modelo de gerenciamento de crise

Em 28 de setembro de 1982, a Johnson & Johnson possuía 35% do mer-cado de analgésicos nos Estados Unidos, com vendas anuais de 400 milhões de dólares. Entre 29 de setembro e 1º de outubro daquele mesmo ano, sete pessoas morreram envenenadas após ingerir Tylenol contaminado com cia-neto. As vendas do remédio caíram de 33 milhões de dólares para 4 milhões de dólares por mês.

A Johnson & Johnson agiu com prontidão: 22 milhões de frascos do me-dicamento foram retirados do mercado e destruídos, a um custo de 100 mi-lhões de dólares. Um sistema de comunicações foi montado para informar os diversos públicos interessados. A empresa recebeu por volta de 2.500 so-licitações de informações da imprensa, o que resultou em cerca de 125.000 recortes de noticias na mídia ao redor do mundo. Um acordo, cujo valor jamais veio a público, foi feito com as famílias das sete vítimas. Outros 100 milhões de dólares foram gastos com a parte fiscal da devolução dos medi-camentos.

No total, estima-se que o caso Tylenol custou à Johnson & Johnson, até hoje, cerca de 1,5 bilhão de dólares. Mas poderia ser ainda pior: poderia ter derrubado completamente a empresa.

O eficiente trabalho de comunicação e gerenciamento de crise no caso Tylenol serviu de modelo para a criação de programas de geren-ciamento de crise em empresas de todos os setores em todo o mundo.

Crise em Varginha, reflexos em Wall Street

Na era digital, a comunicação é instantânea e mundial. Um problema numa fábrica de defensivos agrícolas na Islândia pode repercutir nas ven-das desse produto no Brasil e vice-versa. Quem de nós leu sobre o fiasco nos

Gerenciamento de Crise (GC) 397

testes do Classe A da Mercedes-Benz em seu lançamento mundial? O capotamento, pela suposta instabilidade do modelo, ocorreu na Europa. Mas o caso repercutiu também no Brasil, onde o carro hoje é fabricado e vendido.

A Internet veio acelerar as coisas. Se você é internauta, deve ter recebido de "amigos", há alguns meses, uns 745 e-mails avisando para não consumir mais um adoçante artificial porque dá câncer. Essa mensagem veio de uma pesquisa com ratos de laboratório nos Estados Unidos. Será que procede? Não importa. Gerou dúvidas em muita gente. Atingiu o produto.

Outro efeito da globalização e da comunicação da era digital é uma uniformização dos padrões éticos e das expectativas e direitos dos consumidores. Não dá mais para a empresa ter um "modo tropical" de atuar em países subdesenvolvidos. As práticas éticas e de respeito ao consumidor de uma empresa nos países desenvolvidos têm de ser aplicadas no resto do mundo.

Além dos diversos órgãos de defesa do consumidor, as milhares de ONGs em contato com seus parceiros no exterior auxiliam na fiscalização dessas práticas. Um acidente ou uma prática não-ética na filial de Varginha pode e seguramente vai, se não for bem administrada, causar danos aos acionistas em Wall Street. O acionista não mais tolera amadorismo no gerenciamento de crise. E, se normalmente acionista se aborrece com perder dinheiro, não parece se aborrecer tanto assim com fazer cabeças rolarem. A sua estaria na linha da navalha num caso como esses?

O bom marketing de hoje pode ajudar na crise de amanhã

Um exemplo de habilidade para gerenciar crise foi dado pela TAM no episódio da queda do Fokker-100 em Congonhas.

Poucas horas após o acidente, a empresa já tinha uma sala em um hotel próximo ao aeroporto preparada para receber as famílias das vítimas e a imprensa. Ainda que visivelmente nervosos, os porta-vozes da TAM conseguiram se comunicar bem e dar satisfação à opinião pública. Mesmo com as famílias das vítimas ainda hoje reclamando o não-pagamento pela empresa de indenizações que julgam justas, a TAM continua crescendo. Nesse caso o seu agressivo marketing, que sempre vendeu a imagem de bom moço do comandante Rolim, ajudou um bocado. As pessoas admiram a aura do sucesso da empresa. Esse sentimento ajuda muito nessas horas. Será que os usuários da Telefônica ou da Telemar estariam prontos a perdoá-las numa crise de iguais proporções?

398 Segurança é Prevenção

O QUE FAZER?
Algumas dicas para não ficar perdido quando a crise já está no portão de sua empresa:

Calma. Prepare-se!
Não saia falando sem saber de fato o que aconteceu. Declare à imprensa que você irá se informar e voltará a falar. E volte.

Não tema. Fale.
Se você não falar, alguém – o bombeiro, o faxineiro, a Dona Maria – vai falar por você, só que não necessariamente a verdade.

Mentir, jamais.
A mentira tem mesmo pernas curtas, e, quando alguém descobrir que você está mentindo, um dos últimos e o mais precioso recurso que lhe resta, a boa vontade da opinião pública, estará perdido. Daí para frente, nada mais importa: você será o culpado.

Assegure-se de estar sendo compreendido.
Tudo é um problema de comunicação. Será que os jornalistas e a opinião pública estão de fato entendendo e aceitando o que você está falando? Cuidado com termos técnicos e evasivos.

Não especule. Não brinque. Não subestime.
Não dê a impressão de que você é arrogante e age de má-fé.

Jamais diga "sem comentários" ou "nada a declarar".
Essas frases, antipáticas, dão a impressão de que você tem algo a esconder. São usadas por gente como políticos do narcotráfico e juízes corruptos. Nesse momento, tudo o que você não quer é ser associado a este tipo de figura.
Trate de ser identificado como crível, honesto.
A imagem e a credibilidade, no momento de crise, são decisivas. O que vale é aquele dito popular sobre a mulher de César: "não basta ser honesto, você tem de parecer honesto".
E ainda:
• **Monte um comitê** para gerenciar a crise e sua comunicação.
• **Prepare depoimentos**, listas de perguntas e respostas, testemunhas favoráveis, etc.

Gerenciamento de Crise (GC)

- **Agende entrevistas** e atenda bem a imprensa.
- **Publique um anúncio** explicando a posição da empresa.
- **Monitore a mídia** e corrija erros.
- **Mantenha ativos os canais de comunicação** com o governo.
- Se necessário, **contrate os serviços de um Call Center** para atender o público.
- **Monitore a reação** dos diversos públicos afetados (clientes, acionistas, fornecedores, governo, ONGs, comunidade e público interno), e cuide de mantê-los bem informados.

O QUE NÃO FAZER.
Cuidado com sua postura na condução de uma crise.
Evite agir desta forma.

"Estou sendo injustiçado".
Mesmo que você tenha feito tudo na boa-fé, não se julgue perseguido pela imprensa, pelo governo, pela associação de consumidores, pelos ambientalistas e até por sua própria mãe. Isso não resolve. Agrava a situação.

"Não é problema meu".
Não tente se preservar. Se seu medo é perder o emprego, saiba que tocar a crise com competência, ao contrário, pode significar ganhar uma promoção.

"Me respeite".
Por mais envolvido que você esteja, a questão não é pessoal. Menos envolvimento emocional facilita o raciocínio equilibrado.

"Não quero incomodar meus chefes".
Não demore. Comunique a crise imediatamente a escalões mais altos. Tempo é chave.
"Foi um episódio isolado. Não vai acontecer novamente".
Não ignore sinais de alerta. Resolva problemas potencialmente graves da primeira vez, antes de se tornarem crises.

"Isso não vai dar em nada".
Efeito avestruz não ajuda. O que você prefere: um fim horroroso ou um horror sem fim?

400 Segurança é Prevenção

"Seguimos todas as normas, padrões e regulamentos da companhia".
E quem se importa com isso?

"Legalmente estamos cobertos".
Ter razão em crises não significa vencer. A questão é de imagem e não apenas de leis.

"Foi um problema menor. Não há motivo para pânico".
Não se iluda.
Uma pequena rachadura num "dique" pode significar catástrofe.

Não negligencie seu público.
Respeitados e bem informados, eles podem ser seus aliados.

Como estar preparado?
• Na crise, a sorte conta pouco, o preparo, muito. Veja o que pode ser feito como prevenção.
1- Contrate uma assessoria qualificada para desenvolver um programa de treinamento em gerenciamento de crise.
2- Envolva toda a direção e gerentes seniores da empresa.
3 - Faça um media-training (treinamento para lidar com a imprensa) de crise.
4- Faça um brainstorming de possibilidades de crises no seu negócio.

• A pior crise é aquela para a qual não estamos nem um pouco preparados.
5 - Desenvolva um extenso questionário e prepare as respostas para as possíveis perguntas.
6 - Desenvolva mensagens-chave.
7 - Crie um comitê de crise e reúna-o ao menos uma vez a cada seis meses para novas avaliações.
Originalmente publicado na revista Exame, São Paulo,
v. 34, n. 2, p. 116-118, jan. 2000.

Plano de Segurança da Empresa
É um documento de altíssimo nível que detalha com cuidados especiais o que uma empresa necessita fazer para cumprir os requisitos básicos de segurança. Sabemos que segurança é prevenção e que o maior perigo da segurança está nas pessoas. Leia na página 300 "Plano de Segurança".

O Que Realmente Vale é a Pureza de Intenção

Chegamos ao final, é necessário que tenhamos consciência que somente na exaustão, através da insistência, na persistência, enfim, entendendo a importância da constância de treinamento, nossos objetivos serão atingidos. É claro que não é fácil, se fosse... talvez não tivesse tanta graça. Somos profissionais de segurança privada e precisamos nos orgulhar disso, podemos ajudar muitas pessoas dentro da atividade que abraçamos, e, de certa forma, seremos "nós" os ajudados. Leia este texto final, presente dos amigos Cláudio e Fátima, com bastante atenção e faça uma profunda reflexão. Vale a pena!!!

"A Caridade não é invejosa". Explicando esta qualidade da caridade, São Gregório diz que ela não é invejosa, porque não cobiça as grandezas terrenas. Não deseja estas grandezas, mas as deixa de lado...

Observemos, portanto, que não basta fazer boas obras, mas é preciso fazê-las bem. Para que as nossas obras sejam boas e perfeitas é necessário fazê-las com **"pura intenção"** de agradar a Deus.

Este foi o grande louvor dirigido Jesus Cristo: **"Fez bem todas as coisas"** (Mc 7,37). Muitas ações, boas em si mesmas, pouco ou nada valerão junto de Deus, porque são feitas para outro fim e não para a glória divina.

Dizia Santa Maria Madalena de Pazzi: **"Deus remunera as nossas boas obras segundo a pureza de intenção"**, quer dizer, quanto mais pura é a nossa intenção, tanto mais o Senhor aceita e recompensa as nossas obras. **Mas como é difícil encontrar uma ação feita unicamente para Deus!**

Santo Afonso de Ligório relata que conheceu um velho e santo religioso que trabalhou muito para Deus e morreu como um santo. Um dia, depois de olhar para sua vida passada, triste e muito preocupado, disse-lhe: **"Pobre de mim! Examinando todas as ações de minha vida, não acho nenhuma que tenha feito só para Deus".**

Maldito amor próprio que faz perder, todo ou em grande parte, o fruto das nossas boas obras! Quantos há que, mesmo nos seus trabalhos mais santos de pregador, confessor, missionário, se cansam, se sacrificam e pouco ou quase nada lucram com isso, porque não têm em vista unicamente a Deus, mas a glória mundana, o interesse, a vaidade de aparecer...

"Guardai-vos de fazer vossas boas obras diante dos homens para serdes vistos por eles. Do contrário, não tereis recompensa junto de vosso Pai que está no céu". Quem age só para contentar seu próprio gosto, já recebe o seu prêmio: **"Em verdade vos digo, já receberam a sua**

402   Segurança é Prevenção

recompensa" (Mt 6,1.5), que se compara a um pouco de fumaça ou a uma satisfação que passa depressa e nenhum proveito deixa para a alma.

Diz o profeta Ageu: Quem trabalha para outro fim, que não o de agradar a Deus, guarda sua recompensa num saco furado, onde nada achará quando for abri-lo (Ag 1,6). É exatamente o que acontece, quando observamos alguém **inquieto, perturbado** após muito trabalho, muitas fadigas. Não sendo Deus a prioridade, as chances de fracasso em seu empreendimento são enormes. Isso é sinal de que não teve em vista somente a glória de Deus. Quem pratica uma ação só pela glória de Deus, não se perturba, mesmo que não seja bem sucedido. Tendo agido com reta intenção de agradar a Deus, já alcançou o fim que desejava.

Os sinais

Eis os sinais para sabermos se uma pessoa, ao fazer qualquer trabalho espiritual, age só por Deus:

• **Primeiro** – Quem age só para Deus não se perturba em caso de fracasso, porque Deus não querendo, ele também não o quer.

• **Segundo** – Alegra-se com o bem que outros fazem, como se ele mesmo o tivesse feito.

• **Terceiro** – Sem preferência para trabalhos, aceita de boa vontade o que a obediência lhe pede.

• **Quarto** – tendo cumprido seu dever, não fica à espera de louvores nem aprovações dos outros. Por isso, não fica triste se o criticam ou o desaprovam, alegrando-se somente em ter contentado a Deus. Se, por acaso, recebe qualquer elogio do mundo, não se envaidece, mas afasta a vanglória dizendo-lhe: **"Segue o teu caminho, chegaste tarde porque o meu trabalho já está dado todo a Deus"**.

Muitos querem servir a Deus, mas conforme seu gosto, em tal emprego, em tal lugar, com tais companheiros, em tais circunstâncias. Se não for assim, ou deixam os seus deveres ou agem de má vontade. Essas pessoas não têm a liberdade de espírito, mas são escravas de seu amor próprio. Por isso, há pouco merecimento no que fazem. Vivem inquietas, enquanto o jugo de Jesus Cristo torna-se pesado para elas.

As pessoas que amam verdadeiramente a Jesus Cristo, só procuram fazer aquilo que lhe agrada e porque Lhe agrada, quando, onde e como Jesus o

Gerenciamento de Crise (GC) 403

quer. Pouco importa se Ele nos deseja em **funções honrosas** aos olhos dos homens ou numa **vida obscura e humilde**. O que importa é **amar a Jesus Cristo com puro amor**, nisto devemos trabalhar, combatendo sempre os desejos do amor próprio que gostaria de nos ver ocupados em obras honrosas e de acordo com as nossas inclinações.

Diz Santo Afonso de Ligório: é preciso que estejamos desapegados de tudo, mesmo dos exercícios espirituais, quando o Senhor nos quer empregar em outra coisa de Sua vontade. O Padre Alvarez, achando-se, uma vez, muito ocupado, desejou desembaraçar-se para ir fazer suas orações, porque lhe parecia não estar unido com Deus naquele tempo de trabalho. Mas o Senhor o fez sentir interiormente: **"Mesmo que eu não o tenha comigo, fique contente porque eu me sirvo de você"**. Aviso excelente para as pessoas que talvez se inquietam quando a obediência ou a caridade as obriga a deixar as costumeiras práticas de piedade. Essa inquietação não vem certamente de Deus, mas, ou do demônio ou do amor próprio.

Portanto, amigo leitor e profissional de segurança, vale enfatizar que **"Deus remunera as nossas boas obras segundo a pureza de intenção"**, **ou seja, quanto mais pura é a nossa intenção**, tanto mais o Senhor aceita e recompensa as nossas obras.

Referências citadas:
(6)   Vinco Puccini, Vita, Firenze, 1611, p. 1, C. 58
(10)   B. João de Ávila, Lettere spirituali, Roma, 1669, parte 1, lettera
(14)   Sta. Teresa, Las Fundaciones, c. 5, Obras, V, 40, 41
(15)   Sta. Teresa, Las Fundaciones, c. 12. Obras, V, 97
(16)   Puccini, Vita (1611), c. 107

Oração do Vigilante

*Senhor... Ajuda-me a "Vigiar", como se tudo dependesse
de mim, e a "Orar", como se tudo dependesse de Vós.
Dá-me Equilíbrio Emocional e Qualidade Comportamental, para
que eu consiga fazer simplesmente o que é certo.
Ajuda-me a compreender que Segurança é Prevenção, e que minha
Missão é Administrar Conflitos e Problemas; nunca criá-los.
Senhor... Se me dás Sabedoria, não permita que o meu temor a Ti diminua.*

*Se me dás Sinceridade, não permita que eu me ache o dono da verdade.
Se me dás Humanidade, não permita que eu me ache melhor do
que os outros, mas, seja o melhor para os outros.
Se me dás Coragem, preserve o medo suficiente para que
eu não me torne um louco.
Se me dás Força, não tires o meu raciocínio.
Meu Deus... Se me dás Sucesso, peço-Vos, "Não me tires a Humildade".
Se me dás a Humildade, imploro-Vos, "Não me tires a Dignidade".
Se me dás Exigência, ajuda-me a entender que palavras convencem
pessoas, mas os exemplos arrastam multidões.*

*Senhor... Ajuda-me a perceber o que há nas entrelinhas, a enxergar
o invisível, a ouvir o inaudível; o que está dentro do coração e
da mente das pessoas.
Ensina-me a amar os outros como a mim mesmo; não deixe
Senhor, que eu me torne orgulhoso na vitória, tampouco
desequilibrado na derrota.
Ensina-me que Perdoar é um sinal de Grandeza, e que Não
Perdoar é um sinal de Mediocridade.
Senhor... Se não me deres a Paz, prepara-me para a Guerra.
Ajuda-me a entender que o pior doente é aquele que considera
saúde, sua própria enfermidade.*

*Ensina-me que a Tolerância é o mais alto grau da Força, e que o
desejo de vingança é a primeira manifestação de debilidade;*

Segurança é Prevenção

assim, dá-me Iniciativa, Bom Senso e Discernimento para que eu consiga raciocinar e agir com competência nos momentos mais críticos, nos momentos mais difíceis.

Meu Deus... Se me despojares do dom da Saúde, deixa-me Senhor, a graça da Fé.
Se eu ofender ou causar dano a alguém, dá-me a "Força da Desculpa". E se alguém me causar dano ou me ofender dá-me a "Força do Perdão" e da "Clemência".
Meu Senhor e meu Deus... Se por algum motivo eu me esquecer de Ti, nunca Te esqueças de mim!

Amém.

Onde Fostes Formado?

O posicionamento superior é tua estratégia inicial;
Após, com diplomacia, administras conflitos e problemas;
Depois, utilizas a força da lei como uma ameaça;
Atacas somente se tudo isso fracassou;
Tens consciência que segurança é prevenção.

Tua principal arma é o papel e a caneta;
Tens o poder de convencimento;
Tens a força de presença.
És respeitado pela tua postura, conduta e educação;
És considerado pela tua coragem e determinação.

Assim como Sun Tzu, sabes que o mérito supremo consiste em
Quebrar a resistência do inimigo sem lutar.
Trabalhas com entusiasmo, eficiência e eficácia.
Teu serviço é sempre um exemplo a ser seguido pelos demais.
Possui a perspicácia que complementa a tua estratégia.

Tens pró-atividade, sabes fazer acontecer.
Tens iniciativa, bom senso e discernimento.
Tens vocação, és dedicado e treinas constantemente.
Teu condicionamento reflexivo é invejado.
Conhece todo o teu potencial, sabes do que é capaz.

Inteligente, sabes ouvir e mudas sempre o teu modo de pensar;
pois não tens vergonha de progredir na vida.
Não subestimas o inimigo, conheces o teu pensamento.
Estais sempre esperando o melhor, contudo,
Preparado para o pior, assim jamais és surpreendido.

És um vigilante do futuro, administras o teu tempo.
És um profissional de segurança Forbin,
Consegues raciocinar e agir com competência nos momentos mais críticos,
Nos momentos mais difíceis.

Não desprezas nenhum ser humano, ama tua família, ama Deus.
Fostes formado pela Equipe Forbin,
Tens uma Formação Especial.

Hino Nacional Brasileiro

1º Estrofe

Ouviram do Ipiranga as margens plácidas
De um povo heróico o brado retumbante,
E o sol da Liberdade, em raios fúlgidos,
Brilhou no céu da Pátria nesse instante.

2º Estrofe

Se o penhor dessa igualdade
Conseguimos conquistar com braço forte,
Em teu seio, ó Liberdade,
Desafia o nosso peito a própria morte!

1º Refrão

Ó Pátria amada,
Idolatrada,
Salve! Salve!

3º Estrofe

Brasil, um sonho intenso, um raio vívido
De amor e de esperança à terra desce,
Se em teu formoso céu risonho e límpido
À imagem do Cruzeiro resplandece.

4º Estrofe

Gigante pela própria natureza,
És belo, és forte, impávido colosso,
E o teu futuro espelha essa grandeza.

2º Refrão

Terra adorada
Entre outras mil,
És tu, Brasil,
Ó Pátria amada!
Dos filhos deste solo és mãe gentil
Pátria amada,
Brasil !

5º Estrofe

Deitado eternamente em berço esplêndido,
Ao som do mar e à luz do céu profundo,
Fulguras, ó Brasil, florão da América,
Iluminado ao sol do Novo Mundo!

Segurança é Prevenção

6º Estrofe

Do que a terra mais garrida
Teus risonhos lindos campos têm mais flores,
"Nossos bosques têm mais vida",
"Nossa vida" no teu seio "mais amores".

1º Refrão

Ó Pátria amada,
Idolatrada
Salve! Salve!

7º Estrofe

Brasil, de amor eterno seja símbolo
O lábaro que ostentas estrelado
E diga o verde-louro desta flâmula
Paz no futuro e glória no passado.

8º Estrofe

Mas, se ergues da justiça a clava forte,
Verás que um filho teu não foge à luta,
Nem teme, quem te adora, a própria morte.

2º Refrão

Terra adorada
Entre outras mil,
És tu, Brasil,
Ó Pátria amada!
Dos filhos deste solo és mãe gentil
Pátria amada,
Brasil!

Comentário sobre o Hino Nacional

O Hino Nacional Brasileiro, um dos símbolos da nossa pátria, é dividido em duas partes, possui oito estrofes e dois refrões. A letra do Hino Nacional Brasileiro, uma verdadeira poesia, é de Joaquim Osório Duque Estrada, e a Música, de Francisco Manuel da Silva. Nosso segmento, segurança privada, exige de nós uma postura ética com firmeza de atitudes; exige também valores morais, esquecidos por muitos, e, civismo, para podermos exercer nossa cidadania. Na primeira estrofe, o Hino nos faz lembrar o "Grito de Independência" às margens do riacho Ipiranga, em São Paulo no dia 7 de setembro de 1822, proclamada por D. Pedro I. Na segunda estrofe, lembramos que com braço forte, derrotamos as forças portuguesas que tentaram restabelecer o antigo regime colonial. Na terceira estrofe, registramos com orgulho o privilégio de poder contemplar a constelação Cruzeiro do Sul, um conjunto de estrelas em forma de cruz, que resplandece em nosso território. É o próprio Espírito Santo de Deus que com amor e esperança à terra desce. A quarta estrofe nos faz meditar sobre a grandeza deste país. Um gigante por natureza. Um país belo, forte e repleto de riquezas naturais, entretanto, o povo é a sua maior riqueza, certamente, com um futuro grandioso, comparado do tamanho do nosso imenso território. A quinta estrofe, nos faz lembrar sua localização privilegiada, deitado eternamente em berço esplêndido. A extensão do nosso litoral, nossas florestas, matas e animais. Um país realmente iluminado, livre de muitas catástrofes naturais em razão da sua localização. A sexta estrofe, novamente exalta nossas riquezas naturais, dando ênfase a terra, aos campos floridos, dos bosques cheios de vida e amor. A sétima estrofe nos faz refletir a respeito do nosso pavilhão nacional. A nossa bandeira estrelada é símbolo de amor eterno. O verde e o amarelo da nossa flâmula representa paz no futuro e glória no passado. A oitava e última estrofe nos faz refletir sobre a coragem, quarto atributo de liderança, pois, se o uso da força se fizer necessário para que haja justiça no nosso Brasil, verás que um filho teu não foge à luta, não temendo nem mesmo a própria morte. Para fecharmos este comentário sobre o hino nacional. como curiosidade, falarei sobre a introdução. Aquela introdução bonita, segundo a senhora Ana Arcanjo, nascida em Santos-SP, que foi membro da Cruz Vermelha durante a Revolução Constitucionalista de 1932, possui uma letra que, por algum motivo, foi eliminada. Dona Ana afirma que aprendeu quando criança e que cantava diariamente no colégio. A letra da introdução é a seguinte:

Letra da Introdução (do Hino Nacional)
"Espera o Brasil que todos cumprais com vosso dever.
Eia avante, brasileiros, sempre avante!
Gravai com buril nos pátrios anais do vosso poder.
Eia avante, brasileiros, sempre avante!
Servi o Brasil, sem esmorecer, com ânimo audaz,
Curmpri o dever, na guerra e na paz, à sombra da lei,
À brisa gentil, o lábaro erguei, do belo Brasil,
Eia a Sus, oh! Sus.
Ouviram do Ipiranga..."

Canção do Vigilante de Transporte de Valores

Avante vigilante
Sem temor a morte enfrentamos
Com audácia, com fibra e com muita raça
Protegemos, guardamos com força e garra
O nome é FORBIN Brasil (Bis)
São doze letras que nos dizem muito mais
O nome é FORBIN Brasil (Bis)
Fenômeno que um grupo de elite faz

Avante vigilante
Sempre atento às ações do inimigo
O suor que elimina o calor do carro
E o sangue que pulsa num só compasso
O nome é FORBIN Brasil (Bis)
São doze letras que nos dizem muito mais
O nome é FORBIN Brasil (Bis)
Fenômeno que um grupo de elite faz

Avante vigilante
O seu nome já é tradição
E com bravura vai
Sem recuar
No cumprimento da missão

Forbin!!!
Brasil!!!

Canção do Vigilante

Nós somos guerreiros, vivemos na guerra, somos vigilantes.
Sempre alerta, à espera do inimigo.
Com muita energia, com garra, coragem, e determinação.
Proteger o patrimônio é o nosso lema.
O grito de guerra que explode no peito resume a canção.
Vigilante o teu nome é tradição.
Com astúcia e com olhos de águia, cumprindo com bravura essa missão.
Com astúcia e com olhos de águia, cumprindo com bravura essa missão.

Nós somos guerreiros, vivemos na guerra, somos vigilantes.
Forbin!!!
Sempre alerta, à espera do inimigo.
Com muita energia, com garra, coragem, e determinação.
Forbin!!!
Defender o patrimônio é o nosso lema.
O grito de guerra que explode no peito resume a canção.
Vigilante o teu nome é tradição.
Brasil!!!
Com astúcia e com olhos de águia, cumprindo com bravura essa missão.
Com astúcia e com olhos de águia, cumprindo com bravura essa missão.
Forbin!!!
Brasil!!!

Telefones Úteis do Rio de Janeiro

Achados e Perdidos (08 às 17 horas): 2563-1159
Aeroporto Internacional Tom Jobim: 3398-5050/ 0800-999099
Aeroporto de Jacarepaguá: 3325-2833
Aeroporto Santos Dumont: 0800-244646
Alcoólicos Anônimos: 2253-9283/ 2233-4813/ 2240-6738
Ambulância: 192
Anjos do Asfalto: 2590-2121
Bombeiros: 193
Centro de Valorização da Vida: 2233-9191
CEDAE: 2297-0195
CEDIM: 2299-1999
CET-Rio (8 às 20 horas): 2252-4067
CEG: 0800-240197
Comando Militar do Leste: 2519-5000
COMLURB: 2566-1531
Conselho Estadual Antidrogas: 3399-1320
Crianças Desaparecidas (9 às 18 horas): 2286-8337
Defensoria Pública: 2299-2299
Delegacia da Mulher – DEAM: 3399-3690
Delegacia de Atendimento ao Turista – DEAT: 3399-7171
DETRAN (vistoria): 3460-4040
Disque Aids: (12 às 18 horas): 2518-2221
Disque-Denúncia: 2253-1177
DNER: 2263-7267/ 2263-5668
FEEMA (10 às 16:30 horas): 2589-0066
Fiscalização Sanitária: 2503-2280/ 2503-2281/ 2254-2100
Guarda Municipal / Rio de Janeiro: 2536-2400
Grupo de Apoio à Vida (7 às 22 horas): 2240-0483/ 2262-4141
Hospital Municipal Miguel Couto: 2274-2121/ 2274-6050
Hospital do Andaraí: 2268-4412
IBAMA: 0800-618080
INSS (7 às 19 horas): 0800-780191

418 **Segurança é Prevenção**

Instituto Felix Pacheco – IFP: (9 às 16 horas): 2293-8096
Instituto Médico Legal – IML: 3399-3853/ 2242-1832
Intoxicação: 2573-3244
Juizado da Infância e da Adolescência: 2293-8697
Ministério Público Estadual: 2550-9015
Plantão e Autorização de Viagens: 2293-8697
Polícia Civil: 3399-3217
Polícia Federal: 2291-2142
Polícia Rodoviária Estadual (PMERJ): 3399-4857/ 2625-1530
Polícia Rodoviária Federal: 2471-6111
PROCON: 1512
Receita Federal (10 às 16 horas): 0800-780300
RioTUR (9 às 18 horas): 2542-8080
Rodoviária Novo Rio: 2291-5151
SALVAERO: 2220-0515
SALVAMAR: 2253-6572
Secretaria de Administração Penitenciária: 3399-1396
Secretaria de justiça e Direitos do Cidadão: 3399-1610
S.O.S Criança – ABRAPIA: (8 às 18 horas): 2589-5656
Tribunal de Justiça: 2588-2000

Curso de Extensão em Segurança para os Grandes Eventos

Autor: José Helder de Souza Andrade
240 páginas
1ª edição - 2013
Formato: 21 x 28
ISBN: 978-85-399-0405-1

Você agora é um(a) profissional de Segurança Privada, especialista em Segurança para Grandes Eventos e, acredite, não será nada fácil. Você precisará aprender a enxergar o invisível, ouvir o inaudível e, principalmente, perceber o que há nas entrelinhas.
Aprendemos que empatia "é sentir o que se sentiria, caso estivesse no lugar ou circunstância experimentada por outra pessoa". Assim, quando nos colocamos no lugar dos outros, de alguma forma, temos mais chances de êxito no Gerenciamento de Comportamento inconveniente. Vigiar é relacionar-se; relacionar-se é um dom de Deus e precisa ser desenvolvido. Se nós não nos relacionamos, nos isolamos e nos tornamos vulneráveis. Como especialistas em Segurança para Grandes Eventos, devemos lembrar que vigiar é o grande segredo.

À venda nas melhores livrarias.

Impressão e acabamento
Gráfica da Editora Ciência Moderna Ltda.
Tel: (21) 2201-6662